儒家致善主義
現 代 政 治 哲 學 重 構

陳祖為 著

周昭德 韓銳 陳永政 譯

商務印書館

Confucian Perfectionism: A Political Philosophy for Modern Times by Joseph Chan

Copyright: © 2014 by Princeton University Press

This edition arranged with Bardon-Chinese Media Agency

Traditional Chinese edition copyright:

©2016 The Commercial Press (H.K.) Ltd.

儒家致善主義 —— 現代政治哲學重構

作　　者：陳祖為

譯　　者：周昭德　韓銳　陳永政

責任編輯：張宇程

封面設計：楊愛文

出　　版：商務印書館 (香港) 有限公司
　　　　　香港筲箕灣耀興道 3 號東匯廣場 8 樓
　　　　　http://www.commercialpress.com.hk

發　　行：香港聯合書刊物流有限公司
　　　　　香港新界大埔汀麗路 36 號中華商務印刷大廈 3 字樓

印　　刷：美雅印刷製本有限公司
　　　　　九龍觀塘榮業街 6 號海濱工業大廈 4 樓 A 室

版　　次：2016 年 5 月第 1 版第 1 次印刷
　　　　　©2016 商務印書館 (香港) 有限公司
　　　　　ISBN 978 962 07 6549 0
　　　　　Printed in Hong Kong

目　錄

中譯本序言

　　這本書的中譯本得以順利出版，首先要感謝香港大學法律學院陳弘毅教授的鼓勵，以及香港商務印書館編輯張宇程先生的支持和耐心。中譯本是由幾位我曾指導的政治哲學研究生合力之成果。韓銳提供了全書的初譯稿，陳永政為全書的上半部提供了第二次譯稿，周昭德在前兩次譯稿的基礎上作了全書的第三次譯稿和校對。翻譯是一項非常困難的工作。三位譯者為了此書耗費了大量精神心血，我深深感受到他們的美意，對他們的付出表示衷心感謝。本書的翻譯獲香港特別行政區研究資助局、香港大學、香港商務印書館，以及廣東外語外貿大學 2015 年度學術精品翻譯項目的支持，謹此致謝。

　　我在大學唸政治，副修哲學，研究院時研讀西方政治哲學，多年來在香港大學政治與公共行政學系任教。因我並非以中國哲學為專業，有些朋友就好奇問，儒家思想是如何跑進我的思維和研究中來。其實，我首次認真讀中國哲學已是大學時期。之前在中學的階段，只讀過孔孟的一些章句。那時我對中國文化的認識，主要來自中文科及日常生活的見聞體會。我在香港出生及成長，那個年代（六十至八十年代）的香港，中西文化交融薈萃，既有西方的法律和市場制度，亦有傳統中國文化的精神面貌。香港沒有經歷大陸文革中的批孔運動，不少香港人對傳統儒家思想中的修身齊家、尊師重道、孝順和教育等價值，以及各傳統中國節令皆尊重有加。年少的我並不覺得中西文化互相排斥，反而是相輔相成。如今看來，本書倡議儒家思想要與西方政治制度結合起來的思路，應該是源自我在青少年時代的生活體驗。

進香港中文大學後副修哲學，讀了一點中國哲學，因此接觸到港台新儒家唐君毅、牟宗三和徐復觀的思想，覺得自己與他們所倡議的中西哲學文化融合互補的進路甚為契合。但當時我最感興趣的是西方政治哲學。及後赴倫敦經濟及政治學院唸政治哲學碩士，中大老師關信基教授就為我要走這條路賦予時代的意義：他勸勉我要為當代中國的政治理論尋找一條可行的路。當時的我，當然沒有能力擔起這樣艱巨的工作，我必須先在西方政治哲學打好基礎。後來到牛津大學唸博士，就選擇了亞里士多德的政治思想作為課題。我對亞氏思想深感興趣，亦覺得它跟儒家思想同樣重視美好人生、德性，以及政治與人生的緊密關係，因此可將它作為研究儒家的現代意義的一項先導工作。亞氏跟儒家皆持守一種對人生和政治的致善主義（perfectionism）立場。我的博士論文正是重構亞氏的道德和政治致善主義觀點及其現代意義，而這研究角度一直影響我日後重構儒家政治思想的方向。港台新儒家的工作是要整合中西文化最佳的一面，我認為這工作只能通過採納致善主義才能成功。這正是本書主旨之一。

完成博士學位兩年後，因緣際會，我很快便開展了儒家政治思想的研究。那時候讀了幾位著名華人學者的一些著作，如林毓生、杜維明和劉述先等，他們都提倡中國傳統文化和思想需要一種“創造性的轉化”，而這種轉化要跟現代西方文明對話和整合才能產生。我覺得這是一個很好的提法，它跟徐、唐、牟的思路也很接近。於是我就給予自己這項任務，在儒家政治思想這個領域嘗試作一種創造性的轉化，提出一個全面性的重構。

　　想不到這工作歷時超過十七載。由於自己在中國哲學方面學養不足，所以花上很多日子研讀先秦各典籍。另外，處理先秦儒家思想會如何看待現代政治課題（如政治權威、民主、自由、人權、社會公義和福利等），既困難又危機重重。危機之一在於詮釋儒家這古老又複雜的思想傳統時容易以偏概全。危機之二在於容易將西方民主自由制度和其背後的各種哲學論證混為一談，且不自覺地引進不能與儒家契合的西方流行政治價值。最後，若重構出來的理論既要在哲學上站得住腳而又要具創見和系統性，那就更難上加難了。面對這樣艱巨的工程，除了不斷努力外，還要對自己要走的路抱有無畏的信心和勇氣。今天，這本書對我來說是一個階段性的總結，希望它為儒家政治思想的發展找對了方向。成果如何，只能留待讀者判斷，但我深知往後還有漫長的路。

陳祖為

2016 年 3 月 30 日

前言

　　本書嘗試重構先秦儒家政治思想，以回應時代的挑戰。這種研究工作並不常見，因此在起始之處說明本書是甚麼和不是甚麼，實為重要。本書不是一本儒家政治思想的入門導論，亦不是一本屬於中國哲學史或思想史的著作。筆者並不打算以仔細分析儒家文本或討論其中的歷史環境變化的方法，以為儒家政治思想提出一個詳細和有系統的詮釋。本書是屬於規範性政治理論中的一種特殊的討論——它的主要目的是探討一門傳統政治哲學對現代政治的一些基本問題（例如權威、民主、人權、公民自由和社會公義）的含意。在這種理解下，本書並不屬於任何一種特定範圍的學術探討：它既不是哲學史，亦不是當代政治哲學；它位於兩者之間，並嘗試把兩者連結起來。筆者稱此種研究工作為"哲學重構"（philosophical reconstruction），此將在本書附錄一中詳加介紹。此研究工作也許亦可視為比較政治哲學（comparative political theory）。這是一門新近發展的學術探討，嘗試把兩個或更多的政治思想傳統進行接觸和對話。

　　這本書想要弄清楚的是，儒家思想能否在得到恰當的重構和修改之後，成為一套能應對現代的當代政治哲學，以此再次呈現於人前。現代中國花了多於一個世紀尋找一套適合自己的政治哲學，中國嘗試了數門思想學說，但成功的不多：西方自由主義並沒有得到多大接受，而馬克思主義雖然曾經被熱烈地奉為國家的指導原則，但時至今日在民眾中已沒能吸引到多大注意。然而，儒家思想近年在政治及社會中，卻慢慢復興起來。[1] 今天，一些中國以至世界其他地方的學者在探討，儒家思想的學術、道德和文化資源對建立一套現代政治哲學的貢獻。[2] 但即使那些最認同儒家思想的學者，也認為儒家思想只有在得到有系統的重構及重要的修改之後（例如一些學者認為，儒家思想應與其他政治哲學如自由主義或社會主義適當地融和），才可以在當代社會中建立重要的思想地位。

　　本書希望能對重構儒家政治哲學作出貢獻。筆者十分明白當中艱巨之處。其一挑戰，是中國和世界在上世紀經歷了翻天覆地的變化，傳統儒家思想對於新的社會和政治環境已不能再提供有效的論述。另一挑戰，是自 1970 年代以來，西方政治哲學（尤其是自由主義學說和民主理論）在概念和論證上有着長足的發展和創新。西方政治哲學的高度發展，對任何嘗試重構一套可行的當代儒家政治哲學來說，既構成困難亦有所裨益，因為一方面重構工作可借助於當代西方政治哲學中的豐富資源，但另一方面也要批判地回應西方政治哲學的相關論證。筆者的研究嘗試達至此種高度標準，但筆者不會忽視自身的限制。本書是對一個遠古和複雜的政治思想傳統作出哲學重構，筆者沒有足夠篇幅把本書中的規範性和概念上的論證，發展至我們通常對當代政治哲學著作所期待的深度。如果本書能夠提供一個在哲學上獨特的、有意思的和合理可行的當代儒家政治哲學大綱，筆者心願已足。

1　參見 Daniel A. Bell, *China's New Confucianism: Politics and Everyday Life in a Changing Society* (Princeton: Princeton University Press, 2008)。

2　對當代儒家政治哲學狀況的分析，見Stephen C. Angle, "Introduction: Contextualizing Progressive Confucianism," chap. 1 in *Contemporary Confucian Political Philosophy* (Cambridge: Polity, 2012)。

　　在這麼多年的研究中，經常有朋友和同事問筆者為何選擇此一研究課題；其中有兩條問題經常出現，以下筆者將列出這兩條問題和筆者的答案，希望此舉能夠讓讀者進一步明白本書背後的精神。

　　第一條問題是："如果你認為儒家政治觀念和價值在哲學上有吸引力和有潛力，何不發展你自己的一套當代政治哲學？為甚麼要訴諸儒家典籍、用儒家的言語說話？"筆者簡短的回答是，筆者對儒家思想的興趣既是哲學上的也是文化上的。即使可以不用訴諸儒家思想而發展出一套政治哲學，筆者仍然有興趣建構一套明顯地與儒家傳統相連的政治哲學。這興趣反映了筆者作為一位中國學者的文化委身，亦反映了筆者希望這套影響了中國及其他社會超過兩千年的儒家思想，能保持活力和蓬勃發展，能成一套對現代生活和社會富有吸引力的思想。在其他情況不變的條件下，一套偉大思想和文化傳統的承傳，本身就是一件十分美好的事。

　　第二條問題是："你是否視自己為一位儒家學者？"筆者的答案可以是"是"或"否"，視乎"儒家學者"在今時今日是甚麼意思。如果作為一位儒家學者是指熟諳儒家長久傳統中的各本典籍，以及完全委身於傳統儒家信仰和價值，那麼筆者不是一位儒家學者——筆者對儒家典籍沒有深厚知識，亦非毫無保留地接受儒家思想的所有主張。筆者極其量是一位"受儒家思想啟發的學者"，覺得很多儒家價值甚具啟發，以及有興趣探討這些價值對現代政治的含意。然而，"儒家學者"一詞亦可在一種動態的意義下來理解，儒家學者所從事的，是把儒家思想的意義弄清，並進一步發展、修正和改進儒家這思想傳統；即是說，儒家學者在建立和塑造儒家思想。筆者視自己為此種意義下的儒家學者，雖然筆者作為一個參與者也有許多不足之處。

　　然而，本書的研究背後還有更深層的動機。長久以來，筆者對中西古代思想對現代的意義皆有濃厚的學術興趣。筆者的博士論文是研究亞里士多德（Aristotle）的政治理論，探討其理論進路和基本原則對現代的適切性。筆者之後對儒家政治思想的研究，其實是在此更寬廣研究議程下的一項延續。雖然亞里士多德和其他古希臘哲學家的學說在具體內容上與儒家思想是截然不同，但它們的結構特徵卻出奇地相似。筆者稱它們為道德、社會和政治"致善主義理論"（perfectionist theories）。對於道德，這些理論把它們對價值、美德和規範的道德判斷——簡言之，美善生活觀——建基於對人性理解之上（筆者稱之為道德致善主義）。對於社會，這些理論視社會組織和制度為人們發展美善生活所需的道德能力和技巧的重要場所（社會致善主義）。對於政治，這些理論認為國家的其中一個主要目標，是透過法律、教育、禮儀、提供資源、協調社會組織和活動等手段，來幫助人們過上美善生活（政治致善主義）。[3] 筆者覺得這種對人們生活和社會的致善主義觀點，尤其是它所強調的政治和美善生活的連結，甚具啟發和意義深遠。當然，筆者無意貶低現代性的各項成就，例如，自由主義民主制度為很多受到政治欺壓的人帶來希望和保障。致善主義的論述和內涵肯定需要吸收現代性的一些核心價值和制度，但如果致善主義的道德和政治觀點消失於今天的學術討論中，這會是現代人和現代文明的重大損失。

3　本書把"perfectionism"譯作"致善主義"，而非"完美主義"，是為了避免讀者望文生義，以為"perfectionism"在政治上的應用是指"國家應該協助甚至強迫人民達致完美"的意思。其實，在當代政治哲學裏，政治上的"perfectionism"一般是指一種"國家應該促進人民追求美好人生"的觀點，當中並沒有"必須使人民的生活至善至美"的意思。所以，本書將"perfectionism"譯作"致善主義"，"致"者，"趨向"、"走向"也，所強調的並無"至善"或完美無瑕的意思。筆者在一次會面中，跟江宜樺先生討論翻譯這英文詞語的困難時，他提出了這個"致善主義"的翻譯，謹此向他致謝。

在本書的研究中，筆者為現代社會，復興並重構了儒家這套傳統致善主義哲學。[4]在十八世紀，很多進步的歐洲學者視儒家思想為世界上最好的道德和管治哲學；少於二百年之後，很多進步的中國學者卻視儒家思想為世界上最差的哲學。鑒於儒家思想的內容一直沒有甚麼基本改變，因此這些對儒家思想的兩極評價，只能以儒家思想所處的環境改變來解釋，即十九至二十世紀西方和中國所經歷的巨大的價值和政治轉型。如果把儒家思想與其他前現代的道德和管治哲學比較，儒家思想是人類所知的最好的哲學之一。但是，如果把它與現代自由主義民主思想傳統比較的話，很多現代思想家認為儒家思想是過時和錯誤的。雖然這樣，有人說現代性就好像一個努力掙脫傳統枷鎖的年輕人，但當他隨年月成熟，他就開始懂得欣賞傳統的智慧。如果我們嘗試預測五十年後的主流哲學觀點，我們或會發現現代的自由、權利和民主的論述，非但沒有取替傳統的美德、責任和仁愛的論述，更因為這傳統論述而變得更豐富；現代價值與傳統智慧融和一起，構成一套更成熟的人類思維和生活方式。正是這種期盼，貫穿了本研究對儒家政治哲學所作的批判性重構。

筆者在撰寫本書的過程中，得到不少同事、學生和朋友的幫助和意見，受益匪淺。筆者極之感謝兩位普林斯頓大學出版社的閱稿人，他們提出了全面而深入的批評，以及詳細評語。其中一位是匿名閱稿人，另一位是 Jane Mansbridge，她對本書初稿一絲不苟的閱讀和理解、提出的極有價值的建議，令筆者在論證的編排和表達上作出了數個重要改動。筆者亦十分感謝普林斯頓大學出版社編輯

4　換句話說，如果我們視現代性是擁有多樣形式，那麼這研究就是旨在探討一種延續了相當傳統價值的現代性形式。關於現代性的多樣形式，見 Dominic Sachsenmaier and Jens Riedel with Shmuel N. Eisenstadt, eds., *Reflections on Multiple Modernities: European, Chinese and Other Interpretations* (Leiden: Brill, 2002)。

Rob Tempio 和本書所屬的叢書編輯貝淡寧 (Daniel A. Bell)，感謝他們對本書出版的協助。Stephen Angle、陳素芬 (Sor-hoon Tan) 和慈繼偉慷慨地閱讀了整份初稿，並提出了很多有用的評語和更正。筆者亦感謝貝淡寧 (Daniel A. Bell)、陳強立、陳倩儀 (Sin-yee Chan)、周兆雋 (Peter Chau)、陳來、邱于芳 (Yvonne Chiu)、何立仁 (Ian Holliday)、Leigh Jenco、李強、黎輝傑 (Hui-chieh Loy)、Randy Peerenboom、信廣來 (Kwong-loi Shun)、Chin-liew Ten、David B. Wong，他們對個別章節的評論使本書得以改善。名單或有遺漏，敬請見諒。筆者亦感謝 Vikki Weston 的出色審稿工作，還有何敏盈、賴卓彬和陳淑瑩幫助整理初稿。筆者特別感謝兩位香港大學的學生和朋友：陳永政和雷樂行。陳永政多年來在研究助理工作上提供了很大幫助，他提出了不少洞見和建議；雷樂行在本書最後撰寫階段在各方面皆提供了極出色的支援。

　　同樣重要的是筆者所得到的另外一些幫助。本書之所以能依時完成，必須感謝同事林維峯，他替筆者暫代系主任一職一個學期，讓筆者可卸下繁重的行政工作。筆者亦感謝香港大學政治與公共行政學系辦公室的同事，特別是杜麗貞。本研究得到中國香港特別行政區研究資助局的慷慨資助。筆者在過去數十年幸運地遇上了不少老師和朋友，他們的鼓勵和支持極之珍貴。我的老師關信基、石元康和黃宏發（香港中文大學）、John Charvet 和 Frederick Rosen（倫敦政治經濟學院），以及 Jonathan Barnes 和 David Miller（牛津大學），引導筆者走上政治哲學之路，使筆者領略到箇中樂趣、重要性和嚴謹。此外，陳健民、黃德生、胡莪君和金立群的不懈鼓勵、陳綺文的友誼和從不間斷的意見，對筆者是如斯重要。最後，筆者深深感激母親的愛。筆者最感激的是慧霞，她的善樂相伴、幽默、堅定的支持和愛護，陪我渡過了撰寫本書過程中的高低起伏。

筆者感謝數間出版社，容許筆者收納已刊文章。該些文章已經依據本書引言所說的框架作出修改，並結合於本書總體論證之中：

第 五 章 出 自 "A Confucian Perspective on Human Rights for Contemporary China," in *The East Asian Challenge for Human Rights*, edited by Joanne R. Bauer and Daniel A. Bell (Cambridge: Cambridge University Press, 1999), 212-37; 及 "Confucianism and Human Rights," in *Religion and Human Rights: An Introduction*, edited by John Witte, Jr., and M. Christian Green (New York: Oxford University Press, 2012), 87-102 。

第六章出自 "Moral Autonomy, Civil Liberties, and Confucianism," *Philosophy East and West* 52, no. 3 (July 2002): 281-310 。

第七章出自 "Is There a Confucian Perspective on Social Justice?" in *Western Political Thought in Dialogue with Asia*, edited by Takashi Shogimen and Cary J. Nederman (Lanham, MD: Lexington Books, 2008), 261-77 。

第 八 章 出 自 "Giving Priority to the Worst Off: A Confucian Perspective on Social Welfare," in *Confucianism for the Modern World*, edited by Daniel A. Bell and Hahm Chaibong (Cambridge: Cambridge University Press, 2003), 236-53 。

引言　政治理想與現實之交錯

第一節　本書之目的

　　本書是從探索政治理想與現實之錯綜複雜關係這角度，來檢視儒家政治思想。這種角度不單見於儒學研究，而亦常見於我們稱之為 "政治哲學" 的政治理論建構之中。政治哲學有着雙重特質：作為哲學之一門，它探求某種理想社會和政治秩序，此秩序可以展現人性中最美好的東西，以及我們所深信的價值；[1] 作為政治學之一門，它則闡明我們對現實世界的理解，並給予我們當下該如何行事的原則性指導。任何缺少理想的政治理論，就像一艘起了航的船隻，卻不知目的地在何方；而任何昧於種種現實局限的政治理論，則像一艘缺乏馭航能力的船隻，在驚濤駭浪之中顛簸而行。

　　儘管理想和現實的要求幾乎無法調和，儘管將理想融入現實亦會拉低我們對理想的眼界及修改其內容，但任何全面的政治哲學理

1　必須承認的是，這是一個富有爭議的說法。政治現實主義者（political realists）否定政治理論工作是要尋求某種理想的政治秩序或理想的政治倫理。對政治現實主義的新近論述，參見 Willliam Galston, "Realism in Political Theory," *European Journal of Political Theory* 9, no. 4 (2010): 385-411。對理想價值的作用的辯護，參見 Nicholas Rescher, *Ethical Idealism: An Inquiry into the Nature and Function of Ideals* (Berkeley: University of California Press, 1992), esp. chap. 6, "The Power of Ideals"；以及 Adam Swift, "The Value of Philosophy in Nonideal Circumstances," *Social Theory and Practice* 34, no. 3 (2008): 363-87。

論，皆會認真地處理上述的雙重特質，回應理想和現實的要求。這就需要雙軌理論建構工作：一方面，要闡明並證成一種理想的社會和政治秩序觀，將可行性和遵從性這些實際問題按下不表；另一方面，提出一種非理想（non-ideal）的社會和政治秩序觀，以解決那些實際問題。此雙重理論建構工作所面對的挑戰也是雙重的：其一，是要展示出，即使理想在現實世界中可能無法實現，但它仍有吸引人之處；其二，是要說明一個可行的非理想秩序觀如何仍然可以與理想的秩序觀相符，指出雖然人們是生活在非理想秩序之下，但他們仍意識到理想，並視理想為生活信念。

儒家思想自肇始以來，就一直面對這樣的挑戰。從歷史上說，儒家思想的力量是在於人們對其倫理、社會和政治秩序的理想觀的長久認同。[2] 筆者將會在往後章節詳述儒家的理想觀，但為了說明儒家思想所面對的挑戰，現略述一二。儒家的倫理、社會和政治秩序的理想觀，是由一些緊密相連的理想目標和理想手段所構成。理想目標包括人們美德的豐盛展現、充滿互信和關愛的社會關係，以及為公為民之精神在社會中盛行，所有這些都是社會和諧這宏大理想的部分。實現這些目標的理想手段包括：讓具有美德和能力之人來統治、以樹立榜樣和論說來進行道德教化、以禮作為社會化和管治方法，以及施行仁政以確保所有人都享有足夠的物質水平。在此，必須解釋一下"禮"這個概念，因為它在儒家的社會觀中有着舉足輕重的地位。"禮"在儒家典籍中經常出現，它是一個內涵豐富而又極具彈性的概念。"禮"最基本的意思是"禮儀"，指宗教典禮、衙門、

2　毫無疑問，儒家的理想在傳統中國社會中享有主導地位，很大程度是由於很多統治者和政治精英皆藉它來證成他們的統治權力。雖然在現實中他們往往策略性地採用法家思想（一種與儒家思想對立的學說）來處理現實問題，但是在過去兩千多年中，儒家的社會秩序觀最能符合許多中國人的道德想像，以及激起他們對統治者的支持。

家庭，以及很多其他社會關係和情景中的行為規範。然而，儒家先哲認為，禮不僅僅是一種社會禮節儀式，它還有着很多重要的社會功能——它約束人們不健康的慾望，醇化人們的情緒和態度，藉此作道德培養（即"禮教"，禮儀教育）；它昭示了人際關係和角色的基本原則（即"禮儀"，禮節原則），並根據這些原則來管理社會（即"禮制"，禮儀體制）；這些功能繼而有助實現儒家統治（即"禮治"，禮儀統治）的目標，即建立一個和諧的倫理社會，而這目標是無法通過懲罰性法律來實現的。[3]

今天，儒家的理想觀卻遭受嚴厲的批評：有人説它缺少諸如個人權利和個人自主這些現代價值；更多人認為它的目標是烏托邦，實現手段不可行，而整個儒家的理想——即倫理和政治之融合——若不是對現實世界有害，便是與現實世界風牛馬不相及。這些人辯稱，事實上人是自私的，當權者通常都是腐敗或無能的，而人的行為亦不能僅靠禮儀來約束。這些批評者所提供的解決方法，就是從根本上將倫理和政治分開，提倡以自由民主制作為一種規範性的理想和一套可行的制度，來取替那古舊的儒家的理想。

雖然自由民主制這方案在中國政治思想史中是一個新的觀點，

3　關於儒家的禮儀觀及其倫理、社會和政治功能的歷史和哲學論述，參見 Michael Nylan, "The Three *Rites* Canons," chap. 4 in *The Five "Confucian" Classics* (New Haven, CT: Yale University Press, 2001), esp. 188-201；Stephen C. Angle, "Neither Ethics nor Law: Ritual Propriety as Confucian Civility," chap. 6 in *Contemporary Confucian Political Philosophy*；Ruiping Fan, "Rites as the Foundations of Human Civilization: Rethinking the Role of the Confucian Li," chap. 11 in *Reconstructionist Confucianism: Rethinking Morality after the West* (Dordrecht, the Netherlands: Springer, 2010)；Sor-hoon Tan, "The *Dao* of Politics: Li (Rituals/Rites) and Laws as Pragmatic Tools of Government," *Philosophy East and West* 61, no. 3 (2011): 468-491；楊國榮，〈是非曲直：仁禮共成的價值觀〉，《顯魅與和樂——對生命意義的逆流探索》，第七章，（香港：三聯書店，2010）。關於中國與西方思想就儀式和敬禮的比較研究，參見 Paul Woodruff, *Reverence: Renewing a Forgotten Virtue* (New York: Oxford University Press, 2001)。

但如何處理理想與現實卻不是一個新的問題。早在公元前 300 年，儒家思想就遭到法家嚴厲批評。例如，韓非子（公元前 280- 前 233 年）辯說："民者，固服於勢，寡能懷於義"，因為"貴仁者寡，能義者難。"他嘲笑孔子（公元前 551- 前 479 年）説："仲尼，天下聖人也，修行明道以遊海內，海內説其仁，美其義，而為服役者七十人。"而"魯哀公，下主也，南面君國，境內之民莫敢不臣。"甚至，"仲尼反為臣，而哀公顧為君。"（《韓非子・五蠹》）同樣，在漢朝（公元前 206 至公元 220 年），公元前 81 年時，在著名的《鹽鐵論》中，政府官員嚴厲批評了儒家學者，説他們迂腐地堅守古籍遺訓，然而那些遺訓早已被認為不足以應對當時的問題。[4]

所有這些古代和現代批評，都提出了一些類似的建議，就是要放棄那些過於高調的儒家理想，並代之以現實世界中那些切實可行且有效的目標。諷刺的是，儒家先哲也十分清楚他們的理想——政治的和人文的"道"——在當時沒有甚麼可能實現。在《中庸》中，孔子就曾説："道之不行也。"（第四及第五章）《論語》中，他的學生子路也曾説："道之不行，已知之矣。"（《論語・微子》第七章）確實，人們常視孔子為一個"知其不可而為之者"（《論語・憲問》第三十八章）。儒家先哲亦明白為甚麼他們的理想遙不可及，因為要實現那些理想，是需要由聖賢或君子來當政掌權，但這樣的人在現實世界中卻極其稀少。孔子曾説："聖人，吾不得而見之矣。"甚至，君子也很難遇上（《論語・述而》第二十六章）。孟子（公元前四世紀）説每五百年才出一位聖人君王（《孟子・公孫丑下》第十三章）。荀子（公元前三世紀）亦感歎説："君人者千歲而不覺也"（《荀子・王霸》）。

4　《鹽鐵論・刺復》："信往而乖於今，道古而不合於世務。"

　　既然儒家先哲深知其理想難以實現，為何他們又如此堅持呢？如果理想無法實現，它的作用又何在呢？在不利的條件下，人們應否仍遵循理想的倫理規範，還是依從另一套規範？而後者那一套規範與理想的規範又應該存有何種關係？筆者將説明，這些問題不僅對儒家先哲來説是重要的，對於今天任何關心儒家與當今世界何干的人，也同樣重要。正因這樣，傳統和當代儒家政治哲學之間是存在着連續性的。以下，筆者將首先追溯歷史，分析儒家先哲是如何回答這些問題。但本書關注點始終是當代的，筆者將為儒家政治哲學建構一套雙軌理論進路，探討儒家的理想是否可以與現代的現實維持一個適當的相互作用。筆者將透過三項議題以作論證和説明——政治權威和民主、人權和公民自由，以及社會公義和福利。

　　這工作並不涉及建構任何"理想理論"（ideal theory）。依約翰・羅爾斯（John Rawls）的定義，"理想理論"是"假定嚴格遵循，並提出在有利條件下一個秩序井然的社會的特有原則"。[5] 在羅爾斯看來，假設公義原則"會得到嚴格遵守和每個人的服從"[6]，理想理論的任務就是為一個完全公義社會選擇並證成公義原則，並當出現衝突時，為這些原則制定出一套有優次序列的實踐次序。在筆者看來，先秦儒家的理想是一個疏鬆、抽象的社會構想，並沒有如羅爾斯在他的

5　John Rawls, *A Theory of Justice* (Cambridge, MA: Harvard University Press, 1971), 245。羅爾斯對理想和非理想理論的區別和作用的論述，見 8-9、245-47、351-52。關於羅爾斯理想和非理想公義理論的區別的討論，參見 A. John Simmons, "Ideal and Nonideal Theory," *Philosophy and Public Affairs* 38, no. 1 (2010): 5-36。近年來，政治哲學領域出現了一些關於理想理論和非理想理論的恰當作用的辯論，參見 Zofia Stemplowska, "What's Ideal About Ideal Theory?" *Social Theory and Practice* 34, no. 3 (2008): 319-40，以及 Ingrid Robeyns, "Ideal Theory in Theory and Practice," *Social Theory and Practice* 34, no. 3 (2008): 341-62。但筆者認為本書無需參與這場辯論。

6　*A Theory of Justice,* 351.

理想公義理論般建構各項原則。筆者的興趣並不在於舉陳儒家理想的各項細節，而在於把儒家理想視為一種"規範性理想"（regulative ideal），並發展一套能在現實中保存儒家理想之精神的"非理想政治理論"（nonideal political theory）。筆者在此所使用的"規範性理想"，其含義源自康德（Kant），它為現存的行為和實踐定出衡量標準，亦是我們的努力作業的信念，即使那些標準和信念是"無法完全地實現"（not achievable in its full sense）。[7] 康德提及"斯多葛派的聖人"（the sage of the Stoics），作為理想楷模，"沒有甚麼能比這位神聖之人的行為更能為我們提供行動標準了，縱使我們永遠達不到他那種標準，但我們可以與之比較，判斷自己，並由此改進自己。"[8] 如一位當代評論家所說，規範性理想"並不是一種可實現的狀態⋯⋯而是一種在任何實際討論中皆必須認真地對待的個人或制度價值。"[9] 筆者的目標，就是探討是否可以把非理想狀況下的各種實踐與儒家規範性理想連貫起來。

---

7   感謝 Jane Manbridge，是她跟筆者指出康德的"規範性理想"這概念。康德對此的定義和引用，以及當代文獻中對此的討論，參見 Jane Mansbridge et al., "The Place of Self-interest and the Role of Power in Deliberative Democracy," *Journal of Political Philosophy* 18, no. 1 (2010): 65。Mansbridge 等人界定"規範性理想，儘管無法完全達成，但作為一種理想，在其他一切相同的情況下，人們可以根據它來判斷某實踐是否趨近於它。"

8   Immanuel Kant, *Critique of Pure Reason*, trans. and ed. Paul Guyer and Allen Wood (Cambridge: Cambridge University Press, 1998), 552, A569/B597.

9   Simmons, "Ideal and Nonideal Theory," 27。在此，Simmons 描述了理想的一種可能功能。他指出 Joel Feinberg 認為"許多表面上是權利（或公義）的聲稱，事實上只是將一些'正確名字'（right names）用在那些更應被理解為'理想的指令（ideal directives）之上，用以要求那些位處相關的人士，本着這些人類價值而盡其所能⋯⋯。'如此，這種理想（在這種'理想理論'下）更富志向性的特質，發揮着如康德'規範性理想'的功能。"

第二節　兩種理想：大同和小康

儒家思想在早期發展階段就已經提出不同層次的理想，以應對現實的挑戰。比如《禮記》就提過兩個層次的理想，《春秋公羊傳》提過三個層次。對這些理想最佳討論見於《禮記·禮運》，該篇記錄了孔子與學生子由之間的對話。孔子首先描述了黃金時代的"大同"，話說是遠古的一個理想社會，然後又描述了一個較近期、"較不圓滿"的理想社會"小康"。這個著名篇章中所提及的理想不僅包涵了儒家的觀點，也包涵了戰國（公元前 475-前 221 年）晚期才流行的道家陰陽學派的觀點，因此在中國思想史上，這理想是否真正源自儒家，一直引起爭論。但現今普遍的共識是，無論這段對話有沒有真實發生過，當中描述的大同與小康與先秦儒家對理想政治和社會的理解基本一致，因此將大同和小康理想視為儒家思想的一部分當不會有錯。[10] 關於大同理想的描述現摘錄如下：

> 昔者仲尼與於蠟賓，事畢，出遊於觀之上，喟然而歎。仲尼之歎，蓋歎魯也。言偃在側，曰："君子何歎？"孔子曰："大道之行也，與三代之英，丘未之逮也，而有志焉。大道之行也，天下為公。選賢與能，講信修睦，故人不獨親其親，不獨子其子，使老有所終，壯有所用，幼有所長，矜寡孤獨廢疾者，皆有所養。男人分，女有歸。貨惡其棄於地也，不必藏於己；力惡其不出於身也，不必為己。是故謀閉而不興，盜竊亂賊而不作，故外戶而不閉。是謂大同。"（《禮記·禮運》）

10　持此觀點者，包括蕭公權，《中國政治思想史》（台北：中央研究院，1980 年），第 68-69 頁；匡亞明，《孔子評傳》（南京，中國：南京大學出版社，1990 年），第 245-47 頁；王鍔，《〈禮記〉成書考》（北京：中華書局，2007 年），第 239-46 頁。

　　我們可以通過一些比較來說明上文中所描述的儒家理想的獨特性。例如，馬克思的理想社會假定了高度技術水平和豐富的資源物質，使人可以自由發展個人的特性。柏拉圖的理想社會則假定了一個通曉真理並懂得實踐的哲學王，他建立的是一個基於嚴格勞動分工而成的公義和有效益的社會。相比之下，儒家理想並不是建立在超卓的技術、豐富的物質或專業知識的基礎之上，而是假定了一套盛行於整個社會的為公為民精神和互相關愛的倫理：人們以真誠和忠實之心行事，以此來促進和諧；賢達和能幹之人被選出來為"共善"（the common good）而工作；人們不僅照顧自己家人，也照顧家庭之外的其他人；生命中不同階段的不同需要都得到滿足；最不幸者得到社會的關愛和支持；成年人為自己也為他人努力工作；財物不只為自己獨自享用；鄙視浪費行為。這理想社會並沒有觸及法律或禮儀，而即使它們存在，也不需要執行。簡言之，儒家理想社會本質上是倫理或道德的，它沒有預設甚麼最佳的外在生存條件，也不假定某種有利的自然環境或人對大自然的駕馭。儒家理想的唯一內容就是昌盛的倫理道德精神，以及源自這種精神的一系列豐湛的社會和政治關係。

　　大同這理想與先秦儒家的許多想法相一致，因此我們可以正確地視之為儒家理想。在《孟子》和《荀子》中，就反覆提及要把重要職位託付給賢德和能幹之人[11]，而"信"[12]、"和"[13]、互相關愛也是《論語》、《孟子》和《荀子》中的常見或共同主題。孔子說他希望"老者安之，朋友信之，少者懷之。"（《論語・公冶長》第二十六章）在荀子

11　例如，參見《孟子・公孫丑上》第五章；《荀子・王制》。
12　例如，參見《論語・陽貨》第六章；《孟子・梁惠王上》第五章；《荀子・王霸》。
13　例如，參見《論語・學而》第十二章；《孟子・公孫丑上》第一章；《荀子・榮辱》。

的理想社會中，"少者以長，老者以養。"（《荀子・富國》）孟子亦如上述《禮記・禮運》那段般寫道："老吾老以及人之老，幼吾幼以及人之幼。"（《孟子・梁惠王上》第七章）最後，孟子和荀子都認同社會應當照顧最不幸和最無助之人這大同理想（《孟子・梁惠王下》第五章；《荀子・王制》）。

在下一章，筆者將詳細討論儒家圓滿理想的各項特點，尤其是那些關於政治的。現在讓我們先來討論一個較不圓滿的理想——小康，看看它與大同是如何相關的。

> 今大道既隱，天下為家，各親其親，各子其子，貨力為己，大人世及以為禮，城郭溝池以為固，禮義以為紀；以正君臣，以篤父子，以睦兄弟，以和夫婦，以設制度，以立田里，以賢勇知，以功為己。故謀用是作，而兵由此起。禹、湯、文、武、成王、周公，由此其選也。<u>此六君子者，未有不謹於禮者也。以著其義，以考其信，著有過，刑仁講讓，示民有常。如有不由此者，在執者去，眾以為殃，是謂小康。</u>（《禮記・禮運》；底線為筆者所加）

在小康時代，無私不偏和互相關愛精神減弱了，人們關心家人多於別人，政治權威的繼承是根據世襲原則，而不是根據禪讓原則傳給賢德和能幹之士。當人們被私利慾望所佔，權術和武力鬥爭就開始出現。在這種非理想社會環境中，人們築高牆、挖深溝來保護自己，並建立了禮儀規則來規範行為和管束基本人際關係。

有趣的是，《禮記・禮運》的作者並沒有將小康描述成一個與過去完全不符的滑落國度。小康社會的一個重要特徵就是其禮儀規則是具有雙重功能：它們不僅遏止不當行為，而且還表達和促進大

同理想所特有的倫理價值，例如"和"、"睦"、"信"、"仁"、"義"和
"讓"。在此意義上，這個較不圓滿的小康理想仍然保存了大同之倫
理精神。清朝（1644-1911 年）著名的《禮記》評論家孫希旦極具洞見
地指出，大同與小康這兩種理想之間存在着重要的聯繫。他認為，
儘管小康社會中的制度建立和農田分配主要是照顧人們的自我利
益，但這會提高人們的生產力，最終可以讓每個人有所得益，生活
有所支持；仁慈和容讓的實踐則有利促進大同理想中的互相信任精
神及和諧，而且儘管權威和權力是世襲的，但統治者必須依循禮儀
規則行事，違反者會被趕下台，所以結果仍然是保留了大同的精神，
有才能和美德之人才可為公眾服務。[14]

　　以上的討論並不旨在說明小康在中國歷史上真實存在過，而是
想說明《禮運》的作者認為，即使在非理想的境況中，禮儀的運用是
可以與儒家理想之精神相符的。《論語》中孔子教誨的一個根本目
的，亦是希望人們能明白禮儀的深層倫理價值，諸如和、仁、義、
敬，這些價值皆非常接近大同之精神。

> 禮之用，和為貴。（《論語‧學而》第十二章）

> 人而不仁，如禮何？人而不仁，如樂何？（《論語‧八佾》
> 第三章）

> 君子義以為質，禮以行之，孫以出之，信以成之。君子
> 哉！（《論語‧衛靈公》第十八章）

14　孫希旦，《禮記集解》（北京：中華書局，1989 年），第 584 頁。

不能以禮讓為國，如禮何？（《論語・里仁》第十三章）

　　至此，我們知到儒家有兩種理想，大同為圓滿理想，小康則為應對不利條件的不圓滿理想。但我們該如何描述兩者之間的關係呢？孔子認為，小康並不是通往大同的一個"過渡性"（transitional）階段，因為大同已是過去之事，不能復返。也許，我們或可以把小康描述為"次好的"（the second best），而大同則是"最好的"（the first best），但這也不完全正確。從概念上看，"次好"不一定以"最好"為目標，或者與"最好"有任何重要聯繫。（在沒有蘋果的情況下我會選擇橙，但我的選擇次序並不表示兩者之間有任何重要的共同點，除了它們都是水果這個事實。）然而，小康確實是旨在把大同之倫理精神存之不息。雖然小康採納了新的手段和規範來處理不利環境中的問題，但它仍然保持了圓滿理想的倫理道德精神，並以此為終極目標。因此，小康與大同的關係的最佳描述是：小康是把大同作為它的"規範性理想"（regulative ideal），並部分地實現了該理想。

第三節　儒家之困局

　　《禮記・禮運》聲稱小康這不圓滿理想在夏（約公元前 2070-前 1600 年）、商（約公元前 1600-前 1100 年）及西周（約公元前 1100-前 771 年）三個朝代存在過。然而及至孔子身處的時代，情況卻十分敗壞。周朝及其政治體制崩解，禮儀不能約束民眾和強大的封建諸侯，其中很多人變得腐敗和無法無天。即使小康這不圓滿的理想也變得遙不可及。孔子最終只能承認，他對各統治者的遊說失敗了。孟子和荀子也同樣深感悲觀。

如果情況如此，先秦儒家為甚麼不願意放棄他們的理想呢？我們可在儒家典籍中找到一些即使在今天看來也是值得考慮的理由。首先，先秦儒家認為，雖然統治者不為儒家理想所動，但這並不意味着儒家理想本身有問題或應被摒棄，也不一定意味着儒家理想很難實現。在孟子看來，儒家理想的問題僅僅是它沒有吸引到政治精英。當齊宣王問孟子，他是否有能力行王道，為民眾帶來和平及保護時，孟子回答，既然齊宣王不忍心看到一頭牛在被送往祭祀時在顫抖，那麼他的仁慈之心也可及至民眾。雖然齊宣王聽後仍然懷疑他自己能否成為一位真正的王者並施行王道，但孟子的回答對我們今天關於理想和現實的討論有諸多提示："百姓之不見保，為不用恩焉。故王之不王，不為也，非不能也。"（《孟子·梁惠王上》第七章）宣王接着問："不為者與不能者之形何以異？"孟子曰：

> 挾太山以超北海，語人曰"我不能"，是誠不能也。為長者折枝，語人曰"我不能"，是不為也，非不能也。故王之不王，非挾太山以超北海之類也；王之不王，是折枝之類也。（《孟子·梁惠王上》第七章）

孟子在此區分了體力上人無法做到之事與輕易做到之事。如果有人不做可以輕易做到之事，唯一的原因就是他拒絕這麼做。孟子認為，他的理想——真正的王道——實施起來並不困難。統治者要保護和關愛民眾，應當做的就是向每一戶分配足夠土地，讓他們享有體面生活；以五倫來教化他們；在事關重大的事情上徵詢他們的意見；減輕稅負；防止市場壟斷；保障共有資源的可持續性；並與民同樂。孟子認為，既然諸位先王都成功地實施過這些政策，它們的可行性無容置疑。如果齊宣王沒能給他的人民帶來和平，這不是因為該理想及其政策難以推行，而是因為齊宣王自己不願這麼做。換句話說，不能因為有人拒絕像聖賢君主那樣行事，就放棄某理想或者降低對君主的要求。儘管我們可能需要找出應對軟弱、不道德或自私的統治者的方法，但該方法不該是把施於統治者身上的理想標準完全摒棄。

仁慈且有效的管治僅是儒家理想的一個方面。儒家理想的另一個方面是一般民眾的道德發展，鼓勵民眾行善，以和、義、仁及讓的精神來待人處事。可是，先秦儒家對民眾能達到高度道德領悟和發展並不樂觀。例如，孔子曰：“中庸之為德也，其至矣乎！民鮮久矣。”（《論語·雍也》第二十九章）孟子認為“行之而不著焉，習矣而不察焉，終身由之而不知其道者，眾也。”（《孟子·盡心上》第五章）他還說普通人“待文王而後興者，凡民也。若夫豪傑之士，雖無文王猶興。”（《孟子·盡心上》第十章）荀子甚至更加悲觀，他認為一般人的道德能力是薄弱的，他們的情操也並不甚美好（《荀子·性惡》）。

儘管悲觀，但先秦儒家把普通人無法達到高度道德發展這問題，歸究於他們缺乏意志、專注和委身，而非因為道德發展這理想本身有着甚麼內在的不可行性。孟子認為，每個人，不論是普通人還是統治者，只要他們願意作出必要的努力，都可以成為像堯舜那樣的人：“是不為也，非不能也”；“堯舜之道，孝悌而已矣”；“夫道若大路然，豈難知哉？人病不求耳”（《孟子·告子下》第二章）。荀子也認為人人皆可成為君子，但並不是所有人都願意這麼去做。聖人可以通過日積月累的努力達到較高層次的道德發展，但一般人“不肯為”，也“不可使也”（《荀子·性惡》）。

雖然我們可以認同孟子和荀子，人人皆可成為堯舜事實上是可能的，但肯定不會像"為長者折枝"那般容易。堯舜之道要求人有至上的孝心，以及對他人福祉的無私委身，這要求人有格外堅強的意志和格外刻苦的努力。但這不是説，當某道德理想的要求甚高，我們就當放棄它。這裏有兩點理由。首先，儒家思想家從不提倡以激烈方式來強迫人們變好，這樣的方式不但行不通，而且會產生相反效果。第二，我們並不清楚儒家先哲有否期望普通人亦達到聖賢君王的道德水平，而且在任何情況下，一個真正君王的政治抱負亦不會要求一般人達到這樣的水平。因此，與王道不同，對一般人而言，高遠的道德理想總體而言僅是一種志向目標，而非一幅可執行的藍圖。

即使儒家理想並非不可能實現及並非無理地苛刻，但畢竟要實現它的可能性極小，甚至可以説是"毫無希望的"（hopeless）。如果是這樣，那麼，放棄雙軌理論建構，採取一個有規範上的吸引力和有成功把握的單一視角，是否更符合邏輯呢？儒家先哲的回答似乎是否定的。這是因為，如果我們摒棄儒家理想，無論是圓滿的還是非圓滿的理想，這等同摒棄人性之道。在儒家先哲看來，人獸之別，在於人能理解和實踐仁、義和禮，而正是這種能力賦予了人的價值（《孟子·離婁下》第十九章；《荀子·非相》）。摒棄一個以發展人之潛能為本的理想，就等於摒棄人性。即使多數人由於意志薄弱而無法完全把握人性之道，我們也不應在人性之道上作出妥協。孟子在與公孫丑的一篇對話中，就闡明了自己的觀點：

公孫丑曰："道則高矣，美矣，宜若登天然，似不可及也；何不使彼為可幾及而日孳孳也？"

孟子曰："大匠不為拙工改廢繩墨，羿不為拙射變其彀

率。君子引而不發，躍如也。中道而立，能者從之。"(《孟子·盡心上》第四十一章)

　　依孟子所見，一門技藝不應因為學習者的笨拙而把標準降低。同樣，道的標準不應因為普通人達不到而把它降低。孟子強調，仁義並非不可能達到，人們之所以達不到是因為他們意志薄弱。正如當代理論家大衛·艾斯朗德(David Estlund)所說："人們是可以良善的，只是他們並沒有做到。"[15] 同樣，儒家先哲相信，如果理想無法實現，那是因為人們的自身局限所致，而非理想本身有問題。

　　如上文所述，雖然儒家的小康理想是因應非理想的現實狀況而成，但它仍然以大同理想為其致力方向。可是，如果現實狀況壞至這非圓滿理想都無法實現的話，儒家還可抓住甚麼呢？雖然儒家會認為其高尚的理想值得持守，但儒家始終需要找到更可行的方法來解決現實中的問題。因此，當前的問題便成為：有沒有一個替代方法，既可保留仁義作為志向目標，而又可有效地處理現實世界中的問題？法家提倡全盤採用獎懲方法，尤其是藉着法律懲罰，來規範人們的行為和加強國家權力。但這種方法遭到後期儒家的明確拒絕，他們認為這種策略不僅不能確保和平及穩定，而且會使人們變得"無恥"(shameless)，更加遠離道德發展。正如孔子所說："道之以政，齊之以刑，民免而無恥；道之以德，齊之以禮，有恥且格。"(《論語·為政》第三章)此觀點並不難理解。德性或美德必須是發自內心的，要成為一個有美德的人，他行事必須出於正當的動機並基於正當的理由。如果人們的行為動機僅僅是為了服從社會壓力、贏得讚賞或

15　David Estlund, *Democratic Authority: A Philosophical Framework* (Princeton, NJ: Princeton University Press, 2007), 264.

是避免懲罰，那他們就缺少正當的道德動機，沒有道德地行事。儒家稱這些人為"小人"或"鄉愿"（《論語·陽貨》第十二章）。同樣，孟子說，國家統治者為了成為真正的王，行事動機應當是仁義，而不是自己的利益（《孟子·告子下》第四章）。

必須注意的是，孔子以上的看法並不表示他一定不會贊成使用武力或懲罰。筆者將在以下論及，很明顯地，儒家先哲認為懲罰和訴訟是為最後一着，只有當禮儀、教育或調解不能規範人們的行為時，我們才使用它。儒家最基本的目的一直都是培養美德。雖然不同的儒家先哲對理想手段（如教育、禮儀）和非理想手段（如懲戒、訴訟，和軍事防禦）的關係有些不同的理解，但他們都認定理想手段是首要的。[16] 所以法家和儒家之間的差別，並非在於法家容許施行懲罰來規管社會而儒家不容許這樣做，而是在於法家是單一思維，以懲罰為主，而儒家則是一種雙管齊下的思維，既有懲罰亦有禮儀和教育作道德教化，而前者為後者之輔。

因此，儒家面臨一種困境。一方面，儒家不贊同法家，因為法家放棄了道德教化的目的和手段。另一方面，儒家承認他們所偏好的手段——禮儀、王道及美德——未能規範統治者和一般民眾的行為。他們想不出一個既能保持理想之精神，又能應對現實社會所產生的問題的有效替代品，他們認為只要有足夠多的好人當政，他們的理想就不難實現，儘管他們沒有辦法保證好人當政，甚至不知從何做起。最終，由於沒有一個可接受的非理想替代品，儒家理想能否成功，儒家先哲只得聽天由命。是故，孔子說："道之將行也與，命也。

16　子曰："聽訟，吾猶人也。必也使無訟乎！"（《論語·顏淵》第十三章）孟子曰："善政不如善教之得民也。善政，民畏之；善教，民愛之。善政得民財，善教得民心。"（《孟子·盡心上》第十四章）荀子說："故不教而誅，則刑繁而邪不勝；教而不誅，則奸民不懲。"（《荀子·富國》）

道之將廢也與，命也。"孟子也認為道的成功與否取決於天意："孔子
進以禮，退以義，得之不得曰'有命'。"（《孟子‧萬章上》第八章）在
儒家先哲看來，如果道之不行是天命，那麼人是沒有甚麼辦法的。儒
家不可能降低道的標準來適應現實，因為道代表了真理或人性。如
果儒家無法使墮落的世界近於道，他們唯一的選擇就是從中隱退或
者為道犧牲自己的性命。"天下有道，以道殉身；天下無道，以身殉道。
未聞以道殉乎人者也。"（《孟子‧盡心上》第四十二章）

第四節　衝破困局

這便是先秦儒家所面對的困局。或者並非誇張的說，這種困局
在過去兩千年中並沒有多大改變。今天，任何試圖在現代社會中振
興儒家思想的人，都會面對先秦儒家所面對的問題，即如何發展出
一套關於社會和政治的非理想途徑和方法，既以理想為致力方向目
標，而又能有效地處理非理想現實下出現的問題。先秦儒家深陷於
小康理想之中，沒有找到出路。我們今天能否做得更好？我們又該
怎樣着手做呢？以下，在未介紹本書所提供的解決方案前，筆者將
提出，我們為現代社會建構儒家政治哲學時，需要作三點考慮。第
一點是關於正確地掌握儒家理想之精神之重要，第二點是關於儒家
解決現實問題時的態度，而第三點是關於理想和非理想關注的正當
關係。

筆者首先討論第一點，即我們必須正確掌握儒家理想之精神。
若我們越過大同和小康不談，要說清楚儒家理想的構成元素實不容
易，因為隨着歷史環境的變化，儒家已經演變成為一個複雜的思想
傳統。在這個漫長的過程中，它發展出許多不同層面的觀點，從最

在地的應對社會環境變化的指導性原則或建議(如禮儀的行為準則,以及因處境而異的決策方略)一直到最高層次的理想(例如,仁及為公為民之精神)。儒家許多觀點是處於這兩端之間,例如某些關於政治制度和經濟政策的觀點。我們要判別哪些觀點屬於理想層面(即其精神是必須保留的),哪些是非理想層面(即其內容和挑戰是隨着社會環境變化而改變的),實非易事。例如,在政治中,雖然挑選有德有能力之士為公共利益服務這原則看似是儒家理想的一部分,但是,我們並不清楚儒家希望有聖賢君王來行使最高權力這想法是其理想的一部分,抑或只是因應非理想情況的產物。同樣,我們也不清楚儒家的分配公義和應報公義是與仁同樣是理想價值,抑或只是一種不如仁那麼有價值的矯正性美德?由於儒家觀點的多層次特性,我們很容易對儒家思想作出偏頗的評論。在後面的章節中,筆者將試圖回答這些問題。

第二點,儘管儒家先哲執着地堅持他們的社會政治理想,但在處理現實世界的問題時他們還是比較靈活。他們知道致力於理想是一回事,但在現實環境中實踐它卻是另外一回事。在處理不利情況時,三位儒家先哲都會勸導人們要懂得靈活和適時於行,有時甚至為了防止禍害而允許違反禮儀和原則。孔子說:"君子貞而不諒。"(《論語·衛靈公》第三十七章)他還表揚管仲,管仲原為公子糾的輔佐,公子糾在權鬥中被弟弟(即後來的齊桓公)殺了。管仲為了拯救無數無辜生命,選擇協助齊桓公,在戰亂中成功與各諸侯達成盟約,避免了諸侯國之間的戰爭和殺戮。由於管仲輔佐殺了他原主人的齊桓公,孔子的弟子質疑管仲的為人。但孔子卻堅持認為管仲是一位仁者,因為他為和平安定作出了貢獻,而和平安定是君子應當追求的更大目標(《論語·憲問》第十六至第十七章)。孟子也寫了很多關於在面對衝突訴求時，我們必須小心酌處。孟子說，當一個次等重要的禮儀（例如，男女授受不親）與一個較重要的目標（例如，拯救生命）相衝突時，我們當取較重要的目標，即使這麼做會干犯了較不重要的禮儀（《孟子‧離婁上》第十七章）。概括來說，當我們在互相衝突的訴求之間做選擇時，不應抽象地看那些訴求的本質，而是應考慮它們所涉的具體環境。我們也應權衡在某環境下，無論是數量上、權值上或嚴重性上，各項抉擇的代價。（《孟子‧告子下》第一章）同樣，荀子在表揚儒家君子時，說：「其持險、應變曲當；與時遷徙，與世偃仰，千舉萬變，其道一也。」（《荀子‧儒效》）用現代詞彙來說，儒家之道作為一種規範性理想，並不是一套機械化和僵化的價值和原則層階，而是一種對目標的澄明、對真正重要和有意義的東西的抓緊；餘下的，就是處境性的思考和判斷。

　　第三點我們在建構當代儒家政治哲學時要考慮的，是關於理想和非理想關注之間的關係。我們已經看到先秦儒家對非理想現實世界展示出相當大程度的務實風格和靈活性；可是，這種務實與靈活並非沒有原則的，而是恰當地與理想志向相連。筆者將舉出兩個例子，來說明先秦儒家如何處理一方面要靈活、另一方面要堅守理想志向的雙重要求，這兩個例子都是關於在非理想現實條件下武力之使用。第一個例子並非直接來自儒家典籍，而是來自中國傳統，深受儒家思想影響的關於武德的論述。「武德」（martial virtue）這個詞本身就意味了理想訴求與務實訴求的調和，理想與非理想之交錯。武術和武力的使用似乎恰恰是儒家理想仁及和諧的反面，然而武術和武力在現實世界中是必要的，而且它們的使用是可以並應當顧及理想。武德的意思是武術必須以德為本，習武之人必須有德才能達到武術的最高境界並贏得別人的尊重，而且只有為了成就道德的目的時我們才可使用武力，例如拯救生命或者維護和平和公義。[17] 根據中國傳統觀點，武術並不僅僅是一套技巧和技術的運用，而且亦是涉及道德和倫理目標的練習。

第二個例子是刑事處罰。[18] 儒家用了不同詞彙來描述規範人們行為的社會手段。如《禮記》所載，"禮"（禮儀）是用來培育道德性格和彰顯道德；"樂"（音樂）是用來達成人們之間的和諧；"政"（政府指令和法律）是協調集體行動；"刑"（刑法和懲罰）是防止人們有作惡的傾向（《禮記・樂記》）。儒家偏好禮儀和音樂，是認為它們是達成社會理想的手段，因為只有通過這些人們才可擁有真正的道德態度和性格。但是，當這些手段不足以防止錯誤行為時，懲罰便成為必需。那麼，理想和非理想手段之關係到底是怎樣的呢？正如孔子所說："禮樂不興，則刑罰不中；刑罰不中，則民無所錯手足。"（《論語・子路》第三章）傳統上人們對"刑罰不中"的解釋有兩種，它們並不矛盾，甚至互補。第一種解釋是，沒有昌盛的禮樂，就沒有行為對與錯的標準，亦沒有判罰量刑的依據。第二種解釋是，沒有有效的禮樂，統治者將會過度依賴嚴刑來防止錯誤行為或保持社會穩定，所以懲罰的使用必須由禮儀來引導，而且只有在禮儀、音樂和教育這些手段失效時才可使用。

---

17 參見劉樹軍，〈傳統武思想的基本內容〉，《傳統武德及其價值重建》（中國，長沙：中南大學出版社，2007），第 87-96 頁。我感謝 Jeffrey Martin，他在我向他解釋本章主旨時提及了"武德"。

18 第三個例子可能是關於軍事中的武力使用。要了解先秦儒家如何從理想和非理想角度看待正義戰爭，參見 Daniel A. Bell, "Just War and Confucianism: Implications for the Contemporary World," in *Confucian Political Ethics,* ed. Daniel A. Bell (Princeton, NJ: Princeton University Press, 2008), 226-56。

第五節　本書之論點

儒家思想自肇始以來，就一直面對着社會政治理想與現實之間存在巨大差距的問題。本書將論證，問題不是在儒家規範性理想本身，而是如何建構出一套有效的管治方法，在秉承儒家理想之精神的同時，又能有效處理當代非理想環境中的問題。無可否認，當代社會及其制度為如何應對這非理想世界，帶來了新的機會與挑戰。自由民主制度、人權機制和公民自由，以及促進社會公義的手段，都是應對新舊社會問題的新方法。我們在考慮這些新方法時，也當像先秦儒家所建議般，保持靈活性和適應性。筆者將論證，如果現代制度和手段有效，儒家就應當採納它們，並將它們與儒家理想連結起來，就如上面例子中先秦儒家處理武力這事一樣。可能有人會認為，現代許多制度和手段都源自西方，所以一定包含了與儒家理想相衝突的規範性和哲學性觀點和價值。但是，這樣的想法無論是對西方各項實踐，以及對儒家思想的本質，皆是極富爭議的詮釋。筆者將批判性地審視這些詮釋，並說明現代制度和手段如何可能促進一系列儒家目標，以及我們可如何修改這些制度來永葆儒家理想之精神。

筆者用來將現代制度與儒家理想連結起來的主要策略，就是發展出一套筆者稱之為儒家政治“致善”（perfectionist）主義進路。政治致善主義是一種哲學主張，認為我們在評價社會和政治秩序（包括政治權利和義務）時，應當基於它們是否對人之“美善生活”（good life）有貢獻。[19] 因此，儒家致善主義將根據儒家“善”（the good）的

19　就政治致善主義的講解，可參見 Joseph Chan, "Legitimacy, Unanimity, and Perfectionism," *Philosophy and Public Affairs* 29, no. 1 (2000): 5-42。

觀念來評價社會和政治制度。筆者將論證，今天儒家迎接這一挑戰的最好方法是採納某些自由民主制度，並以儒家致善主義這理論方法來證成它們；也就是說，把這些制度建基於儒家"善"的觀念上，而不是自由主義的"正當"(the right) 觀念上。這理論方法將自由民主制度與主流自由主義哲學論述脫鈎，使自由民主制度不必建基於那些自由主義基本道德權利和原則，例如主權在民、政治平等、人權，以及個體主權。

筆者將採用上述那個理論方法來審視這些議題：政治權威和民主、人權和公民自由，以及社會公義和福利。筆者的目的是重建儒家思想和自由民主制度，將兩者融合成一個新的儒家政治哲學的框架，筆者稱之為"儒家政治致善主義"(Confucian political perfectionism)。這哲學理論將結合一系列在自由民主基本制度，將它們立於儒家致善主義之上，並重新定義它們的角色和功能。這哲學理論將儒家價值與自由民主制度混合在一起，希望這樣可以使兩者皆得以強化。

本書分為兩部分。第一部分討論政治權威和制度的問題，第二部分探討關於國家與民眾關係的問題，包括人權、公民自由、社會公義和社會福利。就本書的討論範疇和方法學，筆者在附錄一中將另作說明。

在第一章中，筆者將研究先秦儒家關於權威的本質、目的和證成的觀點。筆者首先否定那些把儒家詮釋為權威是一種擁有權利，由君主或民眾所享。（附錄二詳細評價了這種詮釋。）接着筆者建構一種儒家致善主義的視角，它將民眾的福祉以及他們接受政治管治的意願，作為政治權威正當性的基礎。根據這一視角，政治權威是為民眾 (for the people) 而存，並且其部分證成是立於其保護和促進民眾之福祉的能力之上。但是被統治者與統治者之間的權威關係也基於雙方的委身——統治者竭力於為民服務，而被統治者則願意及樂於接受並支持統治者。因此，儒家致善主義視角在權威和美善生活之間作出了兩種連接。首先，權威作為工具是為民眾福祉服務。第二，被統治者和統治者的委身是一種有道德價值又讓人滿意的關係，它是構成美善生活的一部分。這種致善主義視角與洛克式自由主義（Lockean liberalism）視角截然不同——權威並非源於擁有自然權利或道德上基本政治權利的民眾的同意，而是一種有利美善生活的良好政治關係的一部分。

第二章探討一個悖論：雖然先秦儒家思想認為權威是為民服務的，以及權威不能基於當權威者的專斷意志上，但是儒家思想明裏暗裏皆認為權威必須是一元的、至高無上的，以及不受任何更高法律的制約。也就是說，先秦儒家思想是不會接受有限政府和三權分立這些現代觀點。在第二章，筆者重構某些先秦儒家關於支持權威的論證，以及關於一元論和絕對權威的重要性的論點。筆者認為，儒家的這些論點未能排拒有限政府和三權分立，而且如果儒家政治思想在今天還想有出路的話，那麼它必須放棄一元論和絕對權威的觀點。我們不應希望出現一個神一樣的人物來佔據威望和權力的最高位置，我們應當降低我們的眼界，接受政治體制中讓有缺陷但又高於一般道德和智慧的人來持政，讓他們合作並互相制約，而同時又被民眾所制約。

第一及第二章是研究儒家理想層面的權威觀，而第三及第四章則是處理非理想層面的權威問題。第三章提出，縱使儒家理想的統治者和被統治者的權威關係（即一種委身和互相信任的關係）是一種有見地、富吸引力，甚至與當代民主社會也十分對題的理想，可是在現實中並非所有官員都值得信任或真正關愛民眾。如何正確地處理理想和現實之交錯，就是我們的挑戰。一方面，我們必須找到一種社會機制，防止官員們濫用權力並罷免差劣的官員；另一方面，這機制必須體現儒家理想關係並促進它。筆者將論證這個解決方法存在於制度的本質之中，這制度既可完成社會功能解決現實中的問題，同時又可持守那體現理想志向的規範性標準。筆者將論證有一種可發揮這種雙重功能的政治制度，那就是民主選舉。筆者通過引用當代政治科學文獻來論證，作為一種機制的民主選舉既可挑選德才兼備的政治家為共善服務（選拔功能），亦可獎賞和制裁政治家（獎懲功能）。獎懲功能處理的是非理想問題，而選拔功能則體現儒家理想政治關係的精神。

第四章進一步討論儒家政治致善主義和民主的關係。筆者論證兩者是互補的，並可以強化彼此。一方面，民主作為工具可促進儒家政治目標（例如促進民眾之福祉）而且直接表達了儒家的理想政治關係——在此意義上，民主可以藉着儒家在工具性上及表達性上證成的。另一方面，儒家的道德和政治致善主義理論方法可以為良好運作的民主提供一個壯實的道德基礎。在理想中，民主選舉是以一種文明及恭敬的方式進行，與選拔模式之精神一致。然而在真實及非理想處境中，民主選舉可能催生和加強仇恨和對抗，民主政治過程可能變成一場犧牲共善、各自追求狹隘私利的交換。儘管西方理論家早就指出公民美德或"公民文明"（civility）是民主的重要條件，但當代理論家傾向以自由主義的、基於知識的方法來推行公民教育，其有效性則令人懷疑。筆者論證儒家的以人性為基礎的道德教育是比自由主義的以公民為基礎的教育，可更鼓勵公民文明，並為美德提供一種更全面的基礎。最後，筆者論證，對於如何選拔德才之士，儒家政治致善主義令我們作出反思。舉例來說，筆者建議在立法機關成立第二個議院，其成員由立法機關同事互相選擇產生。如果這個議院可以適當地組成的話，它不但本身是一個管治機構，而且在對整個社會的道德教化也會起到重要作用。

本書第二部分重建和發展儒家致善主義的人權、公民自由、社會公義和社會福利觀。在第五章，筆者以一套雙軌理論進路來研究人權議題。筆者論證人權這概念是相容於儒家對倫理和社會的理解，但在理想社會中，引導人們的是他們對仁和美德的知覺，人們並非從人權的角度考慮事情。因此人權在理想社會中並沒有甚麼重要的實際作用，正如禮儀在大同中並不重要一樣。在非理想處境中，當美德關係瓦解和調解無法平息衝突時，人權可以成為一種有力的備用機制，保護弱者的合法利益，反抗強者尤其是國家的剝削和傷害。人權的重要性因此是在於它的工具性功能。與自由主義不同，儒家倫理不會認為人權是構成人之價值或者尊嚴的一部分。而且，正如先秦儒家思想所說，我們施加刑罰時必須顧及美德和倫理禮節，人權的實踐也不應削弱共善、美德和義務這些道德考慮。為了避免"權利掛帥論述"（rights talk）和以權利為中心的文化的出現，筆者將論證儒家致善主義應該把人權列單縮短並只包含公民和政治權利；這不是因為社會和經濟權利較不重要，而是因為公民和政治權利更適合用法律來執行，而且這些權利也可以消解傳統儒家思想把過多權力置於政治領袖手中的強烈趨向。

第六章發展一套新的儒家致善主義理論方法，來探討個體自主和公民自由。儒家思想經常因為忽視個人自主而備受批評。但是，筆者論證儒家倫理其實是促進個人道德主體自主，儒家認為道德主體必須自願地接受道德約束並反思地投入道德生活。在相當大的程度上，這種觀點支持寬容和自由，因為一種高度限制性或壓抑性的道德環境對真正道德生活的發展是有害的。可是，傳統儒家的道德自主僅僅與非常狹窄的人生選擇相容。為應對一個迅速變化和多元的社會，儒家倫理應當吸納一種較溫和的個人自主觀，其廣義上的意思就是人應當享有建立人生目標和選擇個人人生路徑的自由。在這種觀點下的個人自主不應當作是一項道德權利或者自由主義術語中的個體主權，而是美善生活的一個有價值的部分。吸納了這個個人自主觀的儒家致善主義倫理，就能夠接受現代社會中的多元價值和生活方式。儒家致善主義政治理論認為，公民自由作為工具是可以促進美善和體現個人自主之理想，並在兩者相衝突時試圖平衡它們，這種致善主義視角同時否定那種強烈的自由主義觀點，即任何時候只要涉及個人生活，個人就享有最高的保護。

第七和第八章以儒家致善主義視角來探討公義和福利。在第七章，筆者將論證《孟子》中關於資源分配的原則是可以作為公義原則，筆者稱之為"足夠原則"（principles of sufficiency）。根據這種致善主義觀點，社會公義的目的是使羣體的每一位成員都過上美善生活。道德上重要的是，是否每個人都有過上美善生活的足夠資源，而非是否每個人皆擁有同等數量的資源。儒家的美善生活觀為足夠設定了一個粗略標準：足夠資源是指讓人過上物質上體面的生活，並有足夠的物質安全感讓他們可以追求更高尚的道德生活。在資源分配的問題上，如果使用當代政治哲學術語來說，儒家公義不是一種平等主義而是一種"足夠主義"（sufficientarian）觀點。然而，足夠主義公義僅僅是更宏大的儒家社會理想的一部分。在第八章，筆者論證孟子所設想的一個多層次社會供給體系，其中家庭、村莊或社羣，以及政府都有特定的角色——社會公義是這個體系的基礎；家庭和社羣（或社會關係網）提供家庭照顧和互相幫助；當這些未足以解決困難時，政府當介入並提供直接的福利援助。這種儒家社會理想整合了公義與關愛，既承認個體價值也承認個人責任。

　　結論一章總結了本書各個論點，將它們整合成各章所論述的那一套政治哲學，即儒家政治致善主義。筆者闡釋了致善主義如何貫穿了該哲學的重建。總體而言，雖然儒家政治致善主義利用了某些自由民主制度來應對非理想現實問題，但它與歐美自由民主理論截然不同。其中最明顯的，是它和以權利為基礎的政治理論方法不同。在以權利為基礎的理論方法中，民主被理解為主權在民的體現——它不僅意味着民治，還指出民主是被主權在民這觀點所證成的。在儒家政治致善主義中，民主仍然意味着民治，但它並不由主權在民這觀點所證成。民主的證成，是在於它對民眾的服務，以及民眾和他們選出來的統治者之間的委身和信任這些致善主義觀點之上。根據儒家致善主義，基於正直和美德的倫理對健康的民主政治十分重要，它亦對公民和代議士的責任有重要的影響。在以權利為基礎的政治理論方法下，人權和公民自由的證成，皆同樣在於人享有身體和行為的主權這觀點上。可是在儒家政治致善主義下，人權和公民自由之所以重要，全在於它們能保護或促進基本個人利益，尤其是享有道德生活和非儒家理想的溫和個人自主這些利益。我們在享受權利和自由時，必須權衡考慮這兩種利益。最後，在以權利為基礎的政治理論方法下，社會公義的前提是自我所有權（右派自由主義）或平等尊重和關注的權利（平等主義）。可是在儒家政治致善主義下，社會公義的證成是在於它對美善生活的貢獻——社會公義令所有人享有足夠資源去過着道德生活，而它亦容許源於個人長處和貢獻的經濟不平等。

　　結論一章也討論了在現代多元社會中我們如何推廣儒家思想。筆者認為在公共政治討論中，我們不應當將儒家思想展示為全面及一整套的教義，並要求人們通盤接受任何該套教義中的政策建議。這種對儒家思想的推廣方法只會削弱自由民主社會的良好運作能力，而且亦與儒家公民文明之精神不符。筆者所建構的儒家致善主義政治哲學和政治學，是一種溫和的致善主義。作為政治哲學，儒家致善主義是透過審視每項政治事件討論中相關之儒家價值和原則，由下而上地推展出自己的論點和制度建議，而非由上而下將一整套理論加諸政治議題之上。在政治和公共政策制定中，儒家致善主義要求公民和官員訴諸個別和特定儒家價值和原則，並嘗試證成它們，而無須他們事先接受儒家思想。儒家致善主義所塑造的，不是一個贏者通吃的政治秩序，而是一個逐一搭建起來的政治，在其中贏者所得的和輸者所失的都是有限，而贏者和輸者在不同政策領域內隨時可能逆轉而處。

　　筆者希望，本書所宣導的儒家政治致善主義哲學和政治是一個解決儒家政治思想困境的有效方法、一個在現代社會中重建儒家價值和自由民主制度的可取方案，以及一套能替代自由民主理論且具吸引力的哲學。

第一部分

政治權威和制度

第一章　何謂政治權威？

　　在本章及以下數章中，筆者將透過回答一系列問題，以發展出一套儒家對政治權威的看法。這些問題包括：何謂政治權威？其目的為何？如何來證成它？被統治的民眾在此證成中扮演甚麼角色？國家或政府的權威範圍應有多大？國家又應採用何種權威制度架構？一併來看，這些問題的答案將足以為政治權威理論建立一個理論骨幹。儘管先秦儒家典籍並無系統地勾勒出任何政治權威理論，但它們對這問題的核心看法其實相當類近，若將這些看法拆解重構，便可開展出一個基本上做到周密圓通的觀點。筆者的目標是闡述該核心看法，並探索這政治權威觀在哲學上是否説得通。

　　本章將處理上述首四個關於權威的問題：其本質、目的、證成理由，以及民眾在此證成理由中的角色。本章旨在發展出一種致善主義觀點，它主張政治權威正當性的根本是在於民眾能否幸福過活和是否願意接受管治。在第一節，筆者首先討論西周時期“天命”（Heaven's Mandate）這觀念，即統治權是建基於天命。[1] 筆者並反對

1　也許有人會問，先秦儒家思想家是擁護或不拒絕君主專制的，那麼為何筆者不從君主專制着手開始分析呢？這是因為筆者相信，權威的規範性基礎（即天命觀念所指的）是一個比權威類別（形式和範圍類別）更加根本的觀點。但筆者在第二章和附錄二中，其實也會仔細討論君主專制的兩個最重要方面：一元和至高無上的權力觀，以及其世襲原則。對以君主制為核心的先秦儒家思想的分析，參見 Yuri Pines, "The Ruler," pt. 1 in *Envisioning Eternal Empire: Chinese Political Thought of the Warring States Era* (Honolulu: University of Hawaii Press, 2009)。

兩種對天命觀念的詮釋，它們都視上天賦予的權利為一種“完全所有權”（dominium）或擁有權。第二節論證在先秦儒家看來，政治權威的存在是為了保護民眾的利益，其證成亦取決於它能否保護和促進民眾之福祉。筆者稱這種政治權威觀為一種“服務概念”（service conception），並解釋其主要特徵和含意。第三節論證，依這服務概念，政治權利的證成只是在於它作為工具可以改善民眾生活，因此不論是統治者還是民眾，皆沒有任何自然政治權利來統治他人。筆者支持此種政治權利觀，並指出與其對立的主權在民觀點存有很多問題。第四節則闡述，對於政治權威，先秦儒家思想其實也有一種非工具性的證成，即權威性政治關係是由民眾願意接受和服從政治權威這事實所建構。第五節透過發展致善主義進路並闡述其主要特點，從而整合政治權威的工具性和建構性部分。我們將在第四及第五章中看到，這一進路是筆者能否把儒家理想與民主政治制度接軌的關鍵一步。

第一節　　完全所有權概念之權威觀

　　政治權威在此是以一個應然的意思來理解，即在一處管轄區內正當的最高管治權。對政治權威的根源，先秦儒家有何說法呢？對此最好的討論出發點就是天命這概念。天命很可能是西周時期（約公元前 1110- 前 771 年）最重要的政治觀點，甚至往後影響整個傳統中國政治思想。[2]“天命”這詞，意指統治權是源自於天。《尚書》中，周公經常以此作為理據，來正當化周室對商朝政權的反抗。由此可

2　　參 見 Herrlee Glessner Creel, *The Western Chou Empire*, vol. 1 of *The Origins of Statecraft in China* (Chicago: The University of Chicago Press, 1970), 93。孟子大量使用了這個概念來討論政治權威。

知，周室民眾當時已經明白赤裸的武力不等同正當的統治權威。統治權威需要武力，但統治權威的正當性始終是唯天所命。

然而，政治權威或管治權意味着甚麼呢？依據天命理論，哪些權利和義務是與政治權威相關呢？學者們對天命曾作出兩種詮釋，即"擁有權詮釋"（the ownership interpretation）和"民主權利詮釋"（the democratic rights interpretation），而這兩種詮釋似乎皆有文本支持，不同學者亦各自論證這兩種詮釋。第一種詮釋說，上天賜予被選中的統治者擁有權，讓他擁有他的民眾和土地。第二種詮釋持相反觀點，認為上天賜予民眾根本的道德權利去管治他們自己，以及其居住領土的擁有權。然而，這兩種互不相容的詮釋其實對政治權威（或主權）有着同一個"概念"（conception），即政治權威是一種完全所有權。所異者，只是"誰"擁有政治權威：是統治者？還是民眾？在這完全所有權的觀點下，政治權威可以被擁有也可以被世襲，它包含了對管轄區域內的資源的擁有權。由於討論這兩種詮釋需要仔細的文本分析，為免削弱本章的整體論證，筆者於此只會陳述主要結論，詳細理據則收錄在附錄二，當中筆者將論證不論完全所有權誰屬，先秦儒家都不支持以完全所有權去理解政治權威。儒家認為，政治權威或者管治權力，並不包含對民眾、土地或權威本身的擁有權。它不是一種完全所有權而是一種"管治權"（imperium），即在一個管轄區域內統治的正當權利。得天命，就是獲得這種管治權利。這種權利其實不外乎在某個特定的領土內，統治者以保護和促進民眾福祉為前提，制定、實施法律和政策的權利。政治權威為這個目的而存在，其證成取決於它能否服務於這個目的。在附錄二中，筆者亦論證早期的儒家文本，尤其是《孟子》，並無把人看成自然的"完全所有權持有者"（dominus），人們並無甚麼自然基本權利去管治。而且，先秦儒家典籍中亦找不到主權在民的民主觀點。附錄二的結論除了闡明儒家不是甚麼，亦指向一套初步但卻深有潛力的政治權威觀。在本章的餘下部分，將專注分析和推展這政治權威觀。

第二節　服務概念之權威觀

周朝的天命觀認為，上天所以將統治權利賦予周朝，是要它保護在其權威之下的民眾，而周室之興亡，關鍵就是在於它能否庇佑民眾。[3]《孟子》中引用了《尚書》某個失傳章節中的類似觀點："《書》曰：天降下民，作之君，作之師，惟曰其助上帝寵之。"（《孟子‧梁惠王下》第三章）在周朝，天命的目的是保護民眾，該觀點在後來亦得到進一步發展，例如孟子的名句："民為貴，社稷次之，君為輕"（《孟子‧盡心下》第十四章），以及荀子此經常被引用的觀點："天之生民，非為君也；天之立君，以為民也"中，孟子和荀子都認為民眾比統治者更重要。荀子寫到：

> 天之生民，非為君也；天之立君，以為民也。故古者，
> 列地建國，非以貴諸侯而已；列官職，差爵祿，非以尊大夫
> 而已。（《荀子‧大略》）

如果我們將兩位儒家先哲的觀點綜合起來，就得到這樣的政治權威觀：民眾具有獨立價值（孟子），統治者和所有其他官員的權威都是服務民眾的工具（荀子）。借用當代英國法律和政治哲學家約瑟夫‧拉茲（Joseph Raz）的術語，筆者將這一綜合觀點稱之為"服務

3　另一個條件是統治者必須具有美德，並施行美德的管治——這兩者都與保護民眾的任務相關。

概念"（service conception）之政治權威觀。這服務概念之政治權威觀
認為，建立政治權威及政體，目的就是服務被統治者，而被統治者
本身是有內在價值的。[4] 所有層面的政治職位，以及相關的權力、地
位和報酬，都是為被統治者而非統治者的利益而設。

　　儒家服務概念之權威觀有幾個重要的引申含意值得在這裏討
論。首先，統治和民眾的關係是有着兩種差等。一種是權力差等，
另一種則是更根本的價值差等。權力差等中，統治者行使權力，民
眾尊重並服從。而在價值差等中，情況則稍為複雜；服務概念之權
威觀認為，民眾雖是被統治者，但他們擁有獨立於統治和被治關係
的價值，而統治者的價值則是派生出來的。當然，"統治者"一辭，
既可意指一份職權，亦可意指一個履行職權的個人，二者我們必須
小心區分。服務概念之權威觀指出，一份職權只有工具意義上的價
值，它是為了成全民眾的價值而設的。一份職權的各種特點（如權
力，及相應的尊敬與報酬）是否合理，都取決於它是否在發揮本身應
有的功能。服務概念之權威觀固然不否認履行職權的個人也具有獨
立價值，如果他能力卓越，兼有美德，能有效履行職務，他就的確很
有價值。它也不否認履行職權的個人應當與被統治者建立一種超越
單純工具意義的倫理關係。本章稍後將會探討這個觀點。

　　其次，服務概念之權威觀與天命的"擁有權詮釋"——天命賦予
統治者對土地和民眾的擁有權——明顯相衝突。服務概念之權威觀

4　"服務概念的權威功能觀是這樣一種觀點，即權威的作用和主要功能是服務被統治
　　者。" Joseph Raz, *The Morality of Freedom* (Oxford: Clarendon Press, 1986), 56。
　　必須注意的是，拉茲所發展的服務概念權威觀的準確意思和引申含意，以及權威的證
　　成，與筆者在此所闡述的不同。筆者的闡述是基於儒家典籍中的已有觀點。另外還必
　　須注意，當為民眾"服務"的觀點運用到儒家傳統上時，它不應視作為民眾任何現存的
　　慾望服務。正如下面所要提到的，根據儒家傳統，民眾的美善生活不僅由物質福康構
　　成（這方面的追求是完全合理的），也由道德培育和美德社會關係構成。因此，為民眾
　　服務也包括創建一種有利於這些道德追求的環境。

一方面拒絕以"擁有權"來詮釋政治權威，另一方面則認同政治權威的工具意義，即它為民眾的利益（即今天我們所常說的"共公利益"（public interest）或"共善"（common good））服務，而非為統治者的私利服務。《説苑》也有類似觀點，説上天是為了民眾才建立統治體系，而非為統治體系本身而設；如果統治者只為私慾而非為他人利益而行事，那麼他就未有遵從天命，亦忘記了統治者這份職權的真正含義。[5]

　　第三，服務概念之權威觀認為，政治權威的存在理由是服務民眾，天命與統治者的正當性亦在於此。《春秋繁露》曾闡述了荀子的觀點，統治者為民服務這觀點與天命這概念的基礎是一脈相連的："且天之生民，非為王也，而天立王以為民也。故其德足以安樂民者，天予之；其惡足以賊害民者，天奪之。"[6] 這論調雖似充滿宗教意味，但內容其實不離世俗：它指出政權正當與否，最終取決於統治者有否盡責地服務民眾，讓他們幸福過活。我們必須注意，儘管權威的證成是工具意義上的和訴諸後果的，但它不是"後果論"（consequentialism）所主張的將良好結果最大化。因為《春秋繁露》所言的，並非要求統治者的美德和能力俱臻完美，亦非要我們不斷尋找和換上更好的統治者。依《春秋繁露》所言，只要統治者能展示往績他是有"足夠的"（sufficient）美德和能力，他已經具備正當性的條件，而且只有當統治者的惡行嚴重至傷害到民眾利益時，他才可

5　《説苑・君道》："夫天之生人也，蓋非以為君也；天之立君也，蓋非以為位也。夫為人君行其私欲而不顧其人，是不承天意忘其位之所以宜事也。"
6　《春秋繁露》第二十五章："堯舜不擅移、湯武不專殺"。

以被解職。[7] 從政治上說，這亦有道理，因為在政治中延續性安定是十分重要的，領導層經常變動只會引起混亂並削弱有效統治。這一點也關係到我們如何評價不同類型政體的優劣利弊，特別是附錄二所討論的世襲君主制原則。

第三節　非權利為本之證成

根據服務概念之權威觀，政治權威是為了服務民眾而設，而與權威相關的政治權利的證成也在於它能否作為改善民眾生活的工具。這些政治權利並非個人的根本道德權利，而是類似官員的權利，例如警察的權利，官員享有他們的權利是因為正確使用這些權利可以保護和促進民眾的福祉。理論上，我們可以將該觀點擴展為一個關係到所有政治權利的普遍觀點，儒家雖未有明言這觀點，但它卻可視為儒家核心政治觀點的自然延伸，或者至少與之相容。這個普遍觀點是以服務概念之權威觀來判斷政治權利或權力分配，以及其制度形式。享有政治權利或在制度中擁有政治權威的人，必須以民眾能否獲益為證成基準。由此觀之，這世上是沒有甚麼自然政治權力，統治者亦沒有甚麼自然統治權利，政治權力和統治權利必須以民眾的利益和需求為依歸。

上述觀點甚至亦適用於擁有政治權利的民眾。當民眾輪流執政（如古代雅典），或者投票選舉他們的領袖時（如民主制度），他們其實正在透過分享並實施政治權力來積極參與管治。無論一個公民的

7　即使在最極端的情況下，上天也給了殘暴腐敗的桀五年時間，讓他改善，最後才把他拉下來。見《尚書・多方》：「天惟五年須暇之子孫，誕作民主，罔可念聽。」此緩慢的應對可能有兩個原因：（1）需要時間來證實統治者的確腐敗，其惡行達到讓人無法忍受的程度；（2）也需要時間尋找他人和有效替代腐敗的統治者。

權力有多小，所有公民的權力集合起來就能產生巨大效果。當公民集體行動，他們能選擇統治者，制定法律和政策，因而深深地影響民眾的生計。就如美國大法官路易・布蘭德（Louis Brandeis）所言："在一個民主國家中，公民乃最重要的職權。"[8] 由於"公民"（citizenship）是一種政治職位，所以其權力的證成也需要符合服務概念之權威觀。我們必須問公民這制度安排能否為民眾的福祉服務？正如統治者沒有自然統治權利，公民這身份和權利也非自然。[9] 必須注意，這觀點不是要把民主作為一套政治制度完全否定，而是拒絕接受某些支持民主的理據，即那些視政治參與為基本道德權利或主權在民的理據。即使我們拒絕接受這些權利為本之證成，我們依然可以視民主為保護和促進民眾福祉的工具，因而支持民主制度。至於儒家會否信服於這種工具意義上的證成，我將會在第四和第五章中討論。

　　服務概念之權威觀把民眾放在首位，但其理據並不在於他們擁有政治權利，而在於他們的本身價值。不論是統治者還是被統治者的政治權利，其證成都在於它們能否促進民眾福祉。有人或會質疑這種服務概念之權威觀是有缺陷的，因為它不承認公民政治權利為根本自然或道德權利（而這些權利往往透過主權在民這觀點表達出來，即民眾集體乃政治權威和法律的終極根源）。正如筆者在附錄二

8　引用見於 Barack Obama, *The Audacity of Hope: Thoughts on Reclaiming the American Dream* (New York: Three Rivers Press, 2006), 135。

9　這觀點在當代西方政治理論中是較少見的。許多學者相信公民擁有投票的基本道德權利（作為一種人權）或人民主權這基本自然或道德權利。Richard Arneson 是拒絕此觀點的少數理論家之一，他並提出對政治權利一種純粹工具性觀點。參見 "The Supposed Right to a Democratic Say," in *Contemporary Debates in Political Philosophy,* ed. Thomas Christiano and John Christman (Oxford: Wiley-Blackwell, 2009), 197-212。Jean Hampton 也否定了洛克的以下觀點，即 "政治權威自然地存在於個人之內，個人可以把它（像貸款一樣）交給統治者。"參見 *Political Philosophy* (Boulder, CO: Westview Press, 1997), 76。

指出，儒家思想並沒有這種主權在民的觀點。所以我們需要問的是：從應然角度看，即使儒家思想傳統上無所謂主權在民，但它應否支持並吸納這觀點呢？如果今天人們不再認為最終權威或主權屬於統治者，那麼它應否歸於民眾呢？人們甚至可以進一步説，這個更根本的主權在民之觀點能更好地論證儒家的服務概念之權威觀。這種權威觀認為政治權威是為服務民眾而存在，其證成取決於它多大程度上做到。人們或直覺地認為，正正是由於政治權威最終屬於民眾，因此他們當然可以期望權威會被用來為他們帶來利益，就如財產是用來為財產擁有者帶來利益一樣。

服務概念之權威觀要求權威建立於服務民眾之上，而主權在民這觀點則更進一步，它聲稱人民的"意願"（will）作為"法理上"（judicial）的主張是政治權威的最終基礎，正如財產擁有者的意願最終決定財產如何使用一樣。然而人民的意願這概念卻很難定義。"人民"和"人民的意願"這兩個詞彙並沒有直接的現實參照。"人民"通常由那些掌權者以人為或任意的方式來訂定。憲政主義者説是憲法界定人民，非人民界定憲法；一旦憲法被訂下來，人們只能根據憲法中的嚴格規則和進程來合法地修改它。民族主義者則説，是民族國家界定人民；可是，民族國家更像是一個"想像出來的共同體"（imagined community），一個比"人民"更備受爭議的概念，更有可能被擺佈和濫用。

同樣，雖然人們經常提及，但所謂人民的意願或聲音是很難準確界定的。儘管公投可讓民眾直接發聲，但這始終只是就政治精英事先挑選好的問題給出"是"或"否"的簡單回答。[10] 因此，"人

10　Robert Jackson, *Sovereignty: The Evolution of an Idea* (Cambridge, UK: Polity Press, 2007), 81.

民的意願"這概念的可塑性質其實是一種弱點而非優點。歷史上，它曾被用來證成"監護政體"（guardianship）和一黨專政——當民眾考慮到自己沒有能力自治，他們就選出一個代理人，將自己的權威交給他，由他來代替他們管治。因此，只要得到被統治者的"同意"（consent），主權在民甚至能與專制政體相容。[11]

主權在民另一個更嚴重的問題是，不管人民意願如何被構建，它都應該是一個管轄區域內所有法律和權力的根源。如果我們拒絕君主專制，是因為我們認為如何運用權威（包括頒佈法律和主持公義）不應基於一個人的意志之上，那麼我們是否可以接受政治權威建基於許多人的意願之上呢？有甚麼能保證民眾的意願不會像一位君主的意願那樣任意或錯誤？事實上，即使在十六和十七世紀的歐洲，君主專制政體流行，君主也沒有被視為超越所有法律，而是受制於神聖與自然法；神聖與自然法是批判君主所制定的法律的標準。如果人類事務的完全世俗化意味着任何非"人為製造"（man-made）法律皆不成立，那麼世俗化的主權在民將意味着一種最絕對的主權，人民的意願將成為人類領域內政府權力和法律的唯一根源。正如漢娜・阿倫特（Hannah Arendt）指出："一旦絕對權力失去了與另一更高權力的鏈接，它就將成為暴政"；及"在人類事務領域內，主權和暴政是相同的。"[12]

也許有人會認為，在此使用"暴政"（tyranny）一詞是誤導人的，因為當民眾作為一個整體管治他們自己並給自己制定法律時，最差的情況僅是他們對自己施加"暴政"，自我暴政並不算暴政。即使民

11　關於歷史上這般使用"主權在民"的例子，參見 Quentin Skinner, "The Rediscovery of Republican Values," chap. 2 in *Renaissance Virtues,* vol. 2 of *Visions of Politics* (Cambridge: Cambridge University Press, 2002)。

12　Hannah Arendt, *On Revolution* (London: Penguin Books, 2006), 153, 144.

眾意願任意和武斷，並為自己制定了很差的法律，受害者亦只有他們自己。因此，這只是一種集體自我傷害而不是暴君統治。而且，如果主權被理解為一種完全所有權，作為完全所有權的持有者的民眾有權利隨心所欲地使用他們的財產（司法權力和領土），包括可以浪費它、用它來自殘、摧毀它，或者將它贈與他人。他們的行為可能愚昧或對自己有害，但他們卻有權利這麼做。完全所有權意味着人有權利對自己做錯事。

然而，把民眾視為一個整體，民眾統治就是自我統治，這其實是一種非常嚴重的誤導。民眾總是多元的，他們有不同聲音，行動甚少一致。如果民眾的意願是權威和法律的根源，我們必須要問：這麼多人在發聲，究竟誰才擁有最終的決定權？應該是誰的聲音來作主導？當某些人的意願最終成為法律的基礎，他們的意願又會否被視為任意或不合理呢？那些沒辦法將自己意願轉變成法律的人，又會否信服呢？在以民眾統治為原則的政體中，這些都是關乎多數取勝規則的正當性，以及少數羣體的地位與權利等重大問題。那些關於憲政主義、個人自由、少數羣體之保障和脫離的權利等等的討論，其核心都是如何在多數羣體的權力下，為少數羣體提供最好的保護。如果沒有限制，多數羣體是可以像極權君主一樣暴虐。一個限權政府（limited government），無論是限權君主政體還是憲政民主政體，總比一個不受限的一人或多數人政府要好。與人民意願比較，一個受到正確和公義法律駕馭的政府是更加重要。這也就是為何從早期直至今天的現代西方政治思想中，各思想家一直都在努力將人民意願與一些客觀正確的東西連繫上來，例如盧梭（Rousseau）強調"普遍意志"（the general will），美國憲法奠基者提出共善，羅爾斯追求"合理"（the reasonable）。依這思想傳統，當人民意願脫離正確性時，它是否還能成為正當權威和法律的真正根源是滿有疑問的。若我們認同需要限制民眾的權力，他們的意願必須是合理，這就說明主權在民不應被理解為一種完全所有權，民眾也不應被理解為完全所有權的持有者。因此，筆者相信，不論這種所有權是在聖王、君主，還是人民手中，儒家思想拒絕這種完全所有權概念之政治權威觀是正確的；而且，主權在民若是以完全所有權這角度來理解，它亦應被否定。

第四節　民眾之角色

儒家服務概念之權威觀主張權威的證成在於它能否有效服務民眾福祉，而非基於主權在民或民眾的自然政治權利這些觀點。然而，我們也需要看看先秦儒家思想家究竟是將促進民眾福祉當作權威正當性的“必要條件”（necessary condition）還是“充分條件”（sufficient condition）。如果它是充分條件，也許有人會認為，服務概念之權威觀把統治者和民眾的關係界定得太過寬鬆和工具性。一方面，這是太過寬鬆，因為只要權威能有效地促進民眾福祉，它是可以在違背民眾意願下強加於他們身上。另一方面，這是太過工具性，因為統治者和民眾關係變得沒有內在價值，內在價值在權威的證成沒有甚麼角色可言。那麼，依據先秦儒家思想，從準權威演變至真正權威的過程中，民眾的角色是甚麼？如果民眾的角色不是“授權”（authorization）（因它假定民眾先擁有政治權利），那會是甚麼呢？

筆者相信，答案在於此：儒家不只是將權威看為一種制度及其證成在於一些外在和客觀的理由（如為民謀福），權威也是一種統治者和民眾（或用當代的術語，管治者和被管治者）之間的一種“關係”（relationship）或“聯繫”（bond）。使這種關係轉化成權威關係，原因不只是統治者能為民謀福，而亦在於民眾心甘情願地接受其統治。也就是説，權威不但是外在證成的，而且也是以雙方的委身來內在構建的——統治者關愛民眾，而更重要的，民眾心甘情願地接受其統治。[13]

由於權威是由統治者和被統治者的態度和互相委身所構成，因此先秦儒家思想家明白權威是脆弱和不牢靠的，只要任何一方撤回構成權威的態度或委身，權威就會遭到損害或削弱。周公對此體會甚深，他推翻商朝（殷）後，不斷努力穩固新建立的周朝及其正當性。在《尚書》中，周公重申了他的擔憂，儘管上天賦予周朝統治殷人的天命，但如果新政權未能贏得民心，天命將很易消失。周公對周太子説：“君！予不惠若茲多誥，予惟用閔於天越民。”（《尚書·君奭》）《尚書》的較早章節中還有這樣的語句：“民惟邦本，本固邦寧……予臨兆民，懍乎若朽索之馭六馬，為人上者，奈何不敬？”（《尚書·五子之歌》）

上文中的類比生動説明權威本質上是不牢靠的。民眾像馬一樣，並不一定接受指令；如果雙方無法和諧地合作，他們可以輕易地推翻駕車者（統治者）。如果統治者無法讓民眾心甘情願地服從，他只是一個如履薄冰的無力個體。宋朝（公元960-1279年）思想家和政治家蘇東坡在上書宋神宗時，也引用這個類比説明同樣的道理：

> 書曰：“予臨兆民，懍乎若朽索之馭六馬。”言天下莫危於人主也。聚則為君氏，散則為仇讎，聚散人間，不容毫釐。天下歸往謂之王，人各有心，謂之獨夫。由此觀之，人主所持者，人心而已……人主失人心則亡。此必然之理，不可諉之災也。（《上神宗皇帝萬言書》；底線為筆者所加）

---

[13] 在現實中要得到民眾的一致服從是困難的，因此權威和正當性必須從接受程度的角度來考慮。對此，參見本章尾末的討論。

　　以上《尚書》和蘇東坡的引文都有同樣的觀點，即統治者的權威和政體建基於民眾的服從。然而，民眾的服從並非基於如主權在民這觀點所述的"司法"（judicial）意義上的民眾授權，也不是今天政治科學家所謂的"事實"（empirical）意義上的"政治支持"（political support）。民眾給予政府支持，是可以出於自利或習慣，這些非構成統治者和被統治者權威關係的原因。筆者認為，權威是在"道德"（ethical）意義上取得民眾服從，權威最終在於"人心"——只有當民眾接受、承認，以及心甘情願地服從，權威才是真正的權威。儒家意識到單靠強制力和制度是無法讓民眾心甘情願接受權威。要想成為真正的權威統治者，在位者必須贏得人心。

　　先秦儒家用諸如"民服"、"民說／悅"和"民歸"等字眼來描述民眾心悅誠服地接受政治管治。讓我們看看《論語》和《孟子》中的相關語句：

　　　　葉公問政。子曰："近者說，遠者來。"（《論語·子路》第十六章；底線為筆者所加）

　　　　寬則得眾，信則民任焉，…… 公則說。（《論語·堯曰》第一章；底線為筆者所加）

　　　　故遠人不服，則修文德以來之。既來之，則安之。（《論語·季氏》第一章；底線為筆者所加）

　　　　舉直錯諸枉，則民服；舉枉錯諸直，則民不服。（《論語·為政》第十章；底線為筆者所加）

　　興滅國，繼絕世，舉逸民，天下之<u>民歸心</u>焉。（《論語‧
堯曰》第一章；底線為筆者所加）

　　以上的引句有兩點值得注意。首先，對孔子來説，理想的統治
者與被統治者的關係或者真正的權威，是建基於民眾自願和樂於接
受權威。其次，統治者應該盡力贏得人心，要待民以信，不偏不倚，
公正不阿，如此才可能使近者悦、遠者來。[14]《孟子》亦如是説：

　　以力假仁者霸，霸必有大國，以德行仁者王，王不待大。
湯以七十里，文王以百里。以力服人者，非心服也，力不贍
也；以德服人者，中心悦而誠服也，如七十子之服孔子也。
（《孟子‧公孫丑上》第三章）

　　這段話中，孟子提到兩種方法讓民眾服從：第一種是在仁慈言
語的掩飾下使用武力，這種方法依賴某種“行為”而成；第二種是“通
過美德轉變人的能力”來實行仁政，這種方法依賴某種“態度”而致。
然而，正如孟子所言，第一種方法所帶來的順從不會持久，因為民
眾並非從心底願意臣服，所以當武力停止，服從也就不復存在。要
民眾持久穩定地順從，當權者必須具有美德，並誠懇地施行仁政。
換句話説，統治者如果想人們願意並樂於接受其統治，就必須真正
關心民眾的福祉，而不是出於獲取權力這私慾。“心悦而誠服”字面
意思就是指心是愉悦的，服從是真誠的，這與孔子關於自願和樂於
接受權威的話一致。

14　對《論語》中權威和服從觀點的有趣分析，參見 Sor-hoon Tan, "Authoritative Master
　　Kong (Confucius) in an Authoritarian Age," *Dao* 9, no. 2 (2010): 137-49。

荀子同樣強調統治者須培養和展示美德以"兼服天下之心"(《荀子・非十二子》)。一如孟子，荀子也區分了"霸"和"王"。他認為霸者以權術、欺騙和"假仁"為取勝手段。他們既不會發展最高貴的素質，也不能贏得人們的心。相反，真正王者乃人中至賢至強者，"致賢而能以救不肖，致強而能以寬弱。"(《荀子・仲尼》)

總而言之，孟子"心悅誠服"一詞很好地表達了先秦儒家視權威為一種關係的精髓。一方面，權威具有等級性。另一方面，它並非由上而下或單向的，而是雙向的——政治權威必須通過努力才能獲取，服從必須真誠而情願。當統治者是值得信賴並且關愛民眾時，民眾就會愉悅地支持他，並為他工作。這種關係在政治上可帶來很好的後果，正如孟子所說，"君行仁政，斯民親其上、死其長矣。"(《孟子・梁惠王下》第十二章；另參見第十三章) 但更重要的是，儒家認為這種關係在道德上很有價值，而它本身就是可貴的。

第五節　　邁向一種致善主義觀點

在本章的第二節，筆者指出政治權威的證成必須取決於它有否促進民眾的福祉。這看來是一種工具性的證成，因為政治權威和相關的政治權利和權力都被當作手段，以求達到一個獨立目標，即促進民眾福祉。在證成政治權威的過程中，我們需優先考慮的，是權力和制度安排作為工具會帶來甚麼影響。在前一節，我們看到權威的證成，亦在於統治者和被統治者的道德態度和委身，權威最終需要民眾願意和樂於依從統治者。除非民眾心甘情願地接受管治，否則沒有一個統治者能得到充分和正當的權威，或成為真正具有權威的人。而且，除非統治者值得信任、具有美德，以及真正關心民眾福祉，否則他就不可能贏得民心及為民眾所接受。因此，權威的證

成有兩種方法：第一種是考慮權威作為工具對民眾福祉的影響，第
二種則訴諸民眾願意和樂於接受統治，而這是因為統治者的美德和
委身所致。如果第一種證成聚焦在權威的工具性效果，第二種則聚
焦在統治者和被統者之間具有道德價值的態度和委身。

　　當我們說工具性效果及建構性態度和委身皆是權威不可或缺的
部分，這並沒有甚麼矛盾或相悖之處。事實上，權威的這兩方面常常
是錯綜複雜地連結在一起。權威的體現如職權、權力和規則都不是
自然而生的，它們本身亦非無條件地具有權威，它們在政治過程中可
以被爭論、挑戰和改動。統治者有否服務民眾的能力，很大程度上取
決於那些行使權威的人的素質如何，以及那些接受指令的人的態度如
何。周朝的政治人物都有如錐痛在心地了解到，即使得到天命並擁有
軍事力量，除非他們能贏得民心，其統治必不穩固。如果民眾不支持
統治者，那麼後者就不可能長期有效地行使權力以促進前者的福利。

　　儒家非常理解"行事主體"（agency）在政治統治中的意義重大，
因為官員的個人素質可以大大地加強或削弱他們得到民眾接受和支持
的能力。[15] 其一重要的素質就是誠信。儒家認為，最終政治權力有效
與否取決於民眾對統治者有多信任。一個政府必須得到民眾的合作和
服從才能完成其任務。純粹的強制力在短期內可能帶來服從，但只有
信任才能確保穩固的合作關係。孔子說："民無信不立。"（《論語・顏
淵》第七章）孔子的觀點並非說民眾應該常常信任他們的政府，而是
那些當權者必須修身立信以贏得民眾的信任。如孔子所言："信則民任

15　當代英國政治理論家 Mark Philip 對此說得很清楚："權威是政治統治的核心，亦是
　　其發展更廣泛正當性和穩定性十分重要，但它與政治行事主體也有着錯綜複雜的聯
　　繫。儘管權威規範行事主體，但行事主體也塑造和建構權威。有時權威甚至可能完
　　全由行事主體所創造。"參見他的著作 *Political Conduct* (Cambridge, MA: Harvard
　　University Press, 2007), 59。

焉。"（《論語・堯曰》第一章）在《論語》中，孔子的學生子夏也説："君子信而後勞其民，未信則以為屬己也。"（《論語・子張》第十章）荀子亦寫道："政令信者強，政令不信者弱。"（《荀子・議兵》）

因此，權威的工具性及建構性元素是互相支持的。統治者必須有良好的為民服務往績才能贏得民眾的承認和支持，但要贏得完全和正當的權威，他還必須展示出美德和能力，使民眾心悦誠服地支持他，從而加強他為民服務的能力。統治者在建立和行使權威時，他為民服務的能力與民眾願意接受其管治，兩者之關係緊密相連。

儒家思想並沒有清晰界定權威的建立過程中，權威何時才成為正當；儒家認為，正當權威這概念應該是一種連續體。其一端是沒有統治權利的人，就如孔子這樣缺乏政治權力和資源，以至連事實上的權威都説不上，或一個因殘暴和自私而喪失所有統治權的統治者。儒家稱後者為"一夫"（《孟子・梁惠王下》第八章）或"獨夫"（《荀子・議兵》），商紂即為一例。連續體的另一端，則是擁有所需有效權力，可以促進民眾的福祉，以及美德足以吸引民眾自發服從的人，儒家稱這樣的人為"王"。大多數先秦儒家很少論及這兩端之間的狀況。但荀子使用了"霸"這個詞來形容一個不具備真正王者素質，但仍可被接受為統治者的人——他缺少贏得民心的美德，但有誠信，也很公正，因此可保持有效統治（《荀子・王霸》）。然而大多數儒家思想家強調的卻是連續體的理想那端；那種真正權威之所在，互相委身的理想政治關係。[16]

16　由於篇幅所限，筆者未能討論先秦儒家權威觀念中正當性的另一個可能維度——制度規則的認可。Justin Tiwald 認為孟子是主張"我們需要一個廣泛認可的、相對清晰的條約來確定誰是政治權威。"參見他的 "A Right of Rebellion in the *Mengzi*?" *Dao* 7, no. 3 (2008): 275。筆者在別處曾用了制度性的權威概念來解釋一個致善主義國家如何擁有正當權威。參見 Joseph Chan, "Political Authority and Perfectionism: A Response to Quong," *Philosophy and Public Issues* 2, no. 1 (2012): 13-41。

　　在此筆者把儒家權威觀和西方權威觀作比較，來簡要地突出儒家權威觀的一些特點。正如筆者所説，儒家觀聚焦在理想的權威關係，在構建權威中，信任和自願服從發揮重要作用。西方政治思想傳統中，以洛克（Locke）為最接近這種觀點，他也強調政治中的信任和自願服從。他把民眾的許可、自願服從和信任與政治權威的正當性緊密相連。可是，兩種觀點之間仍然存在着根本區別。洛克的觀點是一種“政治唯意志主義”（political voluntarism），即“人們之間的政治關係的道德正當性必須是所有相關的人的自願、樂意和有道德重要性的行為的產物。”[17] 這種觀點是建基於一種道德權利理論之上，該理論認為在自然狀態中，人生而擁有完全的“索取權利”（claim-rights），而只有獲得這權利擁有者的同意和信任，政治權威才能正當化。如洛克所言：“人在本質上是完全自由、平等和獨立的，沒有人可以被排除在這種狀況之外，沒有人可以在未經自己同意的情況下臣服於另一個人的政治權力。”“如果民眾沒有自願同意，沒有政府有權得到民眾的服從。”[18] 正如筆者在本章前面部分所説，無論是對統治者還是對民眾而言，儒家思想都無假定自然或道德政治權利存在。儘管孟子確實談及民眾首肯，如筆者在附錄二所論，這並不是一個權利為本的觀點。

　　儒家觀點和洛克觀點之間的差異，明顯地體現於它們是如何各自定義信任。洛克視“信任”為一個半法律概念，用來形容政府和民眾的關係。他將政府權力稱為“信託”（fiduciary）權力，一種受託人

17　A. John Simmons, *On the Edge of Anarchy: Locke, Consent, and the Limits of Society* (Princeton, NJ: Princeton University Press, 1993), 36.

18　John Locke, "Second Treatise of Government," in *Two Treatises of Government,* ed. Peter Laslett, 3rd ed. (Cambridge: Cambridge University Press, 1988), sec. 95, 192.

和受益者的關係。在政府建立之前就擁有權利的民眾，選擇將他們的一部分權利委託給政府，以獲得它的保護。洛克説："立法機構只是一個信託機構，受到委託來為某些目標行事，當民眾發現立法機構的行為違反他們寄託於它身上的信任時，他們仍然擁有去除或改變立法機構的至高權力。所有為達某目標而委託給立法機構的權力，都受到那目標的限制，任何時候只要那目標被明顯地放棄或違背，信託就消失，而權力就必須歸還給那些當初交出它的民眾，他們可以將這些權力重新放置在他們認為最有利於他們的安全和保障的地方。"[19] 同樣，民眾為了自己的安全也將"託付信任"(fiduciary trust)置於行政機構之中。[20]

然而，根據儒家的政治關係觀點，"信任"指的是民眾對統治者的信心和信念，"可信"(trustworthiness)是統治者贏得民眾信任的一種美德。洛克的信任是法律意義上的觀點，而儒家的信任卻是道德意義上的觀點，其定義並沒有前設任何既有權利。[21] 這不是説儒家觀點一定拒絕政治中的"權利"用語，也不是説儒家不會以客觀原因來要求統治者遵循某種方式行事（如前述，天命以及民眾福祉的重要性

19　同上，sec. 149。
20　同上，sec. 156。
21　注意，洛克的"託付信任"(fiduciary trust)與當代儒家學者杜維明的"信託共同體"(fiduciary community)的概念不同，杜維明用它來描述儒家的理想社會。洛克的觀點是法律意義上的，而杜的"信託共同體"指的是一個基於互相信任和關心以及共用價值的倫理社會。本章所描述的基於互相信任和委身的統治者和被統治者的理想關係，可以視為儒家信託共同體的一個方面。關於"信託共同體"這觀點，參見 Tu Wei-ming, "The Fiduciary Community," chap. 3 in *Centrality and Commonality: An Essay on Confucian Religiousness,* SUNY Series in Chinese Philosophy and Culture (Albany, NY: State University of New York Press, 1989), rev. ed. of *Centrality and Commonality: An Essay on Chung Yung,* vol. 3 of Monographs of the Society for Asian and Comparative Philosophy (Honolulu: University of Hawaii, 1976)。對杜的概念的評論，參見 Zhaolu Lu, "Fiduciary Society and Confucian Theory of *Xin* – On Tu Wei-ming's Fiduciary Proposal," *Asian Philosophy* 11, no. 2 (2011): 85-101。

皆為客觀原因）；筆者的觀點是儒家理想的政治關係觀點是超越了外在的客觀原因和權利，而進入了統治者和被統治者的內裏心靈和品性。按儒家觀點，一個理想的政治關係應當是道德上富吸引力，以及內在本質上令人滿足的。只有當關係中的雙方都內在地被驅使做他們應當做的事時，這種情況才會出現。也就是說，統治者的可信和他們對民眾福祉的委身，以及民眾的服從，都應當發自他們的內心。[22] 筆者認為，這就是儒家理想政治關係觀點的特別之處。

如果說洛克和許多接受“同意理論”（consent theory）的思想家所提出的政治權威觀是權利為本的話，那麼儒家權威觀則是一種筆者稱之為“致善主義”（perfectionist）的觀點。一般來說，致善主義權威觀將權威的道德接受性，與其對人類美善——或者當代理論家所說的“美善生活”（the good life）——的促進和實現掛鈎。儘管儒家典籍中並無使用與美善生活觀點相類的詞彙，但說先秦儒家接納廣義上的“美善生活”，即包括物質安康、道德修養和有道德的社會關係，則雖不中亦不遠矣。當然儒家亦有把成聖視為至善這理想。[23] 筆者所構建的儒家觀點中，權威與美善生活之間有兩個重要聯繫。首先，權威作為工具可以促進美善生活。權威可以提供一個社會環境，有利人們追求物質方面的安康以及美德生活。筆者將在下一章中詳述這觀點。其次，權威關係本身就是道德生活的一部分，因為構成這種關係的互相關愛和支持使這種關係本身就有道德價值並讓人滿

22　這種儒家思想的最佳表述是徐復觀 1951 年的一篇文章。參見徐復觀，〈儒家政治思想的構造及其轉進〉，《學術與政治之間》（台灣學生書局，1985），47-60。

23　在此筆者所關心的是儒家美善生活觀的寬廣輪廓，並將不同思想家之間的差別擱置一邊。筆者將在第八章中討論孔子和孟子對民眾生活中的物質的看法。儒家對道德修養的不同觀點，參見 Philip J. Ivanhoe, *Confucian Moral Cultivation*, 2nd ed. (Indianapolis, IN: Hackett Publishing, 2000)。儒家各種的聖人觀，參見 Stephen C. Angle, *Sagehood: The Contemporary Significance of Neo-Confucian Philosophy* (New York: Oxford University Press, 2009)。至善觀點可以在《大學》中找到。

足。因此，儘管洛克認為願意服從或同意是一種賦予和轉移權利的行為，儒家卻看此為一種具有道德價值和令人滿足的政治關係。根據致善主義的觀點，政治權利和義務並非政治道德中最根本的東西。美善生活，以及構成它的美德和倫理關係，才是根本。[24]

　　也許有人會認為，儒家致善主義對權威的解說似乎陳義過高。雖然它推崇統治者之美德和民眾之自願服從，但許多現存的政體和統治者都達不到那麼高的標準。不過，筆者所重構的儒家觀點並沒有將互相委身作為正當性的"門檻"（threshold），它不是説統治者若跨不過這門檻，其權威一定沒有正當性。如上述，正當權威是一個包攬不同程度實踐的連續體概念，例如民眾福祉、統治者美德，以及相互倫理關係這些東西，其實現是一個程度的問題。只有在相對極端的情況下，我們才可能確定某位統治者有否權威。儒家先哲似乎並不擔心這種含糊。與許多西方法律和政治理論家不同，他們並不努力證明統治權力或服從義務存在與否。他們所設標準雖高，但它不是一種法理上對清晰答案的追求，而是一種對不完美現實的強烈意識，以及對統治者的一種提醒，希望統治者認真管治並意識到

24　可能有人會認為"家長主義"（paternalism），或者更精確地説，家長與孩子的家庭模式，是描述儒家權威概念及其基礎的更好方式。筆者在其他文章中也説過，此家庭模式在幾處重要方面是誤導人的。參見 Joseph Chan, "Exploring the Nonfamilial in Confucian Political Philosophy," in *The Politics of Affective Relations: East Asia and Beyond*, ed. Hahm Chaihark and Daniel A. Bell, *Global Encounters: Studies in Comparative Political Theory*, ed. Fred Dallmayr (Lanham, MD: Lexington Books, 2004), 64-65。筆者也認為"致善主義"比"家長主義"更好地描述了儒家政治，儘管兩者都表達了促進民眾福祉或美善生活的願望。在當代政治和法律哲學中，"家長主義"通常是指與國家使用強制力來促進公民之善。然而，政治致善主義並不一定有這種特點。事實上，很多當代政治致善主義者並不喜歡將強制力當作一種促進美善生活的方式。同樣，儒家思想也不主張使用強制力來促進它的美善觀點。另外，統治者和被統治者之間的互相委身和倫理關係，是儒家權威觀的一個重要特點，它可以被歸入"致善主義"而非"家長主義"。筆者在"Legitimacy, Unanimity, and Perfectionism"一文中（第 14 至 15 頁）界定了一種非強制性的國家致善主義觀。

自己的權威是何等脆弱。

儒家致善主義對實際問題的關注，解釋了為何儒家思想家竭力審視統治者所應擁有的品性和美德，以及哪些政策才合王道（權威）統治。除了"信"（信任），儒家思想家還經常提到"仁"和"義"，還有"寬"、"公"、和"恭"。[25] 他們也提出了一系列稱為"仁政"和"禮治"的方法和政策。[26] 儒家在這些議題的觀點，是儒家政治思想最富啟發性的見解。那些想好好管治並贏得民眾支持的政治家，當可從儒家先哲的建議中受益良多。話雖如此，但必須注意的是儒家先哲為非理想處境提供了很少的論述——如果政治家不具美德或不關心民眾，那麼政治和權威的架構應當如何？筆者將在第二、第三及第四章中討論這個問題。

25　參見《論語・堯曰》第一及第二章；《荀子・致士》。
26　參見，例如，《孟子・梁惠王上》第七章及《公孫丑上》第五章。

第二章　一元權威或限權政府？

第一章討論了先秦儒家思想中政治權威的本質和證成基礎，結論是政治權威並非一種完全所有權，不是某種可被統治者或民眾擁有的財產；政治權威是一種管治權，是在某個管轄區域內施行管治的正當權利。這種管治權利是以它能否服務於民眾的美善生活，以及民眾是否願意接受管治為證成基礎。本章中，筆者將討論先秦儒家思想如何處理另外兩個與政治權威相關的問題：統治者（或國家）的權威範圍，以及權威所需要的制度性結構。筆者特別探討先秦儒家的權威觀可否容納限權政府和三權分立這些觀點。

在第一章，筆者論證了權威的正當性不能基於在位者的任意意願。[1] 權威是為了服務民眾而存在，因此行使權威必須與此目標一致。一個理想的情境是，統治者有德有能，正確地行使權威和追求正確目標。然而，在一個非理想的情境中，統治者也許不具有美德或能力，權威可能被濫用或任意武斷地行使。為了防止這種情況發生，權威必須受到限制，以保護民眾。因此，任何拒絕完全所有權概念之權威觀的觀點，都會傾向支持在非理想的情境中需要某種限權政府，不管該政府是哪種政體（例如，君主制或民主制）。如果先

1　完全所有權概念之權威觀在假設上是不會譴責財產擁有者任意使用財產的（只要他沒有干犯其他人的財產權）。

秦儒家思想拒絕完全所有權概念之權威觀，並以權威能否服務民眾
為證成理據，難道它不也會接納受限政治權威或限權政府這些觀點
嗎？

　　受限政治權威的現代含義就是一個地方的法律能管束該地方的
政府，而權威的根源、適用範圍和行使皆由法律來定義和規管。若
我們在考慮受限政治權威和儒家思想之關係時顧及這一點，那麼我
們得面對一個令人困擾的矛盾。一方面，如前文所述，儒家思想支
持服務概念之權威觀和拒絕完全所有權概念之權威觀，而如下文將
論及，儒家思想亦贊同政府必須受到某種形式的更高原則約束，這
些觀點顯示儒家思想應該可以接受限權政府。可是，在另一方面，
儒家思想不僅不支持限權政府，而且還積極地反對它，儒家思想認
為政治權威（即使不是一種財產）應當是一元和至尊的，不應受任何
更高法律約束。要解決這矛盾，我們不能只說因為憲政主義是近代
歐洲的概念和經驗，傳統中國缺乏它。確實，人們甚至可以問為何
中國人沒有在 1911 年辛亥革命之前就發展出憲政主義。對此，我們
需要討論在儒家思想中，有甚麼障礙使它沒有接受限權政府。

　　在尋求解釋之前，筆者首先在本章第一節仔細論述上述矛盾中
的兩個對立面。在第二節中，筆者從"我們為甚麼需要政治權威？"
這個問題開始，接着通過重構先秦儒家文本，尤其是《荀子》，以提
供答案。支持政治權威為必要的有兩種觀點：其一，人們需要統治
者以行政方式協調集體行為；其二，人們需要聖人統治者來樹立道
德原則，在不斷變化的環境中詮釋這些原則，並按情況決策。筆者
論證這兩種觀點皆不足以證成權威應置於法律之上，因此它們不能
否定限權政府。在第三節，筆者繼而討論在儒家思想中，支持一元
和至尊權威觀的兩個論據：其一，終極權威必須集於一人，因為割

裂的權威會導致混亂；其二，"道"的一元（統一）特質需要政治權威亦為一元。筆者論證這些論據皆不足以否定三權分立，這個在限權政府中的重要原則。本章的末節則為總結，筆者指出，在非理想的現實世界中，我們不應只求一位神一般的人物，置他於至高威望和權力之地；我們應採納一種管治體系，可以讓具有美德和才智的人們互相合作，互相制衡。

第一節　　儒家思想對限權政府之矛盾

儒家思想認為政府或權威應受到道德上的限制。換言之，儒家思想認為權威應受某些獨立的和有實質內容的正當原則所約束。這意味着兩點：一是掌握權威者的言行並非絕對無可責備；二是若統治者嚴重違反那些正當原則便會失去管治的正當性。筆者在前文中已提及，周朝的統治者如何用天命來證成他們對商朝的反抗並奪權。事實上，天命是一把雙刃劍——它既正當化也限制了政治權威。周朝之後，天命這概念逐漸與那難以觸摸的上天意志疏離，反而越來越與趨近那些人們可掌握的更高原則。周公以後，思想家們統稱那些原則為"道"，並以之評價其時的政治狀況。

根據包括《五經》[2] 的先秦儒家傳統，道 [3] 是一個用以描述宇宙和

2　《五經》的簡要介紹，參見附錄一。

3　中國哲學中，道是一個包含多方面內容的複雜概念。它在中國哲學中的含義和用法，參見張岱年，《中國古典哲學概念範疇要論》（北京：社會科學院出版社，1989）。對儒家中道的不同方面的綜合論述，參見姚新中（Xinzhong Yao），"The Way of Confucianism," chap. 3 in *An Introduction to Confucianism* (Cambridge: Cambridge University Press, 2000)。

人類世界基本事實和原則（或規範）[4]的總概念——它包括天、地、人三者的天道，以及五倫社會關係的人道。《荀子》和《禮記》中皆有論及：

> 君臣、父子、兄弟、夫婦，始則終，終則始，與天地同理，與萬世同久，夫是之謂大本。（《荀子·王制》）

> 親親尊尊長長，男女之有別，人道之大者也。（《禮記·喪服小記》）

道也是描述政治中的正當規範和行為，有時也被稱作"王道"。簡單來說，有兩種政治規範是與道相關的，就是禮和仁。[5] 禮是一個豐富而有彈性的概念。它可以指那些恆久不變的、奠定五倫（在政治中，即為君、臣、民之間的關係）的根本原則及其中的美德。它亦可以指日常生活中那些因時間和環境而演變的禮儀（如禮節、行為

4　一些學者解讀儒家思想為以美德為中心的倫理觀，他們或會傾向採用"規範"（norms）而非"原則"（principles）來描述那些引導人類行為的東西。儒家倫理中是否存在道德"原則"是一個複雜的問題，在此無法詳細討論。A. S. Cua 認為在儒家倫理中美德和客觀原則互為補足。參見他的 "The Status of Principles in Confucian Ethics," *Journal of Chinese Philosophy* 16, no. 3-4 (1989): 273-296。安樂哲（Roger T. Ames）則表達了一種不同觀點，他認為儒家倫理提供的是"行為指引"（guidelines for conduct）而非客觀原則，參見 Roger T. Ames, "On the Source of 'Principles' and 'Virtues': Value as Growth in Relations," chap. 1 of pt. 4 in *Confucian Role Ethics: A Vocabulary* (Hong Kong: Chinese University Press, 2011)。

5　在此，筆者沒有詳細分析這兩個儒家思想的核心概念。筆者的目的只藉着它們來說明政治中道的內容和功能。當代關於仁和禮及其相互關係的有很多文獻。對先秦儒家文本中這兩個概念的介紹以及關於它們的當代文獻，參見 Karyn L. Lai, "Confucius and the Confucian Concepts *Ren* and *Li*," chap. 2 in *An Introduction to Chinese Philosophy* (Cambridge: Cambridge University Press, 2008)。對兩個概念之間關係的具有影響力的哲學論述，參見 Kwong-loi Shun, "*Jen* and *Li* in the *Analects*," *Philosophy East and West* 43, no. 3 (1993): 457-79。

守則和舉措）。如荀子所言："道也者，何也？禮儀、辭讓、忠信是也。"
（《荀子・強國》）仁是另外一個豐富而有彈性的概念。仁通常意指人
對人的感情（如愛和關心）。當仁被運用到政治上，它指的是一整套
旨在保護和促進民眾物質和社會福祉的社會和經濟政策。孟子稱以
這種政策管治為"仁政"或"王道"，這兩個概念皆指向相同政策，可
見道（在政治中的）與仁有着密切的關係。

　　先秦儒家訴諸於道，將它當作臧否政治、指導政治行為的一種
批判性標準。[6] 當天下有道或邦有道時，天下或國家就處於良好狀態。
當天下無道時，孔子說君子應該退隱並避免在政府工作（《論語・梁
惠王》第十三章）；荀子說人應當"從道不從君"（《荀子・子道》）；孟
子則說臣子應當進諫君主，如果反覆進諫都無效，那麼貴戚之卿應
當廢黜他（《孟子・萬章下》第九章）。在國家完全失道的極端情況
下，統治者將會失去其正當性（或天命）（《孟子・離婁上》第九章）[7]，
他可被強行推翻（《孟子・梁惠王下》第八章；《孟子・萬章上》第六
章）。[8]

　　由此可見，對儒家來說，道指的是在道德上約束政治權威和引
導政府行為的更高原則。這些總原則並不抽象，其道德力量並不依
賴人們的直覺認同，而是具體實在地體現於以往聖賢君主發展出來
的模範、規範、規則和儀式中。要言之，道是"先王之法"，它起始
於堯舜時期並一直發展至三代，及至周代為其極至。[9] 體現於這一傳

6　儒家的道堪比西方政治思想中的自然法，因為兩者所指都是規範人類行為的不變的客
　　觀原則。

7　亦可對照《逸周書・殷祝解》。

8　《孟子・梁惠王下》第八章的觀點頗複雜，對此富有啟發性的討論，尤其孟子是否認為
　　民眾有反抗的權利，參見 Tiwald, "A Right of Rebellion," 274-79。

9　參見《孟子・離婁上》第一章；《荀子・性惡》："禮儀法度者，是聖人之所生也。"

統以及管治模式中的道，在早期典籍中俱有詳述。[10] 部分典籍在漢朝還成為了國典，君主和官員都一樣要學習並遵循這些儒家典籍的教誨。因此，道不只是一種不同而又超越於現實政治和成文法的抽象自然法，道亦代表一套統治者和官員應當恆常尊重的憲政傳統，即禮法。[11] 中國史上不同時期，道作為禮法經常在朝廷上的辯論和討論中被引用，更設有諫官一職，專責向君主進諫，指出他有違禮法之處。而且，在某些時期，雖然頗短暫，但君主的意志若無得到相關行政部門的支持，也無法成為法律或政策。

簡單看過道在政治中的本質和角色之後，我們現在當可理解儒家思想對限權政府的矛盾的其中一面，即儒家為何應會傾向接納限權政府。按筆者在本章及前一章所作的重構，儒家思想有三個主要觀點，合而觀之便可構成支持限權政府（或憲政政府）的有力理據。這三個觀點是：

1. **權威作為管治權**：政治權威是一種正當的"管治權"（imperium），而不是一種屬於統治者或民眾的"完全所有權"（dominium）。

2. **服務概念之權威觀**：政治權威的正當性是證成於它對民眾福祉之服務。

3. **以道為基礎的致善主義政治**：道是一套關於民眾福祉（或美善生活）的客觀原則和儀式，用以指導和臧否政治。

---

10 《荀子·儒效》："聖人也者，道之管也：天下之道管是矣，百王之道一是矣。故《詩》《書》《禮》《樂》之道歸是矣。"

11 當然，正如我們將會看到，像荀子等儒家也認為這些法律和約規往往是需要依從在不斷變化的處境中所產生的特定判斷。

　　這三個觀點彼此相容，第二點可視為第一點的延伸發展，第三點又可視為第二點的延伸發展。服務概念之權威觀讓權威為管治權這觀點得到進一步發展，因為它釐清權威的正當性的證成條件；以道為基礎的致善主義政治則讓服務概念之權威觀得到進一步發展，因為它為美善生活立下原則（仁道），並提出促進美善生活的傳統為本儀式和政策。道因為提供了一個客觀的美善生活觀，所以它是一種道德致善主義的觀點；至少它指出關於美善生治的理解及判斷並非主觀的，而是客觀地有好與壞之分。[12] 此外，以道為基礎的政治亦是政治致善主義的一種，而根據當代政治哲學，政治致善主義指的是，國家在某些條件下促進美善生活是合適的和正當的。

　　以上三個觀點皆可支持限權政府觀點。因為權威作為管治權這觀點否定了權威是統治者的私有財產，所以這預留了空間給憲法規限政府權威。服務概念的權威觀亦會歡迎限權政府，只要限權政府比非限權政府在保障和促進民眾美善生活上更為有效。以道為本的致善主義政治與限權政府的精神是一致的，兩者皆相信：(1) 根本道德和政治原則是不附庸於民眾的喜惡，亦不應隨當下時政改變；(2) 我們應把根本道德和政治原則付諸實行，使政府正確地工作，並防止政府濫權。

　　綜觀之，這三個觀點都強烈地意味着儒家思想應當會接受限權政府：如果權威的正當性是源於它對民眾的貢獻，以及權威是受到更高原則限制，那麼政府的權威應受法律制約和導向似乎是自然而然之事。可是，儒家思想不僅沒朝這方向走，反而堅定地擁護一種

12　對道德致善主義的不同定義的討論，參見 Steven Wall, "Perfectionism in Moral and Political Philosophy," *The Stanford Encyclopedia of Philosophy*, ed. Edward N. Zalta, Winter 2012 ed., http://plato.stanford.edu/archives/win2012/entries/perfectionism-moral/。

相反的管治觀，即在高位的權威是不受法律約束，它享有至高無上、不可分割及絕對的權力。在此，我們進入討論矛盾的另一面。中國歷史上，儘管道和禮有時運作如憲法規約，但它們亦僅僅如是而矣，那些規約根本沒有更高層次的制度權威來有效地制約那些不願遵從道和禮的統治者。在儒家規條或傳統中國的現實政治中，從來沒有說統治者沒有權去革除抗命的官員、沒有權將他們處死或沒有權解散和重組政府部門以增加自己的權力。儘管從"官僚"（bureaucratic）角度看來，統治者有時可能會服從自下而來的某種程序性制約，以及儘管從"應然"（normative）角度看來，他亦應當服從於更高權威的道，但是在"制度"（institutional）或"法律"（legal）上，統治者始終不從屬於任何更高權威或受到任何制約。所以在現實中，多是權力限制了道，而非道制約了權力。

雖然中央集權的帝國君主制直到秦朝（公元前 221-前 206 年）才得以確立，但先秦儒家典籍中已經包含了強調權威的至尊地位及其權力不可分割的觀點。儒家思想為何會有這樣的權威觀呢？[13] 儒家權威觀和政治觀中到底是甚麼妨礙着儒家思想，使之縱使明顯地存在限權政府的傾向，但始終無法擁抱這觀點呢？要回答這些問題，我們需要探討一些根本問題，例如，我們為甚麼需要政治權威？我們需要怎樣的權威？誰才是執行權威的最佳人選？在下一節，筆者重構先秦儒家文本，試圖從中析取一些答案，並批判地評價那些答

13　Yuri Pines 在 *Envisioning Eternal Empire* 一書中聲稱 "統治者作為絕對的最終決定者的觀點，是戰國時代各思想家的廣泛共識。" 參見該書第二章 "Ways of Monarchism" 第 52 頁。Pines 和筆者各自獨立地提出了這樣的問題，即為何早期中國思想家都擁護一種至高無上的、不可分割的權威觀，縱使他們都意識到在現實中統治者並不都是偉人。Pines 的答案是那些思想家認為 "全知全能的君主儘管有明顯的缺點，卻是可能中的最小邪惡"（第 53 頁）；他們認為，從歷史經驗所知，若非這樣，就只會是國家的解體和戰爭。Sor-hoon Tan 在一次與筆者的私人談話中，也提到這種解釋。

案，希望藉以修正並進一步發展儒家的權威觀點。

第二節　支持政治權威的論點

自漢朝以來，儒家思想藉以下方法證成政治權威為必要：民眾為天所生，他們沒有管治自己的能力，若羣居而無統治者或政府領導，他們就會面對很多困難和挑戰。與此相連的另一觀點，就是上天創造了民眾，同時授命統治者去保護民眾，為他們謀福。這觀點首見於《尚書》[14]，後得孟子、荀子及其他儒者支持。孟子曾提及《尚書》中一段著名的失傳章節，其中有這樣的陳述："天降下民，作之君，作之師，惟曰其助上帝寵之。四方有罪無罪惟我在，天下曷敢有越厥志？"（《孟子・梁惠王下》第三章）

然而這段話並未能解釋上天為何需要為民立君。此說後來在唐朝（公元 618-907）得到補充，當時一篇對《尚書》的評論說："眾民不能自治，立君以治之……治民謂之'君'，教民謂之'師'，故言'作之君，作之師'。"[15] 這解釋與漢朝兩篇歷史文本相呼應：

（臣谷永曰）臣聞天生蒸民，不能相治，為立王者以統理之，方制海內非為天子，列土封疆非為諸侯，皆以為民也。（《漢書・谷永杜鄴傳》）

蓋聞天生蒸民，不能相理，為之立君，使司牧之。（《後漢書・孝桓帝紀》）

14　《尚書・泰誓》。
15　孔穎達，《尚書正義》，第 11 章。

依此兩章節的説法，因為民眾無法自我管治，所以君主或政治權威是必需的。上天設立君主來管治、教育和牧養守護他們。[16] 然而我們仍需要問，民眾為何被視為沒有能力管治自己，以及這種解釋能否證成我們應賦予統治者至高無上的權威，這個儒家所主張的觀點。可是對於這些問題，《論語》和《孟子》的參考作用不大，它們視政治權威的當存為理所當然，所以只討論了統治者應如何管治。《荀子》倒是甚具啟發性，它對人類處境的描述，有助我們重構對上述問題的回答；透過分析荀子的觀點，我們也可展示和整合其他儒家典籍中類似的觀點。

荀子認為，人與其他動物相比，體力較小。"力不若牛，走不若馬。"（《荀子・王制》）。儘管如此，面對自然世界的挑戰，人還是存活並繁衍了下來。也許有人會説，這是因為人擁有智力，設計了各種工具和器物來應對挑戰，例如，製作武器來狩獵、設計陷阱來捕捉野獸，以及樹立柵欄來畜養牠們。可是，智力並非人類能夠存活和繁衍的唯一原因；因為如果他們獨自行動而不合作，個體的智力並不會產生重大效果。在荀子看來，真正關鍵的解釋是"人能羣，彼不能羣。""羣"的意思是"將自己組織成社羣或社會"（to organize oneself into a community or society）。[17] 在這裏的討論中，它是指一種涉及角色分配和勞動分工的專門組織或合作；簡言之，羣就是人類社會。人只有通過合作才可結聚更強的力量，來使"牛馬為用"並"強則勝物"。（《荀子・王制》）

荀子進一步説，人同時有競爭和合作的習性，如果前者強過後

16　"牧"的觀點可見於《春秋左傳・襄公十四年》。

17　這句話的英文翻譯源自本書的一位佚名審稿人。注意，John Knoblock 將"羣"翻譯為"to assemble"或者"to form societies"，Burton Watson 將它翻譯為"to organize himself in society"，見其書 *Basic Writings of Mo Tzu, Hsün Tzu, and Han Fei Tzu* (New York: Columbia University Press: 1963-64), sec. 9, 45。

者，就會出現爭鬥，隨後便是混亂局面。成功合作的訣竅在於人們願意接受各自角色和分工，並據此限制自己的慾望。荀子認為，只有當社會角色區分和等級架構按照義來安排和調節時，合作才有可能。"分何以能行？曰：義。故義以分則和。"（《荀子・王制》）[18] 在另一段中，荀子也提出了類似的觀點，他認為古代先王藉着禮和義來規管民眾的慾望和社會差等，"皆使人載其事，而各得其宜……是夫羣居和一之道也。"（《荀子・榮辱》）

行政和協調功能

讓我們看看在荀子社會理論中統治者的角色。[19] 統治者是那些能夠將民眾組織起來結成社會，並向他們分配適當角色和事務的人；在其領導下，世界秩序井然，裨益萬物。下面兩段文字清楚地表達了，"統治"（rulership）就是組織民眾結成社會的能力：

> 君者，何也？曰：能羣也。能羣也者，何也？曰：善生
> 養人者也，善班治人者也，善顯設人者也，善藩飾人者也。
> （《荀子・君道》）

18　在這一段中，荀子還提出了一個觀點，即人與動物不同，人因為有義，所以可以組織起來成為社會，而動物則不能。我們並不清楚荀子的"義"指的是否一種"內在"（innate）的責任或道德能力，如果是，這將與他的人性惡的總觀點相衝突；抑或是說，"義"是"後天獲取"（acquired）的，如果是，那麼荀子必須解釋為何性惡的人可以擁有責任感或道德感。對這個困難的詮釋性及哲學性的問題，當代有豐富的文獻討論——參見 T. C. Kline 和 Philip J. Ivanhoe 編輯的 *Virtue, Nature, and Moral Agency in the Xunzi* (Indianapolis: Hackett, 2000)。但這問題與筆者在此的論述沒有直接影響。筆者特此感謝提出這個問題的一位佚名審稿者。

19　對荀子的社會觀和國家觀的一個概括描述，參見 Henry Rosemont, Jr., "State and Society in the *Xunzi*: A Philosophical Commentary," Chap.1 in Kline and Ivanhoe, *Virtue, Nature, and Moral Agency*。

> 君者，善羣也。羣道當，則萬物皆得其宜，六畜皆得其
> 長，羣生皆得其命。故養長時，則六畜育；殺生時，則草木
> 殖；政令時，則百姓一，賢良服。(《荀子‧王制》)

統治的本質是在於統治者擁有將民眾組織成社會的能力，或促成一個基於的角色區分和勞動分工的社會的能力。但是荀子所論的，不止於這個抽象的權威觀點，他進一步詳細羅列了統治者及其政府在建立社會過程中所必須執行的各種功能和角色。其中一些功能與現代政府的功能相似，例如提供治安和國防、公共建設、公共資源管理（如林業和漁業）、生產和貿易（如農業和手工業）(《荀子‧王制》)。我們不難看出這些功能與視權威為一種協調能力的觀點之間的聯繫。集體事務如治安、國防及公共建設等皆不能憑個人一己而成，必需要有一個擁有權威和得到稅款支持的機構方能成事。至於管理諸如森林和漁產等公共資源，權威作為一專職規管機構更不可或缺。荀子深刻地意識到所謂"公地的悲劇"(tragedy of the commons) 的問題，即在某些處境下，人們的行為如果缺乏協調，那麼短期的個人理性行為可能對羣體產生長期的非理性結果。要克服此問題，權威是必需的，它可以制約個人行為並保障每個人的長遠利益。因此，荀子論及"聖王之制"時，他是如此闡釋林業和漁業管理何以必要：

> 聖王之制也：草木榮華滋碩之時，則斧斤不入山林，不
> 夭其生，不絕其長也。黿鼉魚鱉鰍鱣孕別之時，罔罟毒藥不
> 入澤，不夭其生，不絕其長也。(《荀子‧王制》)

　　儒家認為統治是必需的，因為民眾無法管治自己。民眾為何無法管治自己？上文提供了部分荀子的答案：不是因為他們愚蠢或無能，而是因為從政府行政功能上看，當民眾單獨而行時，其力量、資源和理性都有局限。在這情況下，政治權威的主要責任就是協調、規管和提供服務，而享有權威的官員則需要有管理的領導能力和技巧。然而，即使這些行政功能和技巧有其必要，僅僅這點並不能證成政治權威應被捧至荀子所說的那種高度。

轉化性政治領導

　　荀子也有其他理由來支持政治權威為必要。就他看來，道德規範是社會的基本。根據角色區分和勞力分工，他將這些規範定義為禮或義。然而，荀子並不相信社會是一種如海耶克（Hayek）所言的"自發秩序"（spontaneous order），荀子不相信禮儀、規範和社會秩序都是自發自生地出現，相反他認為社會及其禮儀必是被創造出來並加以實施的，而只有擁有崇高美德和道德力量的人——荀子所說的君子或聖人——才能肩負這項重任：

> 天地者，生之始也；禮義者，治之始也；君子者，禮義之始也；為之，貫之，積重之，致好之者，君子之始也。故天地生君子，君子理天地；君子者，天地之參也，萬物之摠也，民之父母也。（《荀子‧王制》）

> 禮義法度者，是聖人之所生也。（《荀子‧性惡》）

　　孟子對於聖人的重要角色，也有類似的觀點，儘管他並不贊同荀子所說聖人是道德規範和禮儀的唯一起首者。孟子認為道德和禮儀發自人性，雖然如此，他像荀子般也認為古代聖人的所思所行代表了人性和人際關係的最高境界。事實上，孔子、孟子和荀子這三位主要儒家思想家都認為堯和舜是聖人和統治者模範，堯和舜留下了完美的一套原則，以及完美的一個禮儀和管治範式：

　　　　規矩，方員之至也；聖人，人倫之至也。欲為君盡君道，
　　　欲為臣盡臣道，二者皆法堯舜而已矣。(《孟子‧離婁上》第
　　　二章)

　　由君子或聖人所創並完善的禮儀和道德原則，規範了君、臣、父、子、兄、弟、農、士、工、商的角色和功能(《荀子‧王制》)。荀子及其他儒家思想家認為，這些角色和關係是社會的主要骨幹。君子藉着創造和完善管理這些角色和關係的原則，把人們的原始狀態(也可以說是自然狀態)轉化成文明社會。這就是政治權威的重要性達至頂峰之處——像堯和舜的早期聖人君主(以及三代的君主)身上所展示的領導能力不是管理性的，而是"轉化性"(transformative)的。因此，荀子認為天子作為擁有這樣轉化性力量、"道德純備"、"智惠甚明"(《荀子‧正論》)的人，是值得擁有統理天下這極具威望和至高無上的位置。天子是"無匹也"(《荀子‧君子》)，"埶位至尊，無敵於天下，夫有誰與讓矣？"(《荀子‧正論》)

　　我們或會問，以上對政治權威的理據的重構，它就限權政府這問題至此告訴了我們甚麼？轉化性政治領導這觀點會否拒絕限權政府？筆者認為它不會；相反，它會支持限權政府。理由是，當道德

原則和管治模式已經鋪陳出來，它們可清晰明確地編纂成一套更高法律，用以界定和規管基本社會與政治制度。如果這些原則和模式被證明是基本正確和好的，那為何不應用它們來建立一部憲法以約束未來的統治者呢？我們也許認為，荀子在構想統治者或天子的至尊地位和權力時，可能混淆了早期文明發展階段（即聖人君王頒佈原則和建立基本制度的階段）與後來的發展階段。在後來階段中，可能已不再需要那樣的轉化性領導和無敵權威。由於荀子相信聖人君王建立的文明社會的基本架構可以持續多個世代，因此未來的天子將不再需要那樣的轉化性能力或高捧的權威以施行有效管治，他們只需要向那行之有效的架構學習並遵循它即可。我們為甚麼應賦予統治者超乎他們所需的威望和權威呢？我們為甚麼不應用聖人君王的原則和模式來約束他們呢？

判斷比管治模型更重要

　　荀子對這些問題確有答案，且與儒家傳統中許多思想家立場一致，我們可以視該答案是拒絕限權政府的一個可能理由。荀子的答案是，相對於那些由過往聖人君王建立的法律和管治方法，當權者的領導是有其優勝之處。這觀點的要旨是，聖人君王所建立的"法"（即"管治模型"（model of governance））即使是如何完美，它本身並不能自我執行並創造社會秩序，所謂"有治人，無治法。"（《荀子·君道》）而且，法只是"治之端也"，在不同情況下必須作出調整，我們在運用它時不可一成不變，不可不明白其操作次序。只有深明法底下的道德原則的君子兼統治者，才懂得如何實踐它。

故法不能獨立，類不能自行；得其人則存，失其人則亡。
法者治之端也；君子者法之原也。故有君子，則法雖省，足
以遍矣；無君子，則法雖具，失先後之施，不能應事之變，
足以亂矣。（《荀子‧君道》）

在另一段中，荀子也陳述了類似觀點，君子可保障秩序和安定，
而良法不能。他指出"良法而亂者，有之矣"，但"有君子而亂者，自
古及今，未嘗聞也。""治生乎君子，亂生乎小人。"（《荀子‧王制》）[20]

儘管荀子的觀點有其道理，但它並不能證成統治者不應受到更
高法律約束。[21]荀子的觀點是道德判斷和政治判斷在政治中是十分重
要的。道德原則、禮儀、法律和政策都只是一些概括性規則；在變
化的環境中，它們需要詮釋、調配、修改或擴展，這些皆需要判斷。
在某些情況下，某些原則可能互相矛盾，如何解決這些矛盾也需要
判斷。原則和法規只可以引導我們至某處，在那之後我們必須依賴
判斷。因此，良好的判斷力對領導者來說至關重要，而這種能力並
非天賦的，判斷力必須經過培養，並由經驗、學識和美德引導才能
成就。因此，我們需要讓具有道德和智慧的人來擔任政治領袖。[22]但
無論如何，荀子這觀點，即我們需要判斷和領導，並沒有抵觸以法
律約束政府的觀點。在此，我們也許可以作一區分，把以下兩者分
開：界定政治制度的基本法規和道德與社會的基本原則，以及具體

---

20 另參見《荀子‧禮論》。

21 筆者並不是說荀子認為統治者可以任意統治。荀子肯定地主張公平和公正（其通常包
括遵循規則）及反對任意武斷的統治。可是，他從未想過要用憲法來限制處於高位的
統治者。

22 對儒家的領導觀的討論，參見 Joseph Chan and Elton Chan, "Confucianism and
Political Leadership," in *Oxford Handbook on Political Leadership,* ed. Paul't Hart
and R. A. W. Rhodes (Oxford: Oxford University Press, 2014)。

的政策和實踐。我們或需要調整政策和實踐以適應環境的變化，但作為社會和政治組織基礎的基本法規和基本原則，是較穩定的，而且一般在實行時所需的判斷技巧亦多要求不高。

也許荀子仍堅持認為，第一點，如果我們能夠讓一位君子掌權，那麼我們就不需要一部約束權力的憲法；而且，第二點，如果掌權的不是君子，那麼即使有一部完美的憲法也沒有益處。可是，第二點是錯誤的。一位統治者可以在兩方面缺乏君子的素質：其一，他缺乏作出良好判斷的能力；其二，他缺乏美德和道德正確性。如筆者在上文所述，運用和實施憲法並不涉及艱難的判斷，至少就清晰的憲法事件而言是如此，所以即使統治者的判斷力並不完美，但他實施或遵循憲法時當沒有甚麼問題。但如果統治者缺乏美德或道德正確性，我們就正正需要一套有效的憲法制度來約束他，防止他濫權。所以，即使我們接受第一點，第二點卻是錯的，因此整個論證是不成立的。

總括而言，至此筆者論證了荀子高估了轉化性領導是有長期需要和它比法規更重要。雖然良好領導在政治中是十分重要，但是一部良好憲法並不會妨礙良好領導，而差劣領導則正正需要它。孟子似乎接近明白領導和法律之間應有正確的平衡。儘管他所期望的並非限權的憲法，他說：“徒善不足以為政。徒法不能以自行。”（《孟子‧離婁上》第一章）

第三節　支持一元權威的觀點

分散權威的問題

即使儒家拒絕荀子那至尊權威的觀點，他們仍可能不接受限權政府，因為這個概念有一些他們無法接受的含意。須知在現代的詮釋下，限權政府預設了一部有效運作的憲法，以及一個詮釋憲法和擁有司法覆核權力的獨立司法機關。要有效地以法律制約政府，這種制約必須由另一個擁有權威的機關來執行。在此意義下，限權政府通常與三權分立這觀點相連。當然，從概念上看，三權分立不只是指一個制約政府的獨立司法機關，它還指行政權威和立法權威的分割，當中兩者的制度權威來自不同根源，兩者的權力部分重疊，以形成制約與平衡。然而在現實中，三權分立這制度可視為對政治權威的另一種制約方法。限權政府藉憲法來制約權威，三權分立則以政府三權之間的制約與平衡這制度來達到相同目的。這兩個元素都存在於憲政主義之中。[23]

可是，荀子及其他儒家思想家是無法接受一個以三權分立、制約與平衡為基礎的政治體制，他們接受的是一種一元權威觀。他們認為，最終的政治權威必須集於一人，因為權威分散會導致不穩和混亂。荀子清楚地表達了這種觀點：

23　我們也當問，在一個君主政體中，若非君主本人的話，誰人應當擁有修訂和詮釋憲法的權力？關於憲法的修訂權，我們可以想像這一情況：憲法將修訂權賦予君主，但他必須依從憲法中所規定的嚴格程序和限制來修訂它。這就是憲政政府的觀點，從法律上說，最終權威（包括修訂憲法本身的權力）屬於憲法而不屬於任何個人，不論他是君主還是民眾。即使在一個完全的憲政民主制中，民眾以及民主選舉產生的立法機關都沒有任何改變憲法的權力，君主立憲制也是如此。至於詮釋權力，憲法可以建立一個獨立的法院制度，由君主任命，賦予詮釋憲法的權力，以及宣佈某法律或政府行為違憲的權力。

君者、國之隆也，父者、家之隆也。隆一而治，二而亂。
自古及今，未有二隆爭重，而能長久者。(《荀子·致士》)

在另一段中，荀子說"權出一者強，權出二者弱。"(《荀子·議
兵》) 孔子據說也表達過類似觀點：

子云："天無二日，土無二王，家無二主，尊無二上，示
民有君臣之別也。"(《禮記·坊記》)

孟子也贊同並引用了孔子這段話："孔子曰：'天無二日，民無二
王。'"(《孟子·萬章上》第四章) 當孟子被問到應該如何穩定天下
(即國家) 時，他提出了相同的觀點：只有在"一"的基礎上，即一位
能將所有人團結起來的君主 (《孟子·梁惠王上》第六章)，天下方能
安定。

一元權威觀中有一些雖然正確但卻無關緊要的內容——如果在
一個管轄區內有兩個同樣至尊的權威，處理同一範圍的事務，而當
它們的決策相衝突時，又缺乏化解衝突的方法，這當然是行不通的。
在此意義下，"民無二王"這句話是正確的。但是，這並不意味着在
同一個管轄區內，不可以存在兩個或更多的同等至尊的權威，它們
各自分掌不同範圍的事務。由孟德斯鳩 (Montesquieu) 和《聯邦黨
人文集》(*Federalist Papers*) 作者所提倡的三權分立、制約與平衡的
現代體制，正是如此，其中立法、行政和司法權力由不同人掌握，
互不凌駕。當然，三權分立的觀點並非意味着這三個權威在各自的
管治範圍內像君主一樣行事；相反，它們是在一個縝密的架構中運
作，每個權威都與另一個權威部分重疊，而當中有詳細的規則來決

定誰在某事務上有最終決定權。這種部分權力重疊的安排是必需的，這樣才可確保三權互相制約與平衡。正如詹姆斯‧麥迪遜（James Madison）所解釋，三權分立允許一個權威或政府分支可以部分參與或控制其他分支的行為。[24] 三權分立的要義就在於掌握一個分支所有權力的人，不可再掌握另一分支的所有權力。

雖然三權分立、制約與平衡的制度未必如絕對權威制度那般有效率，但如果社會普遍接受法治，那麼該體系仍可以是穩定而健康的。其實，人們也可駁斥，任何絕對權威制度亦可以是不穩定的，因為一個權力不受任何約束的無能或腐敗的統治者可以為民眾帶來極大傷害，導致民眾起來抵抗或造反。這解釋了為何麥迪遜這樣說："當所有立法、行政和司法的權力皆集中在某手上，不管他是一個人、幾個人，還是許多人，不管他是通過世襲、自我任命，還是選舉方式而得，我們可公正地說此就是暴政的真實定義。"[25] 三權分立制度已被證明為一種可以有效防止個人或政府某部分壟斷或濫用權力的機制。

道中的一

如是，儒家的一元權威觀其實是建基於一個不太牢固的觀點之上：即一個分散的主權權威將無可避免地導致不穩定或混亂。但其實絕對權威也可能導致同樣的問題（《荀子‧王制》）。孔子認為，一個擁有絕對權威的君主如果說錯一句話又得不到其他人的反對的話，甚至可能導致國家滅亡（《論語‧子路》第十五章）。然而，儒家

24　Frederick Quinn, ed., *The Federalist Papers Reader and Historical Documents of Our American Heritage* (Santa Ana, CA: Seven Locks, 1997), no.47, 114.

25　同上，113。

堅持一元權威觀似乎還有一個更深層次的理由，一個形而上的、非後果論的理由。論者認為，一元權威觀是儒家形而上學的重要部分，依其說法，"一"是宇宙的基本本體範疇。[26] "一"意味着統一和凝聚。世間形形色色之物最終都源自或基於一個唯一的本體源頭，即天道。既然道是一，至尊的政治權威也必須是一。這可能就是孔子所謂"天無二日，民無二主"的含義。《呂氏春秋》和《春秋繁露》都詳細闡述了天上與世俗的一元原則之間的關係。[27]

　　然而，我們並不清楚為何道的一就必然要求政治權威的一。儒家思想家們自己也承認，一個充分體現道並有能力將之付諸實踐的理想人選實在非常罕見。荀子承認，人是很難完全掌握道，因為它太包羅萬象。荀子認為，當人們認為他們掌握了道，他們可能只專注了它的一個方面，而忽視了它的其他重要方面。

> 萬物為道一偏，一物為萬物一偏。愚者為一物一偏，而自以為知道，無知也。慎子有見於後，無見於先。老子有見於拙，無見於信。墨子有見於齊，無見於畸。（《荀子·天論》）

　　荀子經常批評他之前的思想家（包括老子、孟子和墨子），認為他們只洞見了道的一部分。但這種批評也可指向荀子自己：如果連天賦極高的思想家們都只能對道有局部理解，那麼除了真正的聖人，誰可以聲稱自己是道的唯一代表，因而值得擁有至尊和絕對的統治權威呢？既然除了非常例外的統治者之外，人是不太可能全面地理

26　張分田，《民本思想與中國古代統治思想》，第二冊（中國，天津：南開大學出版社，2009 年），第 413-18 頁。

27　參見《春秋繁露·天道無二》。

解道,那麼我們就沒有理由相信政治權威應當集於一人之身。因此,即使道是一,也不意味着政治權威也應當是一。反而我們應當設計一種政治統治制度,一方面承認人們在美德和智力的局限,另一方面仍然努力善用所限,以道治理天下。[28] 這個制度應具有多個權力中心,各職位由那些擁有合宜美德和能力的人出任。

第四節　互相合作和制約

就以上對儒家一元權威觀的討論,我們可總結出兩個獨特的理由,解釋為何我們需要的並非一人管治,而是若干具有美德的人來共同管治。第一,因為要找到一位完全理解道的賢德之人非常困難,所以我們需要一個政治制度,能允許各個賢德個人互補不足並協同合作,以平衡對道的看法,並付諸實踐。第二,儒家早就明白美德實際上是一種權力;一位具有美德之人可以說服、啟發並轉化他人。如筆者在上文所論,如果儒家能同意任何一種形式的權力都應當受到另外一種形式權力的限制和制約,那麼他們應該也會同意孟德斯鳩和阿倫特 (Arendt) 的觀點:"即使美德也需要限制。"[29] 因為它也是一種權力的形式。孟德斯鳩說,要防止濫權,"從事物的本質上來看,權力應該制衡權力。"[30] 如果美德是一種權力的形式,那麼美德

28　Stephen C. Angle 同樣也認為儒家思想的特點是它"同時致力於完美和犯錯可能性 (fallibility)",因此"我們中沒有可依靠的人,包括我們的領導者,能了解某個處境的所有相關方面。"因此,政治應當允許"多種視角"和"保護政治參與的各種機構。"參見他的 *Sagehood*, 212。

29　Arendt, *On Revolution*, 143.

30　孟德斯鳩:"長期以來的經驗告訴我們,每個被賦予權力之人都有濫用它和盡量擴展其權威的傾向。如果說美德本身也需要限制,豈不奇怪?但這是真的。為了防止這種濫用,從事物的本質上來看,權力應該制衡權力。"底線為筆者所加。Baron de Montesquieu, *The Spirit of the Laws* (New York: Hafner, 1949), bk. 11, chap. 4, 150。

也應當由美德來制衡。約翰・亞當斯（John Adams）將孟德斯鳩的觀點總結成一句關於權力制衡的名言："權力必須與權力對立，武力對武力，力量對力量，利益對利益；還有，道理對道理，辯才對辯才，激情對激情。"[31] 我們在這個清單上應該還加上"美德對美德"。

　　因此，奢求一位如神一般的統治者在多個方面都是錯誤的。首先，這樣的人至少從三代以來都不曾出現，這是包括荀子在內的大多數儒家思想家都承認的。更嚴重的是，設立一個潛在擁有無敵權威和威望的政治職權，但卻找不到一位與這個職權的要求和責任相稱的人，這本身就存在很多風險。顯而易見，若一個"小人"佔據了一個擁有無限權力的高位，就會帶來災難性的後果。強調和尋找如神一般的政治人物，説明儒家思想家忽略了管治的真正挑戰：即如何有效地培養和選拔人才，儘管他們可能永遠達不到聖賢君王那樣高的修為，但仍可擁有足夠的道德和智力才能來成為領導。我們真正應當強調的是，如何讓雖不完美卻有高於平均美德水平的人們來擔任各種權力職位，使到他們可以互補長短，令總體力量得以加強。荀子那讓一個人佔據至高威望和權力職位的觀點，在非理想的現實世界中是不可行的。一個讓一班美德和智力高出平均水平的人互相合作和制衡的管治制度，要比一個絕對君主制更加值得支持。以下兩章，筆者將會進一步探討這個問題。

31　引用於 Arendt, *On Revolution*, 143.

第三章 制度之角色

在前兩章，筆者拒絕了以"完全所有權"來詮釋儒家的權威觀，並批評了儒家對一元及至尊權威的倚重。筆者重構並發展出一種權威觀，指出權威的證成是在於其為民眾服務及民眾願意接受之上。這權威觀展示了統治者和被治者之間的一種理想政治關係——統治者委身以誠信和關愛來統領民眾，被統治者則回應他們願意接受和支持統治者。這種理想關係的特徵是互相委身和信任。

然而，先秦儒家也清楚意識到，權威在現實世界中是脆弱的，統治者不一定賢德和值得信賴，權威可以遭遇抵抗，政治關係可以瓦解。可是早期儒家並沒有詳細討論在統治者不夠好的情況下，政治和權威應當如何構建；他們也沒有對如何選人出任政治職位給予很多指導。對他們來說，當務之急是敦促在任統治者改善德行和管治方法，如果我們無法勸服或誘導統治者改善自己，即如果道無法行於天下，那麼我們能做的不多，就只能退出政治世界或以身殉道。最終，儒家在理想能否實現這個問題上，就只得服從命運或天意的安排。這是一個讓人十分不滿意的結局。儒家政治思想若想擺脫這困境，就必須重新發展出一種社會和政治秩序的觀點，這觀點要既可以有效應對現實世界問題，同時又能堅持儒家理想政治關係作為一種規範性理想。本章及下一章正是向此方面探索。我們在發展這一觀點時，將要取材於現代政治經驗和政治科學。

在本章的第一節，筆者論證制度（institutions）似乎特別適合於調和現實世界的事務與理想志向之矛盾，因為制度可同時從事有利社會的事工以解決現實問題，而又可持守那些體現理想志向的規範性的標準。在第二和第三節，筆者提出，我們可將民主選舉視作一種具有這雙重功能的制度。然而，民主選舉的目的至少有兩種理解：作為一種選出有德有能的政治家為共同福祉工作的機制（選拔模式）或作為一套賞懲政治家的機制（獎懲模式）——這是簡‧曼斯布里奇（Jane Mansbridge）及其他當代政治科學家所作的區分；甚或，兩者兼之。筆者認為，雖然選舉的獎懲功能可以迫使當選官員為公共利益工作，但選拔功能才是與儒家理想政治關係之精神相呼應。只要環境許可，民主選舉的表達和實踐應該是側重於作為一個選拔機制，多於獎懲機制。在本章最後一節，筆者進一步討論選拔模式的某些事項。

第一節　　制度之雙重功能

儒家的政治關係觀雖然具吸引力，但卻是一個經常與現實不一致的崇高理想。在現實世界中，並非每一位政治領袖都值得信賴，具有為公為民之精神，或者真正關心民眾的福祉。況且，這些良好的態度和品格並非容易透過精心的社會設計來塑造。先秦儒家十分清楚，仁愛和道德行為不可能由懲罰和獎賞來促成。當代社會和政治理論家克勞斯‧歐福（Claus Offe）也持相似觀點，他說認知性和規範性的品格"在某社會情境中要麼存在要麼不存在，它們不可能簡單地由策略性行為促成。如果我們缺乏知識，就會去做研究。但如果缺乏的是信任、仁愛或合羣的品格時,我們可做甚麼呢?"[1]他認為,我們可以藉着三種主要協調媒介來重建現代社會秩序,即金錢主導的經濟市場、富民主正當性的強制力量,及以知識為基礎的專業組織網絡;然而它們無一能策略性地促成規範性品格,相反,事實上是信任及德性為此三種協調媒介的存在提供了文化和道德資源。

那麼我們可以做些甚麼來促進信任、仁慈,以及其他規範性品格呢?早期儒家認為可以通過禮儀來促進它們。正如筆者在引言中所論證,禮儀可成為理想與非理想志向之間的橋樑。一方面,它們提供具體指引以助控制人的行為,而這些指引是由溫和的社會獎懲來支撐,包括言語上的表揚或譴責。另一方面,它們通過使人們習慣生活於某個意義和價值的世界中,來塑造他們的內在品格或內在動機。當禮儀清晰而有效,這不僅是民眾有着共同承認的意義,而且亦是有着行為的共同規範,依之民眾能互相預期對方的動機和反應,繼而將彼此間的不信任降至最低。但儒家知道若領導者本身缺乏美德,或社會普遍缺乏信任,或當承載着民眾共同承認的意義和價值的世界分崩離析時,這些以禮儀為主的策略都不太可能奏效。在以上任何一種情況下,要創造或重建具有正當性並得到尊重的禮儀都極其困難。例如,若我們決定在一個禮儀的共用意義和規範已不復存在的現代社會中,成立一個負責促進禮儀的政府部門,這大概只會引起懷疑和不信任。要在社會中塑造禮儀,這其實與塑造良好態度和品格一樣困難。如果是這樣的話,現代社會有否另一種東西可以彌補禮儀,把理想和非理想志向連接起來呢?

筆者相信,答案就是制度,在此制度並非指一種控制行為的機

---

1   Claus Offe, "How Can We Trust Our Fellow Citizens?", in *Democracy and Trust*, ed. Mark E. Warren (Cambridge: Cambridge University Press, 1999), 43.

制，而是一種能恰當地執行對社會有用的任務的機制。[2] 照此理解，制度的目的就是"把事辦成"（getting things done），以及用"正確的方法"（the right way）辦事。[3] 要達到這目的，制度必須包含"有關結果的邏輯"（logic of consequentiality）以及"有關甚麼是適當的邏輯"（logic of appropriateness）。[4] 一個制度的權力和責任、規則和規例，以及激勵和制裁機制都必須按照有關結果的邏輯而行，即該制度設計必須足以成就與其任務相關的結果；但它們也必須服膺於有關甚麼是適當的邏輯，即它們必須彰顯與該制度的任務緊密相連的價值和規範。讓我們以大學為例來說明：大學作為一個制度，其任務是追求和傳播知識。為達到此目的，大學必須建立管治架構、人力資源和激勵制度；但它也必須持守那些內在於智識追求的價值和規範，例如誠實、創新、精準和自由思考。因此，制度乃一體兩面：即事務方面和規範方面，而兩者都包含在制度的任務之下。

　　筆者在此所發展的制度觀與阿拉斯代爾・麥金泰爾（Alasdair MacIntyre）的制度觀略有不同。他所說的"實踐"（practice）是類近於筆者所謂的"制度的規範性方面"（normative side of an institution）。麥金泰爾認為，一個實踐"涉及卓越標準和對規則的服從，以及對那

2　筆者在下文對制度的描述是受到 Claus Offe 的著作影響，尤其是他的 "Institutional Design", in *Encyclopedia of Democratic Thought*, ed. Paul Barry Clarke and Joe Foweraker (London: Routledge, 2001), 363-69；"Designing Institutions in East European Transitions", in *The Theory of Institutional Design*, ed. Robert E. Goodin (Cambridge: Cambridge University Press, 1996), 199-226；以及 "Trust Our Fellow Citizens"。另參見 Alasdair MacIntyre, "The Nature of the Virtues", chap. 14 in *After Virtue: A Study in Moral Theory* (London: Duckworth, 1981)。

3　Offe, "East European Transitions," 201.

4　這些詞彙是來自 James G. March and Johan P. Olsen, *Rediscovering Institutions: The Organizational Basis of Politics* (New York: Free Press, 1989), 23-24；亦被引用而見於 Offe, "East European Transitions," 201。筆者對這兩個詞的使用與 March and Olsen 不盡相同，他們依循的是 Alasdair MacIntyre 的用法。

些內在於該實踐的價值和東西的達成。"[5] 他也清晰地區分了實踐與制度。讓我們再以大學為例來說明他的區分:追求知識是一種實踐,而大學是一個制度。追求知識這實踐是由某些卓越標準(例如誠實、原創和精準)及參與者所當遵循的規則(例如引文和致謝規則,以及立論和論證的規則)所構成。如果實踐的參與者依照這些標準和規則行事,他們就會得到那些內在於該實踐的價值和東西,例如洞見、創新和智識滿足。而在麥金泰爾看來,大學作為一種制度,僅是一種支援求知實踐的工具,其特點必然關乎一些外在東西,麥金泰爾將之定義為金錢和其他物質財物,以及權力和地位。麥金泰爾進一步說,雖然實踐必須依靠制度才可以持續下去,但卻不一定能抵抗制度的腐敗力量。他寫道:

> 因為沒有一種實踐能在缺乏制度保障的情況下能得以持續。確實,實踐與制度關係緊密——這亦導致外在與內在於該實踐的東西之間的關係亦如是——制度和實踐間總是形成一種單向的因果次序,其中,實踐的創意和理想總是容易毀於制度的貪婪,人們對共善的合作關顧亦容易毀於制度中的競爭。[6]

麥金泰爾使我們看到,一個制度的社會任務,作為一種實踐是有着本身的卓越標準、規範和內在價值,而制度既可能促進也可能敗壞該實踐。但是,他太過強調實踐和制度之間的區分了。在他看來,兩者之間的關係是因果關係——制度提供外在東西(如金錢和權

---

5   MacIntyre, *After Virtue*, 177.

6   同上,第 181 頁。

力），以支撐實踐的內在價值，而前者又可能會敗壞後者。但筆者認為，制度與實踐之間是不止於因果關係。制度——至少好的制度——不僅為實踐提供資源和行政支援，還體現或反映了該實踐的內在價值和卓越的東西。[7] 例如，大學的教與學的規則必須反映自由思考這一規範，而自由思考是知識探索實踐的一種內在規範；而聘用和升遷的規則必須彰顯誠實、精確和原創等價值。同樣地，醫院的醫療規則和規例應當體現行醫實踐中，醫療專業人士和病人之間的理想關係。[8] 所以實踐不僅因為制度而成為可能，而且也部分體現於制度本身。[9] 一個差劣的制度，就是一個沒有體現或敗壞實踐的內在規範和價值的制度。

筆者在引言中介紹了重構儒家思想的雙軌理論進路。該進路的部分目的和挑戰，正是要發展出一套觀點，既可以維持儒家理想作為志向，又可以有效處理非理想現實處境中的問題。如果儒家的禮儀無法在現代社會中昌盛，我們還能依靠甚麼來促進儒家理想呢？筆者建議，最好的替代品就是上文所解釋的制度。既然某制度的正當性是基於它以正確方式有效地執行某種對社會有用的任務（或麥金泰爾所謂的實踐），那麼它就必須積極地跟從並體現那種任務（或實踐）的內在規範和價值。因此，一個成功的制度對於其參與者（甚

7　正如一位佚名審稿者指出，制度一旦建立並運作，就傾向擁有自己的生命，削弱其實踐的內在價值和卓越標準。筆者同意這種看法，這也是為甚麼筆者認為麥金泰爾關於制度對實踐的負面影響所作出的警告是重要而成立的。儘管如此，麥金泰爾仍然認為實踐要長期存在就不可能沒有制度支援。因此，我們的選擇並非是否要制度，而是如何保證制度健康地發揮功能。在下一章，筆者將以民主選舉為例來討論幾種做法。

8　當然，只要有不同的醫學實踐觀，就會有不同的規則來管治醫療專業人士和病人之間的關係。

9　Michael J. Sandel 在討論政治理念和制度之間的關係時，也提出過類似觀點：「政治制度不僅是實現獨立成型的理想的工具；它們也是理念的體現。」見 *Democracy's Discontent: America in Search of a Public Philosophy* (Cambridge: Harvard University Press, 1996), ix。

至制度之外的第三者,例如公眾)將會有一種社教化的效果。參與者
將會接觸到及習慣於制度的規範和規則,因而讓他們有"一種意義
感和適當感,並意識到他們被期待做甚麼,以及甚麼事可能會發生
在他們身上。"[10] 因此,社會科學家們聲稱,制度一如禮儀般是可以
塑造民眾的行為和規範取向。制度在執行對社會有用的任務時,將
理想化的社會價值和倫理志向,與非理想化的實際關注結合在一起。
制度不完全是禮儀,也不完全是獎懲機制,而是兩者的混合。與獎
懲不同,制度彰顯價值並體現規範;與禮儀和規範不同,制度是由
規則和規例所構成,並有遵約機制的支持。

第二節　民主選舉作為一種制度

　　現在我們可以回到這個問題,即如何在現代社會中實現儒家理
想政治關係觀?儒家的政治關係觀可被視為一種實踐,當中包含了
某些卓越標準(例如,政治家的誠信,以及關愛民眾福祉的政策)及
內在價值(例如,誠懇和互相的委身、共同承擔命運,以及和諧)。
若要某一實踐成功,參與者必須是從內心出發而為之——他們必須
真誠地依從那些卓越標準,並將那些內在價值視為美好的東西。若
想一個制度成功,其規則和規例必須既能處理非理想狀況(例如權力
之使用和濫用),又能體現和彰顯理想實踐的志向。那麼,現今哪種
政治制度能做到這些呢?我們在尋找這些良好制度時,是自然而然
受到自己的經驗和視野所限。我們在提出新制度時必須小心謹慎,

10　參見 Offe, "Institutional Design", 第 363 頁。在 "Trust Our Fellow Citizen" 第 71 頁,
　　他寫道:"如果生活在制度之內和之下的人們認知地熟悉了和有效地吸收了制度中的
　　規範性理念,那麼制度的塑造功能就得到了執行。"

步步為營，因為我們對它們有何效果所知甚少。而且，除非新制度是在一個具正當性的制度環境中發展出來，並修改自其他地方的成功先例（此即是說該新制度其實並非全新），否則要讓新制度獲得正當性和公眾支持實非易事。[11] 因此，筆者的策略是首先考慮現存的制度，再在下一章討論一些新制度的建議。

最明顯可作考慮的現存制度是選舉民主制。在某些適當的條件下，民主制度在迫使政治領袖為選民利益工作、罷免被民眾認為不勝任的領袖，以及在防止權力濫用等方面，都被認為比其他政治體制有效。換言之，民主制度頗擅長處理現實問題。但是，民主是否也能體現或彰顯早期儒家思想所想像的理想政治關係呢？儘管今天許多人相信民主是唯一的正當統治形式，但也有很多人經歷過理想與現實制度之間的巨大差距，而對政治家和政治程序感到疏離。有強力的證據指出，不少國家的民眾都對代議民主制越來越不滿。由蘇珊・法爾（Susan Pharr）和羅拔・普特南（Robert Putnam）率領的一羣政治科學家發現，從 1974 至 1996 年，十三個“三邊國家”（Trilateral countries）（即日本、歐洲，和北美）中有十二個國家的公民對政治家的信任一直下降，且越來越多的人認為政治家關心的是選票而非民眾的福祉，而當選者亦與他們所代表的選民脫節。[12] 同樣地，在不少國家中，公眾對個別政黨的依附似亦下降，顯示出一種“普遍對政黨政治的失望。”[13] 就算是正式的政治機構，如議會和行政機關，都大規模地失去民眾的信心。例如，在美國“1960 年代中期，大多數美國人都對聯邦最高法院、行政機關和國會表現出強大信心，

11　參見 Offe, "Institutional Design"。

12　Susan J. Pharr and Robert D. Putnam, eds., *Disaffected Democracies: What's Troubling the Trilateral Countries?* (Princeton: Princeton University Press, 2003), 13-16.

13　同上，第 18 頁。

但到 1970 年代初，這種信心開始大幅下降。往後二十年中，民眾對行政機關和國會的信心進一步下滑；而明顯地，最能保持公眾信心的是聯邦最高法院，這個最不政黨化和政治化的機構。"[14] 簡而言之，"三邊世界中的大多數公民變得對政治家更不信任，對政黨更猜疑，並對他們的議會及其他政治機構更無信心。"[15]

要知道民眾對政治領袖的期望，只要以他們如何評價現實中的政治家作一對照，當沒有甚麼偏失。當民眾抱怨政治家關心選票多於選民福祉時，他們實際上是在說他們希望政治家關心他們的需要和福祉。當民眾抱怨當選者與他們脫節時，是因為他們希望當選者能夠與他們保持聯繫。今天人們期望政治家在國家慶祝活動中與民同樂，在災難中與民共苦；如果政治家做不到，他們一定會飽受嚴厲批評。同樣地，當民眾對政客和政黨制度失去信心時，他們實際上是希望領袖和制度是為了共善而非個人或政黨的政治利益工作。至少在這些方面，現代民主政體中民眾所意願的，與儒家政治關係觀何其相似；民眾希望有良好的領導和更好的政治關係，儒家政治關係觀要求政治要有信任、對民眾福祉的關顧，以及一種強烈的分享感和共同感。儒家政治關係觀對政治的理解並非偏狹亦未過時，而是一種充滿洞見及具吸引力的理想，它在當代民主社會中仍有共鳴。[16]

在討論民主制度如何能體現和彰顯儒家政治關係觀之前，我們需要注意制度的一個重要特點，即制度的規則和規例，以及這些規則的表達性價值和象徵性意義，都是人為的。就其本身而言，它

---

14 同上，第 19 頁。
15 同上，第 21 頁。
16 這並不是說儒家政治關係觀沒有任何問題，其中一些問題筆者在前一章中已探討過。

們是取決於人的構思和詮釋，任何一套規則和規例都可以有不同詮釋。只有當一個制度的參與者或多或少對其價值和意義有共同詮釋時，該制度才會有社教化的效用。[17] 今天，人們對民主制度的目標或功能有着不同的理解，而並非所有理解都與儒家的理想政治關係觀一致。以選舉為例，一種流行的學術觀點認為，選舉是一種通過回報（權力和特權）或懲處（解職）使政治領袖向公眾問責的機制。這所謂選舉的獎懲模式視政治家為一羣僅受自利驅動的投機主義者，所以定期選舉及其他問責機制是必需的，用以監督當選者和促使他們依照選民意願辦事。這種獎懲模式的經典和最極端的表述，就是休謨（Hume）的名言：

> 在構建任何一種政府體系，以及確立憲法的若干制衡和控制機制時，應假設每個人都是無賴，其行為除了私利之外再無任何其他目的。我們必須利用其私利來管治他，並通過這種方法驅使他——儘管他有着無厭的貪婪和野心——與其他人合作，為公益而工作。[18]

17　至少有兩種可以促進共同詮釋的方法。第一種是由領袖來定義和傳達一種突出的詮釋，並為其他人樹立個人榜樣；第二種是挑選一些輔助規則和規例來加強某詮釋，使之超越其他詮釋。

18　David Hume, "Of the Independency of Parliament," essay 6 in pt. 1 of *Essays: Moral, Political and Literary*, ed. Eugene F. Miller, rev. ed. (Indianapolis: Liberty Fund, 1987), available at http://files.libertyfund.org/files/704/0059_Bk.pdf. 這引文可能過度簡單地展示休謨的觀點，休謨可能無意在憲政設計中排除促進美德的原則。關於這個有趣的觀點，參見 Baogang He, "Knavery and Virtue in Humean Institutional Design," *Journal of Value Inquiry* 37, no. 4 (2003): 543-53。筆者感謝 Baogang He 和 Stephen Angle，是他們讓筆者注意到這篇文章。

　　很多當代公共選擇理論家基本上都遵循休謨此名言來理解憲政民主的運作。[19] 獎懲模式的民主和政治是建基於不信任和控制之上，政府被視作必要之惡，政治家被認為是無賴；雖然權威對促進公益是必需的，但服從權威卻既危險又惱人，因此權威必須受限於嚴格的民主問責機制。很明顯，如果不信任和控制是民主的要點，這就與儒家理想政治關係觀背道而馳，因為儒家是以信任、真誠，以及統治者和被統治者之間的互相委身為志向。因此，獎懲模式的民主制度即使有效處理現實問題，卻不能將儒家的理想與非理想關注結合起來。

　　以獎懲模式為基礎設計出來的政治憲法，不僅不能彰顯理想政治關係，它還會帶來十分不可取的後果。現實世界中，並非所有政治家或想投身政治專業的人都僅是受私利驅動，很多人可能同時受公利與私利驅動。正如布魯諾・傅萊（Bruno S. Frey）所言，如果我們認為所有政治家都是純粹自私自利之徒，那就擠走了具有公民美德的良好政治家。[20] 政治家展示善意並良好行為時將受到那些持獎懲模式看法的人質疑和嘲諷，好的政治家將被迫遵循那些假設他們為無賴的規則和規例。而且，把民主制度建於人為無賴這原則上，很可能吸引較多公民美德較差的人投身政界，而使擁有利他精神的人卻步，因為前者在這種環境中工作並不會覺得那麼有失尊嚴。正如阿德里安・維繆爾（Adrian Vermeule）所言：“因應無賴而設計的機

19　一個顯著的例子是 Geoffrey Brennan and James Buchanan, "Predictive Power and the Choice among Regimes," *Economic Journal* 93, no. 369 (March 1983): 89-105。

20　Bruno S. Frey, "A Constitution for Knaves Crowds Out Civic Virtues," *Economic Journal* 107, no. 443 (July 1997): 1043-53.

構制度，無賴在當中會遊刃有餘，爵士卻會拒絕出任公職。"[21] 結果是造成一個惡性循環——差劣的政客會因為制度的自我應驗而主導整個政治場所，而公眾將被迫投入更多資源和創造更多規則以監督他們。

第三節　大同理想和民主選舉之選拔模式觀

我們是否有另一種不同的方式來理解民主選舉的要義呢？筆者相信儒家思想可以提供另一種理解，這理解是源自筆者在引言所論及的大同理想。《禮記·禮運》是如此描述政治之道："大道之行也，天下為公。選賢與能，講信修睦。"這裏所描述的理想，與本章第一節所重構的儒家理想政治關係十分近似。大同理想建議了一個原則：選拔賢德和能幹之人來擔任領袖，讓他們為公共利益努力，並培育與民眾的信任及和諧。《尚書》述說了遠古的黃金時代如何選拔人才。在描述舜是如何被堯選中繼承王位時，書中說堯首先問他的大臣誰可以繼任，眾大臣回答他們都不夠賢德接受王位，他們然後推薦了舜，一個出身微寒卻以品德聞名之人。堯接受了推薦，把若干重大管治職責交給舜，以考察他的品行和能力。經過三年考察，堯和許多人都對舜的表現很滿意，堯於是將自己的王位禪讓給了舜。[22]

筆者想指出，我們是可以參照大同理想來理解選舉的要義。這即是說，選舉不應是以監督和控制為主，也不應被視為一種驅使自

21　Adrian Vermeule, "Hume's Second-Best Constitutionalism," *University of Chicago Law Review* 70, no. 1 (2003): 425。同時參考 Jane Mansbridge, "A 'Selection Model' of Political Representation," *Journal of Political Philosophy* 17, no. 4 (2009): 379；以及 Frey, "A Constitution for Knaves," 1049。

22　《尚書·堯典》。

利政治家為選民工作的問責機制;選舉應被視作一種選拔方法,通過它選出那些正直、能幹、委身於公共事務,以及會跟民眾建立信任與和諧的人。正如當代歷史學家余英時所說,十九世紀末至二十世紀初的一些儒家學者正是如此看待西方民主政體。其中一個例子就是王韜(1828-1897),他是詹姆斯・理雅各(James Legge,1815-1897,儒家典籍首位英語翻譯者)的助手。王韜在十九世紀六十年代末遊歷英國和歐洲兩年後,如此描述英國政府和人民:

> 然而英國真正的力量在於其統治者和被統治者之間存在着一種具同情的理解,統治者與民眾之間存在着一種親近關係。……據我觀察,英國日常的本土政治生活,實際上體現了我們遠古黃金時代的傳統理想。在公職任命上,他們採納推薦和選舉方法,但候選人必須為民眾熟悉、品格良好和富有成就,才可被提升至高於民眾的位置。……而且,多數決定原則的遵循,以示公正不偏。……英國民眾也同樣具有為公為民之精神和遵守法律:法律和規例皆被高懸在上(每人皆可仰見),沒人膽敢違反它們。[23]

在王韜看來,英國選舉的精神極其類似儒家的選拔原則和公正精神,以致他認為英國的政治生活實際上體現了中國遠古黃金時代的傳統理想(大同)。在此,筆者無意說王韜對英國政治生活的描述

23　Ssu-yü Teng and John K. Fairbank, *China's Response to the West: A Documentary Survey, 1839-1923* (Cambridge, MA: Harvard University Press, 1954), 140. 引用於 Yü Ying-shih, "The Idea of Democracy and the Twilight of the Elite Culture in Modern China," in *Justice and Democracy: Cross-cultural Perspectives*, ed. Ron Bontekoe and Marietta Stepaniants (Honolulu: University of Hawaii Press, 1997), 201。

完全正確，而是旨在指出某些儒家學者對西方民主的看法是與儒家理想一貫的。余英時還提出了其他現代儒家學者高度讚揚西方民主的例子。[24]

美國開國元勳也認為民主的部分要點就是選拔賢德和能幹之人。在寫於 1788 年的《聯邦黨人文集》第 57 篇中，詹姆斯・麥迪遜（James Madison）寫道：

> 所有政治憲法的目的是，或者應當是，首先選出最具智慧辨別和最具美德追求社會共善的人來擔任統治者；下一步就是採取最有效的預防措施，讓他們擔任公職期間持守美德。共和政府的特色是以選舉的方式選出統治者。[25]

今天一些政治科學家和經濟學家稱麥迪遜所理解的民主選舉和代議制為"選拔模式"（selection model），以區別於公共選擇理論家所宣導的"獎懲模式"（sanctions model）。選拔模式在過去幾十年的公共選擇文獻中，大至上是被否定或忽略了。[26] 但現在贊同選拔模式的文獻卻蓬勃發展，它們認為選拔模式相對於獎懲模式，不僅在應然上更具吸引力，而且在實證上也較正確。[27]

24　Yu, "The Idea of Democracy".

25　James Madison, "The Alleged Tendency of the New Plan to Elevate the Few at the Expense of the Many Considered in Connection with Representation," no. 57 in Alexander Hamilton, James Madison and John Jay, *The Federalist Papers*, ed. Clinton Rossiter, with introduction and notes by Charles R. Kesler (New York: Signet Classic, 2003), 348.

26　例如，參見 James Buchanan 的觀點："要改善政治，就必須改進或改革構成政治遊戲的框架。沒有人認為改善是在於選出道德上優越的人，那些致力於公共利益的人。" 引用於 Timothy Besley, "Political Selection," *Journal of Economic Perspectives* 19, no. 3 (2005): 44。

27　對此類文獻最新近及全面的研究，見 Mansbridge, "A 'Selection Model'"。

　　依照詹姆斯・菲爾倫（James Fearon）的看法，選拔模式的核心
理念是，選舉可視為"一種選拔領袖的手段，選出那些不是為了下
次選舉，而是為公眾利益努力而忠誠地辦事的人。"[28] 該模式的運作
有三個必要條件：[29] 第一，候選人中有屬於這種領袖的人。第二，候
選人對政策方向和公共利益有看法，應或多或少與選民的一致（如
果選民是有其看法的話）。第三，選舉機制和程序的設計應有利於選
民選拔良好領袖。由於這些條件似乎不難實現，選拔模式並非是不
切實際的理想。而且，這模式的倡議者，例如簡・曼斯布里奇（Jane
Mansbridge），也承認選拔和獎懲在現實中可能並存，畢竟政治家可
能"既有制定良好公共政策的意欲，也有再次當選的野心。"[30] 而選
民亦可能既想選拔優秀領袖亦想監督他們。但曼斯布里奇認為，選
舉制度應以選拔為先，獎懲為次，這樣選舉制度的核心意義仍是選
拔和信任優秀的政治家。"監督不必是系統性的和持續性的……當
公民或利益團體發現當選者做錯事時，可向他們發出警告（'火警鐘'
監督），這會比持續性監督（'警員巡邏'監督）更加有效率。"[31]

　　因此，選拔模式有兩點吸引之處。首先，它打破了對政治家"不
信任、控制、更不信任"的惡性循環。雖然無一種制度或規則可以
完全控制政治家，尤其當他們是自利之徒時，但選拔模式能鼓勵正

28　James D. Fearon, "Electoral Accountability and the Control of Politicians: Selecting
　　Good Types versus Sanctioning Poor Performance," chap. 2 in *Democracy,
　　Accountability, and Representation*, ed. Adam Przeworski, Susan C. Stokes, and
　　Bernard Manin (Cambridge: Cambridge University Press, 1999), 60.

29　同上，第 59 頁；另見 Mansbridge, "A 'Selection Model,'" 377-84；及 Besley,
　　"Political Selection"。

30　Mansbridge, "A 'Selection Model,'" 370.

31　同上，第 385 頁。在發展這一觀點時，Mansbridge 引用了 Matthew D. McCubbins
　　and Thomas Schwartz, "Congressional Oversight Overlooked: Police Patrols versus
　　Fire Alarms," *American Journal of Political Science* 28, no. 1 (1984): 165-79。

直和以公利為念的人進入政界，他們的存在將會培植公民美德文化，並幫忙監督那些可能行為如無賴的政客。[32] 第二，正如曼斯布里奇所論證，在選拔模式中選舉制度可以 "規範性地加強人們對公利的委身，以及選舉代表與選民之間的信任和善意的牢固關係。"[33] 她寫道：

> 除效率外，選民也可從他們與那些被內在價值所驅動的選舉代表的關係得到滿足。選拔模式厚重追求共同利益的堅持，多於渴望再當選這自利的動機⋯⋯在這關係中的夥伴縱無私交，但卻可祈許對方安康。[34]

曼斯布里奇對選拔模式中選民與選舉代表關係的描述，與在本章始首和第一章中所勾勒的早期儒家的統治者與被統治者之理想關係，是何其相似。兩種觀念皆把信任、善意和對共善的互相委身放在極重要的位置。選拔模式讓我們理解到，民主制度是可以在非理想條件下運作，而同時又能符合先秦儒家政治觀對理想的某些關注。

第四節　民眾分歧與貴族統治

也許有人會認為，只對比獎懲和選拔模式是忽略了另一種理解民主選舉的方式。在社會中，人們總就公共利益、公義或美德等問題的看法存在衝突和分歧，無法達成一致共識。根據這第三種理解，民主選舉可提供一個自由的過程，讓民眾發表和凝聚意見，並作為

32　見 Frey, "A Constitution of Knaves," 1049。

33　Mansbridge, "A 'Selection Model,'" 371.

34　同上，第 393 頁。

一公平程序以處理和解決分歧。民主選舉之理據，並不主要是為了
選拔並賦權給那些內在地被驅動而追求公共利益的人，而是為了決
定哪一種公共利益觀點當在政策制定中佔主導地位。[35]這第三種民主
選舉觀點當然言之有理，筆者沒有理由否定它，但筆者不見得它與
選拔模式之間有何無法解決的矛盾。因為即使民主選舉的理據在於
解決民眾對公共利益的不同觀點的衝突，選民或仍想選出那些內在
地被驅動而對公共利益有同樣看法的人，而不是選出那些被私利誘
導或怕被制裁而服務選民的人。換言之，選民選出為公為民和可信
的候選人，與選民透過選舉競爭來推展自己的公共利益觀，兩者是
完全沒有矛盾的。

　　此外，如果我們從選民的角度置換到社會的角度，那麼，選拔
那些為公為民的人來出任政府公職，本身就似乎是重要而獨立的社
會目標。人們對公共利益的理解通常是含混的，因此需要經過詮釋
和翻譯才可成為政策建議。即使執行中的政策也需要定期測試和檢
討，並根據形勢變化而修改。在現實政治中，我們十分需要從政者
有政治判斷的能力。因此，我們設計民主政治制度時，不應如獎懲
模式那樣，為了吸引那些主要是回應制裁和控制的政治家，並利用
嚴苛的問責和透明機制來束縛他們。相反，我們應設計一個政治制
度，吸引為公為民及可信的政治家，讓他們有空間作出因時制宜的
判斷和政策，並在公眾論壇上為其辯護。[36]因此，即使假設我們接受
"程序審議功能"（procedural-deliberative function）是民主另一目標，
選拔為公為民的人出任政府公職始終是民主選舉的一個重要而獨立

35　筆者感謝 Chin-liew Ten，他向筆者提出了這個重要的第三種理解。

36　如 Mansbridge 所寫："我們不應偏好程序中的極度透明（例如讓所有的委員會會議都
　　向公眾公開），而應偏好理據上的透明──程序、資訊、理由，以及理由的事實基礎。"
　　選自 "A 'Selection Model,'" 386。（括號和底線為原文所有）。

的目標。那些倡議"程序審議"民主觀的人，應當發現選拔模式其實比獎懲模式更可接受，因為選拔模式（作為一種應然模式）鼓勵選民和候選人認真商議公共利益，這與"程序審議"民主觀所鼓勵的大致相同。

　　至此，我們可見民主選舉制度的理據是有幾種不同方式的詮釋，選拔模式即為其一。可是，選拔模式本身也有幾種不同方式的詮釋。例如，曼斯布里奇研究選拔模式時，區分了兩種方式以看待當選代表。第一種被她稱為"伯克式"（Burkean），它認為當選代表不僅是內在地被驅動而要服務公眾的人，而且是"比選民更有智慧、更聰明和更謹慎的人。"曼斯布里奇寫道："對伯克（Burke）和許多與他同時代的人而言，包括美國憲法的立憲者，選舉代議制意涵了伯納德・曼寧（Bernard Manin）所說的'傑出原則'——即當選代表'當在財富、天賦、美德各方面比選民更勝一籌。'……漢娜・比特金（Hanna Pitkin）認為這種代議制的觀點是一種'精英主義'，並把它歸類為一種'自然貴族'（natural aristocracy）理論。"[37]

　　然而，曼斯布里奇認為，選拔模式不是必然含有把代議士看成貴族或把選民視為無能的意思。該模式僅僅假設代議士是內在地被驅動謀求社會整體得益，並準備好作出自己的判斷（因為他並不太在乎獎懲）。這假設並無代議士優於選民的含意。曼斯布里奇進一步認為，在西方社會中，古老的代議制度的貴族觀在某種程度上已被一種新的及較平等主義的觀點所取代。這種對選拔模式的新理解，避開了階層等級，它認為代議士應更"像"選民能"知其情愫，體其感

37　Jane Mansbridge, "Clarifying the Concept of Representation," *American Political Science Review* 105, no. 3 (August 2011): 623.

受。"[38] 在她看來，今天很多代議士都"認為自己'像'他們的選民，無論是人口特徵上、政治態度上，或兩者皆是。"[39] 同樣地，"今天當選民說他們想選一個'好人'作為代表，他們似乎通常想找一個像他們的人，但又要有興趣、能力和誠信成為立法機關議員。"[40]

　　那麼，我們必須問：儒家觀點會更接近以舊方式，還是新方式來理解選拔模式呢？表面上看，儒家精神似乎更符合舊的理解，因為儒家思想也有論及階層等級和才幹成就。但我們必須注意，儒家思想所說的人際差別乃自美德、智慧和對世界的理解等角度而言，而不是就社會地位或經濟財富的角度而論。而且，儒家思想認為，在理想的道德性格中，並不存在"差異"——它沒有說人們在最理想的處境中，應該有不同的道德或思考能力。相反，孟子和荀子等儒家先賢相信，每個人都有潛質成為道德高尚之人甚至聖人。理想的情境當然是每個人都可以並應當實現這種潛質，然而現實中，每個人的道德和智力發展是受外在因素（例如文化環境）及內在因素（例如意志力和決心）的影響。儒家思想對這些差別不置褒貶，只接受它們為人生必有之事實，繼而在政治和教育中善用這些差別。儒家希望執政者能擁有其職責所要求的才與德，並以自己為他人立下榜樣。[41] 借用兩位並不是儒家的當代政治經濟學家傑佛瑞·布倫南（Geoffrey Brennan）和阿蘭·哈姆林（Alan Hamlin）的話："如果我們無法選出最能幹、最有良心和最具備為公為民之精神的人的話，至少我們可以選出那些比普通人平均水平更能幹、更有良心和更具備

38　"A 'Selection Model,'" 387.
39　"Concept of Representation," 623.
40　"A 'Selection Model,'" 387.
41　感謝陳永政與筆者討論這一觀點。

為公為民精神的人。"[42]

　　筆者並不認為此儒家觀點與曼斯布里奇對選拔模式的偏重的理解不相容。再次引用她的話："今天當選民說他們想選一個'好人'作為代表，他們似乎通常想找一個像他們的人，但又要有興趣、能力和誠信成為立法機關議員。"[43] 如果所謂"像"僅指代議士與選民在人口背景或政治觀點（例如，公共利益觀）上相似，儒家的選拔觀點是可以接受曼斯布里奇這論述。但如果"像"指的是要在能力、為公為民之精神或正直等方面相似，儒家則無法接受。很明顯，儒家無法接受我們無論如何都應該選一個能力和為公為民之精神與普通選民無異的人為代議士。曼斯布里奇亦不這麼認為。事實上，她闡釋所謂"像"時，加入了一組重要定語："但又要有興趣、能力和誠信成為立法機關議員。"沒有這個條件，單以"相似"為基準選出的代議士並不能滿足選拔模式的要求。儒家會贊同曼斯布里奇，認為我們需要擔任公職的人才德俱足以完成公務。如果普通選民沒有公共美德和能力，儒家和曼斯布里奇都會認為，選民選出才德只比一般人平均水平為高的人，在道德上是沒有無問題的，是可取的，甚至在道德上是有責任這樣做。[44] 持這觀點並非一種精英主義，而持相反觀點則會是一種墮落了的平等主義。

42　Geoffrey Brennan and Alan Hamlin, *Democratic Devices and Desires* (Cambridge: Cambridge University Press, 2000), 170.

43　"A 'Selection Model,'" 387.

44　關於選民有道德責任為共善而投票的觀點，參見 Jason Brennan, *The Ethics of Voting* (Princeton: Princeton University Press, 2011)。

結論

簡而言之,筆者在本章論證,重新構建的儒家的統治者和被統治者的權威關係觀是一種富有洞見和吸引力的理想。它以互相委身為特徵——統治者真正關心民眾,促進他們的福祉,並把自己的誠實和正直烙入人心;民眾隨之而被感動,接受並支持統治者。筆者指出,這種理想關係甚至在當代民主社會中亦得到共鳴。然而在現實中,並非所有官員都能達到這樣的理想標準,他們的權威可能因為自己的惡行和愚蠢而受損。儒家因此面對雙重挑戰。一方面,儒家必須找到一種社會機制以防止官員濫用權力並罷免惡劣官員。另一方面,這個機制還必須能彰顯並促進儒家的理想關係。解決這個問題的關鍵在於制度的本質,制度就是那些能恰當地執行對社會有用的任務的機制。筆者認為制度似乎特別適合於調和現實世界的工作與理想的志向。

對此,筆者審視了一項特殊的民主制度,即選舉。由於制度是人所創造的,所以它們所代表的目標和價值可能有眾多不同的詮釋,因此,如何以一種與儒家政治關係觀相吻合的方式來理解民主選舉的理據至為重要。筆者借鑒了當代政治科學家和政治經濟學家的論著,論證了我們應傾向支持選舉的選拔模式,而非獎懲模式。選拔模式作為一種實證理論,強調選民在選舉中的主要動機是尋求為公為民及可信賴的政治家來擔任公職這一事實。選拔模式作為一種應然性理論,認為選舉制度的規則和程序應當鼓勵這種政治家出現在政治領域中。這選拔模式不單止展示了一個對代議選舉實證上成立的詮釋和一個對選舉的理據甚為可取的觀點,它亦與儒家理想政治關係之精神強烈呼應。

　　本章並未觸及一些可能使儒家思想與民主的關係複雜化的問題。即使假設儒家思想對民主選舉的選拔模式有親和力，可是在不完美的現實中，民主選舉或會產生很多有違儒家理想精神的後果。儒家會否接受整套西方民主制度？這是個複雜和開放的問題，筆者將在下一章討論之。

第四章 糅合儒家思想與民主

　　本章將從另一角度審視儒家政治理想和民主之間的關係。在第三章中，筆者集中討論了這個關係的其中一面，即民主選舉如何能既應對現實世界問題，又與儒家理想政治關係之精神相吻合。筆者將在前幾章的結論的基礎上，更仔細地審視儒家政治理念與民主的複雜關係，看看兩者之間在理想與非理想處境中有否密切或緊張之處。

　　本章的主要論點是，民主和儒家致善主義是可以相輔相成的。在第一節，筆者將民主定義為一種公民有權參加競爭性選舉以決定誰來組成政府的政治體系，並解釋何以這定義是合適於本章的目的。在第二節，筆者將論證民主可以"表達性地"（expressively）以及"工具性地"（instrumentally）連接於儒家的政治理念。民主選舉在理想的情況下，彰顯了儒家的理想政治關係。在非理想現實中，當並非所有官員都是正直和賢德時，民主選舉協助保護民眾的利益，因此它在工具意義上推廣了儒家的服務概念的權威觀，但同時又沒有割斷與儒家理想的表達性關係。之後，在餘下章節，筆者論證儒家致善主義倫理也可有益於民主。一個運作良好的民主制度需要賢德而文明的公民，若缺乏這些倫理素質，民主可能倒退為功能失調的黨派之爭。儒家思想可幫助民主：首先，它的道德教育注重美德與公民文明，這有助孕育出有德有行的公民；其次，它亦提供了關於在政治中尋找才與德的種種反思。

第一節　　對民主下定義

筆者探討的核心問題是：民主與儒家思想在何種條件下及在何種程度上相容？儒家思想對於批評和發展民主能否有所貢獻？在處理這些問題之前，筆者必須解釋一下"民主"一詞在本章中是如何理解。這裏有幾個概念上的問題需要澄清。首先，自十九世紀末以來，在民主與儒家思想能否相容的爭論中，如何設計憲政制度往往是爭論焦點。因此，本章將民主定義為一種政治制度，而非一套價值、一種生活方式或一系列社會和經濟條件。引起這場爭論的關鍵問題，就是關於現代中國的政治改革方向：怎樣的憲政架構適合中國？誰應統治？公民應否擁有政治參與權利？這些政治改革問題仍圍繞着今天的中國，因此，任何對儒家思想與民主之關係的討論若把這些問題置諸不理，實屬不宜。

其次，筆者把民主的"構成元素"（constituents）和使其圓滿運作的"條件"（conditions）區分出來。筆者定義民主為一種政治制度時，並不討論那些使之運作暢順的社會、經濟、道德和文化條件。這不是說那些條件對促進民主的穩健性和效用性不重要。當代政治科學文獻確實認為某些條件對鞏固民主並助其運作十分重要（例如，寬容文化、公民文明和公民責任、願意妥協、充滿活力的公民社會、參與公共事務的文化、公共理性與討論、成熟的國家官僚系統、政治中立的軍隊、沒有嚴重的社會撕裂、獨立媒體，以及強大的中產階級[1]），一個缺少以上大部分或全部條件的社會並不適合推行民主政治制度。本章後面部分將討論美德和公民教育在民主社會中的重

1　參見 Larry Diamond, *Developing Democracy: Toward Consolidation* (Baltimore: Johns Hopkins University Press, 1999).

要性。但是，無論這些條件有多重要，它們只是民主政治制度的條件，而非它的構成元素。即使一個政治社會擁有以上所有條件，如果它的政治制度不允許公民有權利參與競爭性選舉以決定由誰組成政府，它仍不是一個民主政治制度；一個注重公民參與的社會和會諮詢民眾的政府，它們本身並不構成民主。這一點於本章尤其重要，因為按某些解讀，儒家思想確實認同諮詢、寬容、公民文明，或甚至公民參與社會。然而，即使這些解讀是正確，它們仍不能證明儒家思想是可以接受民主政治制度。

第三，筆者在定義民主為政治制度時，進一步區分民主和自由主義民主。部分學者在討論儒家思想與民主能否相容時，採用了筆者稱之為 "自由主義民主觀"（a liberal view of democracy）。[2] 他們認為，民主非止於一套決策程序或政治權力分配方法，它還包含了一系列法律與政策以促進個人權利和自由、個人主義和個人自主等 "自由主義價值"（liberal values）。依此，"民主" 即等同 "自由主義民主"。但這未必是處理儒家思想與民主能否相容的最佳方法。我們若採用這種包羅各種自由主義價值的定義，將容易得出儒家思想與民主不相容的結論，原因是儒家思想並不認同那些自由主義價值；亦即是說，儒家思想若要接受民主，我們就得證明儒家思想不單接受某套政治制度，還有一系列的核心自由主義價值。然而，儒家思想可能僅與一套原則相容，儒家思想所認同的民主制度亦可能並不包含自由主義價值。

---

2   例如，Chenyang Li（李晨陽）, "Confucian Value and Democratic Value," *Journal of Value Inquiry* 31, no. 2 (1997): 183-93。可是，李在最近一篇文章中，採納了一種不包含自由主義價值的較窄的民主定義，參見〈民主的形式和儒家的內容——再論儒家和民主的關係〉,《儒學：學術、信仰和修養》，劉笑敢編，《中國哲學與文化》第十卷（上海：灕江出版社，2012），第 131-46 頁。

西方政治思想史中，民主和自由主義這兩種概念一直在回應兩套不同的關注和問題。"民主"作為一種概念，處理的是政治權力的根源和分配問題，而"自由主義"主要關心的是政治權力的適用範疇和局限問題（因此也是個人自由的適用範疇和局限問題）。採納自由主義民主觀，會把我們的注意力自權力分配問題——本章及前幾章之焦點——轉移到人權及公民自由等問題上。人權及公民自由等問題有着獨立的重要性，卻與民主問題在概念上是分開的；而儒家思想和自由主義的自由之關係則是另一問題，筆者將在本書第二部分討論。

筆者並不是說民主與某些個人自由和權利毫無概念上的聯繫；相反，它們是有關聯的。然而，這關聯最好理解為不是兩套理念的偶然結合，而是視民主為某種決定權及決定程序的後果。筆者依從大衛・畢森姆（David Beetham）的觀點，把民主定義為"一種決策方式，以制定能約束整個羣體的規則和政策，並由民眾控制這個決策程序。"[3] 事實上，民主最常見的定義之一，即"民治"（rule by the people），就是把民主理解為一種決策程序。在此，"統治"（rule）一詞是指作出具權威的決定（例如法律和公共政策）的活動，所以"民治"應該解作民眾作為一整體是享有權利作出具權威的決定。[4]

民主作為一種程序，它關心的是應該以甚麼方法達至集體決定，而非是甚麼構成決定的正當內容，除非該決定是與程序本身有關。正如布萊恩・貝瑞（Brian Barry）所說，"民主"並沒有約束民主決定

3　David Beetham, "Liberal Democracy and the Limits of Democratization," in *Prospects for Democracy: North, South, East, West*, ed. David Held (Stanford: Stanford University Press, 1993), 55.

4　人民的公共決策權利可以通過像公投這樣的人人都參與的完全民主程序被直接表達出來，或通過像代議民主這樣的程序被間接表達出來。代議民主需要某些基本制度（例如，自由公平富競爭性的選舉和普選），以及一些基本權利（例如，結社和表達自由）。

的內容，例如尊重人權、保護個人自由、法治、關心公眾福祉或經濟平等等，"除了那些民主作為一種程序本身所要求的"（except those required by democracy itself as a procedure）。[5] 因此，民主程序從"概念上"（conceptually）就預設了參與者擁有某些權利或自由，而這些權利或自由又是"構成"（constitutive）民主程序本身。集體決定程序的參與權預設了參與者擁有形成、表達和凝聚政治取向的權利，而這又預設了表達自由、通訊自由和結社自由等公民權利。但是，其他自由主義者所珍視的個人權利或自由，例如婚姻、職業和旅行的選擇自由等，則非是民主程序在概念上預設或所需的。即使參與者集體決定在這些事務上人們是沒有選擇權利，民主程序仍可存在。因此，即使儒家思想不接受所有自由主義價值，儒家思想仍可接受民主。

第四個也是最後一個關於概念的要點，是筆者依從政治科學文獻進一步區分直接和間接民主。直接民主是指法律和主要政策是由每一名公民透過全民公投直接制定的一種政治制度；在間接民主中，公民自己則並不制定法律或政策，而是選出的議員及行政官員代行。間接民主的政治制度就是代議民主制，它是建基於普選權利和自由公平競選之上。筆者討論儒家思想和民主的關係時，焦點將是間接民主，這個今天民主國家中普遍採用的制度；筆者將不論及直接民主，因為它通常被認為只在細小社羣中才是可行和可取。

第二節　表達性和工具性的關係

我們有兩種方法看儒家思想和民主之間的關係，因此亦有兩種

5　Brian Barry, *Democracy, Power and Justice: Essays in Political Theory* (Oxford: Clarendon Press, 1989), 25.

方法在儒家政治思想內證成民主。第一種方法是研究民主政治制度是否彰顯那些儒家思想所認同的規範性理想或價值，如果是的話，民主與儒家思想就可以説是有一種正面的表達性的關係。第二種方法是查看民主能否帶來某些儒家思想視為可取的效果，如果是能夠的話，民主與儒家思想就可以説是有一種正面的工具性的關係。以下，筆者將先討論表達性的關係。

　　民主經常被視為彰顯某些道德價值或原則（例如，主權在民或政治平等）的制度。筆者在前面幾章中，論證了儒家思想並不接受主權在民或政治平等作為基本道德原則。現簡短地重述一下。儒家思想（至少是筆者所重構的版本）認為，政治權威無論是在少數還是多數人手中，其證成必須在於它對民眾福祉的服務。在民主中擁有投票權等同分享着權威，此亦需要以上述方式證成。根據儒家的看法，人們並沒有甚麼自然權利或根本道德權利去統治他人。政治權威首要是一種對他人的責任，而非一種為己的特殊權利。

　　毫無疑問，民主作為一種政治制度，賦予民眾權力並平等地分配選票。但這制度不必以主權在民或政治平等這些道德原則或理想來證成，亦不必要彰顯這些價值。正如筆者在第三章中所論，制度的含義是在於人如何詮釋。筆者認為民主制度是可以與這些道德原則割離。這當然不是説儒家思想與民主只剩工具意義上的關係；我們可理解民主是彰顯另一些儒家思想所採納的政治理想。[6] 如前述，儒家理想政治關係的特點是互相委身和信任，即統治者以可信和關愛的方式來管治民眾，被治者則接納和支持統治者以回應之。我們

6　這是筆者的自我批評。筆者在 "Democracy and Meritocracy: Toward a Confucian Perspective" 一文中，過度強調了民主的工具性，忽略了民主可以表達儒家政治理想的可能性。該文見於 *Journal of Chinese Philosophy* 34, no. 2 (2007): 179-93。

可理解民主為一種恰好表達了這種理想政治關係的政治制度。民主選舉的用意，正是要選出那些具有為公為民精神並值得信賴的人，並把公眾對那些當選者的支持昭示天下。例如，一個民選國家總統的就職儀式通常標誌着這種關係的最高點——民眾聚集一起，慶祝和見證他們選出來的總統宣誓就職，而總統誓言"獻身"於"服務民眾和民眾的福祉"，[7] 並發誓"無負國民付託"。[8] 選舉既是一種選擇良好統治者的方式，也是一種表達統治者和民眾互相委身的方法。儘管民主並非唯一可表達這種儒家理想政治關係觀的政治制度，它卻是最直接而明確的制度性表達形式。

然而，這種理想的民主要成為可能，不但需要有賢德者願意競選公職，還需要選民自身有足夠賢德願意選出他們，對候選者又有足夠的知識來選出最適合人選。正如詹姆斯・麥迪遜（James Madison）所說，要實現共和原則，"民眾需要擁有美德和智力以選擇具有美德和智慧之人……一個社羣若有足夠的德與智，它將會以之選出這些具有美德和智慧的人。這樣我們不是依賴統治者的美德，或相信這些統治者，而是相信那些選出他們的人。"[9] 事實上，儒家的大同理想，這個筆者在前一章中用以解釋儒家選舉觀的觀點，亦要求類似的社會條件："故人不獨親其親，不獨子其子。"（《禮記・禮運》）在這個理想社羣中，人們充滿對公利和共善的關懷，並因此選

---

7   摘自印度總統的就職宣誓詞。參見《印度憲法》第 60 條，"總統宣誓詞"，http://lawmin.nic.in/olwing/coi/coi-English/coi-indexEnglish.htm。

8   摘自台灣總統的就職宣誓詞。參見"宣誓就職儀式"，台灣總統辦公室：第十三任總統就職儀式（2012 年 5 月），http://www.president.gov.tw/Portals/0/president520/English/oath.html。

9   James Madison, "Virginia Ratifying Convention," vol. 1, chap. 13, document 36 of *The Founders' Constitution*, ed. Philip B. Kurland and Ralph Lerner (Chicago: University of Chicago Press, 2000), http://press-pubs.uchicago.edu/founders/documents/v1ch13s36.html/.

擇那些才德兼備的人擔任公職。

　　然而，在非理想現實處境中，並非每一位政治家或選民都具備達成理想政治關係所需的美德和能力。有些人可能無甚美德，還有很多人可能同時有公利和私利的動機。雖然如此，筆者相信即使在這處境中，民主對儒家思想來說仍為有效，當中既有表達性亦有工具性的理由。即使政治家和官員的動機不純為公利，但選舉仍可以是有效用的，因為選舉不僅是官員委身公共服務的表達方式，它亦迫使打算再次參選的官員為民眾服務。賢德的官員固然無需強迫，但那些公利動機薄弱的官員則需要。而且，若領導者被證明為明顯無能或不負責任，民眾可在往後選舉中把他們趕下台，以此保護自己的根本利益。選舉的獎懲功能讓選舉與儒家思想相容，因為儒家相信領導者應為民眾福祉工作，如果他們不能完成此任務，他們就應該失去權威的正當權利和被解除職務。一個賦予民眾選舉權的政治制度，能有力地保護民眾的正當利益不受差勁的統治者侵犯。

　　因此，即使選舉不是激勵領導者為民謀福的最理想方式，但儒家應該會認為選舉的獎懲功能在非理想現實中能幫助達成某些政治目標。正如筆者在本書引言所說，儘管儒家有志向上的理由堅持其政治理想，但他們也意識到有需要建立一套可行機制以處理非理想現實中的各種問題。關鍵是這種機制是否存在，它既要有能力處理現實問題，而又可保存儒家理想的志向目標。民主選舉似乎正是此種制度，因為它兼備選拔功能和獎懲功能。[10] 簡而言之，儒家思想和民主可在表達意義上與工具意義上相連。

10　在現實中，這兩種功能的相對重要性取決於政治領袖中各樣動機是如何。如果在候選人和官員中，存在着大比例的具有為公為民之精神的人，那麼選舉的選拔模式所表達出來的理想政治關係就可能在社會的公共文化中佔據較顯著的地位，而獎懲模式所表達出來的現實性關注則佔據較弱地位。反之亦然。

第三節　非理想處境中民主的問題

這並不是説民主作為一種政治制度與儒家思想之間沒有張力。在非理想現實中，儘管民主選舉能激勵和懲戒當選官員，使他們致力改善民眾生活，但民主選舉也可能被一些問題所誤。以下，讓筆者扼要地描述其中一些問題，雖然這未免有點過於簡化和概括的風險。

在理想處境中，選舉是可以在文明和恭敬的方式下進行，這與選擇才德兼備的人執掌權力的精神一致——候選人互相尊重，並充分地向公眾表現自己，選民則投票給那些他們認為最能為共善而非僅為個人或個別集團利益而工作的候選人。可是，由於選舉必然是一場有輸有贏的競爭，如果政治家的動機非純粹為公，這非理想處境可能會造成候選人之間的極度敵對。他們可能會採取負面的競選策略來互相詆毀，並僅為了短期內得到選票支持而作出一些對社會長遠利益有害的政策承諾。選舉也有利政黨發展，因為政治取向類近的政治家自然地會走在一起，以增加政治影響力、競選公職和組成政府。正如約翰・本黑姆（John Burnheim）所説：“選舉民主制度的價值與政黨政治的過程緊密相連。”[11] 然而，今天越來越多人懷疑政黨發展是否真能促進、吸引和有利於選出最佳人選在政界中服務，他們認為在政黨組織中爬升至高位的，不一定是最能幹、正直或公正的人，亦不一定是最想為共善工作的人，反而是那些懂得在政黨政治中操權弄勢的人。本黑姆如此描述：

11　John Burnheim, *Is Democracy Possible? The Alternative to Electoral Politics* (Berkeley: University of California Press, 1985), 96.

　　我認為，很明顯的是，很多民主國家中被選至高位的人在多數相關方面都表現平平。很多才德更為優勝的人說他們不加入政界，是因為他們不善於在政黨生活中不斷爭奪影響力和地位、對在位者溜鬚拍馬、詆毀他人而非與他們合作，以及事事皆放於策略考慮之下等等。[12]

　　選舉活動戰亦需要大量資金，而且越來越受到公司財團影響。這政治現實也導致公眾相信政黨僅為權貴利益服務。

　　除此之外，儘管概括而言民主能有效地揭露腐敗和行政錯誤，但它並不總是促進高素質討論和共善政治的最佳方法。正如艾米・古特曼（Amy Gutmann）和丹尼斯・湯普森（Dennis Thompson）所說：「在我們的民主政治實踐中，以搶耳語句來交流、以人格謀殺來競爭，以及以追逐私利的討價還價來解決政治衝突，這些太經常地取代了對爭議性問題的認真討論。」[13] 政黨政客常常被視為投機者，他們利用或誇大對手弱點以謀取黨派利益，有時甚至極端到為自己黨派的利益而犧牲整個國家利益。公共事務評論員法里德・扎卡利亞（Fareed Zakaria）在 2011 年 8 月評論國家債務問題時，認為美國首都華盛頓的政客以極端黨同伐異的方式處事，他寫道：

　　　　美國人讓自己、世界以及全球市場看到，他們的政治體系已經瓦解，他們已無法構想及實施合理的公共政策。取而代之的是更多晚間劇場式的緊張情節、極端策略、預算懸崖、冗長演說策略，以及總統否決案。這些可以製作出精彩的電

12　同上，第 101 頁。

13　Amy Gutmann and Dennis Thompson, *Democracy and Disagreement* (Cambridge: Harvard University Press, 1996), 12.

視新聞特輯，但一個領先世界的大國竟如此管治自己實在令
人遺憾。[14]

在已確立民主制度的國家中，選民和公民的表現也經常不盡如
人意，許多人對政治冷漠並無甚興趣投票。當他們投票，許多人又
不了解情況，有些人投票時還會不負責任地為了狹隘私利而犧牲共
善。[15] 很多民主理論家認為，這些問題可通過更多公民參與而得以解
決，而且當人們積極參與，他們也會成為更好的公民。然而，積極
參與非旦不一定能帶來議事議政所需的態度和能力，且而通常會產
生反效果——當人們固執於各自的政治觀點而變得極端時，持對立
觀點的人會變得不尊重對方。傑森・布萊南（Jason Brennan）基於戴
安娜・穆慈（Diana Mutz）的研究成果寫道：

> 議政和參與不是並肩而至。熱衷議政的公民並不太參與
> 政治，熱衷參與政治的公民並不用心議政。最積極參與政治
> 的人很像卡通中的空想家（這是我的而非穆慈的看法）……他
> 們只找意見相同的人溝通……事實證據顯示，最願意承受參
> 與政治所產生的個人代價（如時間和努力）的人是那些有着最
> 極端觀點的人。極端者對政治感興趣，他們往往是對現狀最
> 不滿的一輩人，因此亦往往是最積極參與政治的公民。[16]

如是者，積極參與政治實際上可能導致更多的爭執和更大的衝

---

14 Fareed Zakaria, "The Debt Deal's Failure," *Time Magazine*, August 15, 2011, 22.

15 參見 Bryan Caplan, *The Myth of the Rational Voter: Why Democracies Choose Bad Policies* (Princeton, NJ: Princeton University Press, 2007)；及 Brennan, "How Well Do Voters Behave?" chap. 7 in *Ethics of Voting*。

16 Brennan, *Ethics of Voting*, 176, citing Diana C. Mutz, *Hearing the Other Side: Deliberative versus Participatory Democracy* (New York: Cambridge University Press, 2006).

突。羅納德・德沃金（Ronald Dworkin）對美國政治中劣質辯論和議政亦十分不滿：

> 美國政治正處於一個糟透了的狀況。我們就幾乎一切問
> 題都激烈地爭執，我們爭論恐怖主義和國家安全、社會公義、
> 宗教和政治、法官人選，以及民主是甚麼。這些不是具有公
> 民素質的分歧：各方對其他人都毫無尊重。我們不再是自治
> 政府中的夥伴；我們的政治是類似一種戰爭。[17]

我們可以理解為何路易斯・布蘭迪斯（Louis Brandeis）說民主最重要的職位就是公民這個職位[18]，因為民主政府的素質最終取決於民眾的美德與智力。當政治領導表現很差時，公民可以藉着選舉和其他憲法機制懲戒他們。但如果公民本身就不夠優秀，選舉無法改變這種狀況。若出現選民對黨派極度盲忠、短視、資訊不足、易被賄賂（如選票被收買）等極端情況，選舉不僅無力制止這些行為，事實上更可能把它們送入政治程序中，導致政策犧牲少數人利益、加劇貪腐、助長社會衝突升級，或嚴重削弱經濟或環境可持續發展。再次引用麥迪遜的話，民主要正常運作，只有當人們"具備美德與智力來選出具備美德和智慧之人的時候。我們中間再無美德嗎？如果無，那我們就境況堪虞了。沒有任何理論上的制衡、沒有任何形式的政府可以給予我們安全。假設任何形式的政府能在民眾缺乏美德的情況下保障自由和幸福，這是一種妄想。"[19]

17　Ronald Dworkin, *Is Democracy Possible Here? Principles for a New Political Debate* (Princeton, NJ: Princeton University Press, 2006), 1.

18　Obama, *Audacity of Hope*, 135.

19　Madison, "Virginia Ratifying Convention."

第四節　結合民主與儒家價值

儒家當會對扎卡利亞和德沃金所描述的政客與選民的陰暗面非常關注，因為它與儒家價值如共善、誠懇、信任及和諧深深抵觸，尤其是如大同理想所述："大道之行也，天下為公；選賢與能，講信修睦。"(《禮記‧禮運》) 如果在非理想處境中，民主孕育並加強了敵意對抗，如果民主政治程序成為一種犧牲共善換取狹隘私利的交易，那麼儒家也會為此深感困擾。

然而，筆者認為我們不應因此而拒絕民主，因為儘管它可能不是完美的政府形式，它亦非最差。除非公民全都非常腐敗、不負責任及不文明，否則民主仍是 "防止血腥革命的保證，並有效地防止政府系統性地忽視被統治者利益或公然藐視被統治者意願。它防止了最差的權力濫用，並使政府在公眾觀點的巨大改變時作出回應。" [20] 我們需要做的，就是為民主增補一個穩固的道德基礎和一些替代機構，而儒家思想正可為這些增補提供資源。本章餘下部分將探討這兩個方面，筆者將從道德基礎開始，因為依據儒家思想這是至為重要。

西方理論家早就指出，公民美德或公民文明是民主的重要條件，沒有它民主就可能變成一個充滿敵對的政治過程。人們需要公民文明來防止爭論變成嚴重撕裂敵對。公民文明對無親密關係卻要交往互動的人們而言十分重要，那管他們是萍水相逢的人或同事，還是在會議、論壇、街市或街上遇到的陌生人。當人們出現意見相左時，公民文明尤顯重要。有些人說公民文明是一種美德，它使人們

20　John R. Lucas, *Democracy and Participation* (Harmondsworth, UK: Penguin, 1976), 200.

"有禮、有敬、寬容及體面地對待他人"。[21] 另一些人說它是"於公共場合表現出他尊重他人，並適時節制自身的即時利益。"[22] 還有人說它是一種公民取向，"不完全迴避衝突，又同時以保持和諧社會關係為重。"[23] 不管公民文明的精準定義如何，儒家倫理中有否類近上述的東西呢？很多人認為儒家倫理是一種家庭或氏族倫理，並沒有告訴我們如何對待萍水相逢的人或陌生人。由於這種欠缺，中國人有時會被批評為缺乏公德，對待陌生人或外來人"冷冷的"及"粗魯"。[24]

　　這似乎誤解了儒家倫理。只要一看《論語》所描述的儒家理想道德賢人，即"君子"，我們就會發現君子不僅有孝道，還有一系列美德和性格特徵，這些德行讓他能在不同場合與非親非故的人恰當地交流。以下，筆者將討論其中一些美德和性格特徵，它們對我們所關注的在分歧下保持公民文明特別相關。先看《論語》：

　　[語句一] 子曰："君子和而不同，小人同而不和。"(《論語・子路》第二十三章)

　　這句話的意思比較含糊，它可以有不同詮釋。一個常見的詮釋是，君子一方面不會毫無原則地追求一致性或順從，另一方面即使有原則，亦不會強加己見於人或與人爭持，而會保持與他人的和諧關係。相反，小人謀求與他人一致而不講原則，只要利益相近就聯

21　Nina Eliasoph, "Civil Society and Civility," chap. 18 in *The Oxford Handbook of Civil Society*, ed. Michael Edwards (New York: Oxford University Press, 2011), 220.

22　Nicole Billante and Peter Saunders, "Six Questions About Civility," *Occasional Paper* 82 (July 2002), Centre for Independent Studies, 3.

23　Mutz, *Hearing the Other Side*, 75.

24　白魯恂(Lucian Pye)，〈儒學與民主〉。收錄在陳引馳翻譯，《儒家與自由主義》(北京：生活・讀書・新知三聯書店，2001年)，第3章，第176頁。

羣結黨，以求一己私利和加強個人影響力。小人並不關心真正的和諧，結黨聯袂，只不過是利合而聚。

　　以上對君子的描述包含兩種與公民文明相關的素質。第一，君子與小人不同，他不會結黨營私，不會謀求狹隘的派系利益。這種取態是出於對正義的關注並尊重；若把正義放在公民責任的語境中看，亦即今天我們所説的共善。這君子不黨的素質，正好與《論語》中另外兩句經常被引用以詮釋"君子和而不同，小人同而不和"遙相呼應：

　　　　[語句二] 子曰："君子周而不比，小人比而不周。"(《論語・為政》第十四章)

　　　　[語句三] 子曰："君子矜而不爭，羣而不黨。"(《論語・衛靈公》第二十二章)

　　以上三段引文確實描述了一種類似公民文明的素質或一種公民意識。有公民文明的人不會為了私利而犧牲其他人的利益；有公民意識的人時刻將共善置於心中。這種素質對民主至為重要；沒有它，民主政治只淪為一場權力遊戲。

　　以上對君子的描述還提出了第二種與文明相關的素質。君子作為一個有原則並關心共善的人，不會爭勝好強，而會尋求與他人建立和諧關係。但和諧並非建基於一致性或順從，而是建基於承認差別甚至分歧之上。然而在一個充滿差別和不同意見的環境中，君子該如何既忠於自己的原則，又與其他人保持和諧關係呢？語句一並無答案，但另外一段卻給了一些線索：

　　[語句四]子曰："君子無所爭。必也射乎！揖讓而升，下而飲。其爭也君子。"（《論語‧八佾》第七章）

　　孔子認為，如果競爭包含了彰顯尊重與公民文明的禮儀，那競爭是君子之爭；例如，競賽前向對手行禮，賽後與對手一起飲酒，這正是競爭者之間的文明關係。然而，"讓"字的意思，可以非單指尊重與文明的行為；它可以指更實質的性格和行為，例如，為與他人維持良好關係或為了讓所有人得到更多利益而讓步、承認、妥協及順從。當然，在體育競賽中，參賽者不是要退讓；但在社會關係和公共事務中，"讓"卻非常重要。看看這語句：

　　[語句五]子曰："能以禮讓為國乎？何有？不能以禮讓為國，如禮何？"（《論語‧里仁》第十三章）

　　依這語句，守禮必須同時是真的準備好向他人作出退讓，否則很難在國家中建立秩序。如果社會缺乏"讓"，如果人們不讓步或不妥協，他們就會結黨結派，使自己的訴求壓倒他人的訴求，於是各方立場趨於強硬，衝突隨即升級。最終，人們會訴諸力量以解決衝突，如以投票或法制以外的手段影響結果。失敗一方會感到被壓榨，時刻尋求反擊的機會。孔子擔心，若一個國家墮落至此，它基本上已無法統治。

　　讓步在很多情況下是恰當做法，例如，為共善而讓步、向弱者和無權無勢者讓步，以及向老年人讓步。[25] 但有一種讓步與政治尤其

25　對比 Stephen C. Angle 對順從的討論，見 Contemporary Confucian Political Philosophy, 127-32。

相關——讓步或順從於才德兼備的人。正如儒家典籍所説：

[語句六] 選賢與能。(《禮記・禮運》)

[語句七] 推賢讓能。(《尚書・周官》)

儒家深信，權位應由賢能之士擔當。例如在民主選舉中，一個君子如知道對手比自己更具才德，就應退讓，而非與之競爭。[26] 這種退讓也許算是為共善而讓步的一種，因為讓更賢能的人統治是更有利於促進共善。

然而，當一個人認為自己比他人更能推進共善或更仁慈，或者當他對共善的判斷與他人不同，他就不應輕易退讓。正如《論語》所述：

[語句八] 子曰："當仁，不讓於師。"(《論語・衛靈公》第三十六章)

將這些觀點運用到整體政治，以及選舉中時，我們會得出以下訓誡：

一、 **共善優先**：君子應視共善重於個人利益。他可與他人一起努力謀求共善，但不應結黨營私以追求狹隘私利。(語句一至三)

---

26 這正是唐君毅在談到民主選舉時所説的。見〈民主理想之實踐與客觀價值意識〉，《中華人文與當今世界》(台北：東方人文學會，1975 年)，第 20 章。

二、　**退讓**：君子在競選公職時，應退讓予他認為更有能力為共
　　善服務的人。（語句六至七）更一般而言，人們都應該在
　　適當時候讓步和順從。（語句五）

三、　**促進共善的責任**：君子在競選公職或參與一般政治活動
　　時，如果覺得自己比其他人更有能力推進共善，或如果他
　　對共善的判斷與其他人不同，那他就不應讓步。（語句八）

四、　**尊重和公民文明**：君子在選舉競爭或辯論爭辯時，都應遵
　　從尊重和禮讓的禮節而行，以此與他人維持文明及和諧的
　　關係。（語句四至五）

這些訓誡對今天的讀者來說或許太理想化。然而，筆者認為，
這些訓誡是否太理想化，往往是與社會是否健康，成反比的關係。
在一個健康的社會中，人們會覺得這些訓誡是日常規範，並願意遵
循。民主制度和管治健康與否，是取決於人們是否願意遵循這些訓
誡，而並不是倒過來。說到底，正如麥迪遜所言，如果我們之間再
無美德，我們就"境況堪虞"了——沒有任何政府，甚至民主，可以
保障我們安全。[27]

第五節　道德教育還是公民教育？

筆者的分析好像是繞了一個圈子。前面各章中，筆者從描述儒
家理想政治權威觀，以及理想的統治者和被統治者的關係開始。由
於這種理想狀況很難達到，我們需要務實及可行的替代方案，一方

27　Madison, "Virginia Ratifying Convention."

面可解決現實問題，另一方面又可表達理想志向。筆者指出，民主作為一種政治制度，正是那替代方案。然而，單靠選舉、代議、法治及三權分立這些制度無法保證良好管治，因為它們也需要倚仗道德資源；而在世道衰微時，那些道德資源也會如其他社會政治理想般，一樣的理想化和要求高。因此，筆者以某一理想志向開始，似乎以另一理想志向作結。

儘管如此，除非我們認為有可能設計出一種純粹制度為本的方案來同時處理儒家理想和現實，或認為民主的成功並不依賴道德和文化條件，否則，上述這循環的分析其實完全確定了儒家社會政治哲學中的主要洞見：最終而言，重要的是人，而不是制度；換言之，要建立良好社會和政治秩序，關鍵在人的美德與品格，以及有否一個良好文化環境以孕育出美德與品格。制度固然必需，而且正如前述，制度可以塑造民眾的價值傾向並引導他們的行徑。但若要制度運作，它必需扎根於一種道德和文化環境中。這解釋了為何美德、道德教育和禮儀在儒家思想中的地位如此重要。

儒家先賢認為，傳授上面那些訓誡時，必須輔以品格培養和禮儀遵行。這種頗為實質的道德教育，對當代自由民主社會中的主流思想而言，可能相當陌生。因為儘管當代自由主義者相信教育對民主而言有其必要，但他們普遍對這種內容實質的道德教育抱有懷疑態度，他們多側重於"公民"（citizen）美德，而非"人"（human）之美德，視政治參與為培育美德的跳板，重視公民教育，而非道德教育。然而，筆者認為這種自由主義策略會帶來一些嚴重問題。

傳統的參與式民主理論家相信，公民身份和公民德育的基礎在於公民團體、公聽會及政治運動。他們認為，參與這些場合本身就是一種教育經歷，它讓參與者獲得一種強烈的公民身份感覺，以

及公民意識和討論技巧。本傑明・巴伯（Benjamin Barber）在其名
著《強勢民主：新時代的參與政治》（*Strong Democracy: Participatory
Politics for a New Age*）中，建議一系列新舊的參與機制，來作為"一
種公民參與和公民革新的方案"，它包括地方層面的"鄰里聚會"和
"電視城鎮會議"，也包括全國層面的"全民參與服務隊伍"和"法律
倡議及公投程序"等。[28] 然而，正如簡・曼斯布里奇所論證，如果政
治參與者採取一種"敵對"思維，阻礙理性和善意的交流，那麼參與
就會導致嚴重衝突。[29] 或如戴安娜・穆慈所提出，若參與者不秉持公
民文明的精神，那麼當政治討論涉及不同政見者時，就會出現各自
立場極端化，甚至互相仇恨和怨恨。[30] 因此，政治參與不一定能培育
美德，反而必先有美德，然後才有良好的政治參與。

　　即使自由主義者認同教育為必要，他們也普遍好用"公民教育"
而非"道德教育"一詞，希望藉此能避開個人道德的問題，以及好人
或美善生活的概念，這些或會帶來爭議的題目。典型的自由主義者
支持一種狹義的公民教育，注重公共事務知識的掌握和批判性思維
的能力。例如，對巴伯而言，公民教育主要是指"平等地獲得公民資
訊"及掌握地方及全國公共事務討論；[31] 對德沃金而言，公民教育是
指將"當代政治課程列入每一間高中的課程中"，讓學生"明白到當
今政治爭議的複雜性，了解到一些沒有在親友圈子中遇見過的政治
立場，並略為知曉甚麼是有良心和尊重對方的立論。"[32] 很明顯，認

28　Benjamin R. Barber, "The Real Present: Institutionalizing Strong Democracy in the
　　Modern World," chap. 10 in *Strong Democracy: Participatory Politics for a New Age*
　　(Berkeley: University of California, 1984).

29　Jane Mansbridge, *Beyond Adversary Democracy* (New York: Basic Books, 1980).

30　Mutz, *Hearing the Other Side*.

31　Barber, "The Real Present," 278-79, 285-86.

32　Dworkin, *Is Democracy Possible Here?* 148-49.

知訓練和知識累積是任何公民教育的重要組成部分，但是，它們不可以是公民教育的全部。公民教育也應當培養尊重、公民文明和立志為公等美德；這些道德委身和品格並非單純出於理性，而更是需要培養和學習方可確立。

當自由主義者論及公民美德的重要性時，他們傾向所指的僅為，如凱斯・桑斯坦（Cass Sunstein）所說，那些"參與公共討論所必需的"及"有助討論程序良好運作"的美德。[33] 保羅・韋夫曼（Paul Weithman）稱這種共和思想為"政治共和主義"（political republicanism），因為它認為某些公民美德對共和政府有其工具意義上的必要。對政治共和主義者而言，公民美德是

> 一種公民特徵。在當代多元社會中，公民在公共討論中必須視他人為平等。這些新共和主義者強調公民必須願意參與政治，必須提出以公眾為依歸的理據來支持他們屬意的政策，應該嘗試理解與自己立場相異的觀點，並應該準備"重新考慮自己的目標與承諾"。[34]

韋夫曼將這種政治進路與他稱之為"致善共和主義"（perfectionist republicanism）作對比。後者是西方的傳統觀點，可上溯至西塞羅（Cicero）。該觀點並不明確區分個人美德和公民美德，認為它們都是人之美德或"人的真正優秀才質"（genuine human excellences）。該觀點的核心信念是"公民自治若要做到長治久安，

33　Cass R. Sunstein, "Beyond the Republican Revival," *Yale Law Journal* 97, no. 8 (1988): 1541, n. 8. 被引用於 Paul Weithman, "Political Republicanism and Perfectionist Republicanism," *Review of Politics* 66, no. 2 (2004): 294。

34　Weithman, "Political Republicanism," 294.

就必須培養公民品格，發揮人之為人的優秀才質。”[35]

　　儒家思想並非一種共和主義思想體系，它是一種致善主義倫理觀，與致善共和主義同樣堅持培育人的美德。上文論及的儒家訓誡，界定了人們作為道德主體應該如何作為。儒家認為，君子不論身在何地，有些重要美德都是應培育並實踐的：

　　[語句九] 樊遲問仁。子曰：“居處恭，執事敬，與人忠。雖之夷狄，不可棄也。”（《論語・子路》第十九章）

　　[語句十] 子張問仁於孔子。孔子曰：“能行五者於天下，為仁矣。”請問之。曰：“恭、寬、信、敏、惠。恭則不侮，寬則得眾，信則人任焉，敏則有功，惠則足以使人。”（《論語・陽貨》第五章）

　　孔子說恭、寬、信、敏、惠這些美德就是構成仁的元素，這裏不是指未能完美實現的仁，而是理想中可以且應當有的仁。這些美德與上述訓誡相輔相成，引導君子如何與他人相處共事。今天的儒家當會認同致善共和主義者所說，道德教育比政治公民教育能更有效地培養出民主制度所需的美德。對此我們有幾個支持的理由。

　　首先，這兩種教育觀所指向的動機不同，所傳達的訊息亦各異。道德教育觀認為，人培養美德是為了成為好“人”（person）；公民教育觀則認為，人培養美德是為了成為良好“公民”（citizen）。換言之，若一個人缺乏美德，按道德教育觀這人未有成為一個好人，而按公

35　同上，第293頁。

民教育觀這人只是沒有成為一個良好公民。對很多人來説，希望成為一個好人（或至少看起來像個好人）是多於希望成為一個良好公民。[36] 不關心公共事務的人在日常生活中不必着意培養公民美德，他們可能只有在投票或與人爭辯時，才會發現自己缺少相關美德。然而，根據儒家的道德教育觀，不論人們是否參與公共事務，他們都必須培養這些美德。這些美德使人們成為更好的人，並讓他們學懂如何與家人、朋友、同事，以及其他公民交流相處。

其次，由於人之美德適用於公共領域外很多其他社會場合，人們不單止有無數機會學習和實踐這些美德，而且亦被期望這樣做。事實上，孔子甚至説，仁及其美德是與人格緊密相連，人可以亦應當在所有情況中實踐仁。

[語句十一] 子曰：“君子去仁，惡乎成名？君子無終食之間違仁，造次必於是，顛沛必於是。”（《論語・里仁》第五章）

[語句十二] 子曰：“仁遠乎哉？我欲仁，斯仁至矣。”（《論語・述而》第三十章）

如果公民教育的規範和美德將其權威建基於人性，即那些在每一情境中都可以及應該實踐的美德，那麼公民教育就有更大機會取得成功。

36　韋夫曼説：“共和主義公民身份是可以‘反思地退避的’（reflectively escapable）。”“Political Republicanism,” 306。

　　第三，正如韋夫曼的洞見，政治共和主義者面對一個致善主義者不需要面對的"保證問題"。[37] 公民身份就如公義般，是一種有附帶條件的美德或責任，即是說，只有在得到某種保證其他公民也會同樣地履行責任，人們才有責任遵從公民身份所要求的行事。若公民美德只是與公民身份掛鈎，當部分公民無意保證以文明及尊重的方式行事時，其他公民也許會認為再沒有理由按這些美德行事。可是從致善主義的觀點看，人們不應僅因為他人缺德就輕易放棄美德或責任，因為如果他們放棄，他們不但不再是負責任的公民，更會變成不一樣的人。這一點是重要的，因為在競選辯論和公共討論中，人們並不總會以尊重或公民文明的方式行事，亦不總會以共同利益先於自身利益。一個選擇不對有失文明的行為進行報復而堅守美德的君子，可以防止敵對的升級及對抗的循環。

　　綜上所論，以人性為基礎的道德教育，似乎比以公民身份為基礎的公民教育，能更有效地培養那些使民主制度和程序健康發展的美德。道德教育是把民眾看成為人，因此與他們的個人生活更為相關；道德教育賦予民眾更強的動機去培育美德，同時亦能加強保證公民遵守美德與規範。在此，筆者並不打算討論現代社會中道德教育的方法，但要指出的是，儒家認為樹立榜樣是道德教育中最強而有力的方法。因此，道德教育應始於家庭，由父母首先提供教導。學校亦應通過故事、誡律、禮儀，以及老師身教等方式讓孩子們接受道德教育。筆者作為政治哲學家無意越俎代庖，在課程設計和施

37　Weithman, "Political Republicanism," 308.

行方面得候教於道德教育領域中的專家和學者。[38]筆者在本節餘下所討論的，是道德教育的一個重要的應然性問題。

自由主義者屬意一個較窄的公民教育觀，而不採納一個有實質內容的道德教育觀，這是因為他們希望避開"是甚麼讓人們成為好人"和"是甚麼讓他們的生活更美好"的爭議。相反，致善主義的道德教育觀似乎預設了羅爾斯稱之為美善生活的"全面性學說"（comprehensive doctrines），而在多元社會中人們對此通常持有深刻的分歧。因此，自由主義者會質疑任何由政府推行、基於致善主義美好生活觀的道德教育的正當性。致善主義的正當性是一個非常重要的課題，因為筆者在本書重構的現代儒家政治哲學正是一種致善主義理論，其影響的不只是道德教育，還有一系列本書所論及的問題，例如權威、民主、人權、公民自由和公義。[39]本書的結論將詳盡地回答致善主義政治正當性的問題。在此筆者只扼要地講解對這問題的論證思路。筆者相信，我們對何謂美善生活的判斷，是可以不基於任何全面性學說的。筆者在其他文章中曾將全面性政治致善主義及溫和政治致善主義區分開來。[40]前者全面地把人生的美善、經歷和生活方式排序，把它們與某思想傳統接軌，並在此全面的基礎上提出政策和法律。溫和致善主義則不然，它容許個人就美善與經驗

38　道德教育的好處與壞處，以及實施方法，參見 Robert E. Carter, *Dimensions of Moral Education* (Toronto: University of Toronto Press, 1984)；Eamonn Callan, *Creating Citizens: Political Education and Liberal Democracy* (Oxford: Clarendon Press, 1997)；Tianlong Yu, *In the Name of Morality: Character Education and Political Control*, vol. 26 of *Adolescent Cultures, School, and Society* (New York: Peter Lang, 2004)；Holly Shepard Salls, *Character Education: Transforming Values into Virtues* (Lanham, MD: University Press of America, 2006)；Joseph L. DeVitis and Tianlong Yu, eds., *Character and Moral Education: A Reader* (New York: Peter Lang, 2011)。

39　筆者在 "Legitimacy, Unanimity, and Perfectionism" 一文中，就政治致善主義的正當性作出辯護。

40　同上，第 10-20 頁。

的個別面向作個別的判斷，以及只對那些與政策事件相關的才作判別；它不試圖通過政治行動來推動一種美善生活的全面性學說。換言之，溫和致善主義採納的中間路線，正好介乎全面性學說和羅爾斯所說的"公共理由"（public reason），即在自由主義社會的政治文化中，一種共享的政治價值。筆者相信，傳統致善主義哲學，例如儒家思想，對現代社會有着豐富洞見和倫理資源，但這些哲學都採取了全面性學說的形式，這在現代政治中卻帶來正當性及和諧的問題。溫和致善主義就是使這些洞見和資源適切於現代多元社會的最佳方法。例如，以溫和方法施行道德教育，就是一方面提倡美善生活中的特定美德，但同時不將這些美德建基於某種全面性學說之上。筆者相信，我們不必接受儒家思想整套哲學，也能理解和欣賞儒家美德如尊重、敬仰、誠信、誠心及仁慈。筆者將在結論中進一步論證溫和致善主義的正當性。

第六節　　非民主選舉產生的第二議院

筆者已論證一個運作良好的民主制度需要人們委身於公民文明及共善，而其中一個培育此種道德委身的方法，就是透過道德教育提倡美德。儒家思想長久以來對美德有豐富的反思，我們可以借助這些來發展出一個現代道德教育觀，《論語》本身就已是具有深刻洞見的資源。在這最後一節，筆者將探討儒家倫理和政治思想可以對民主政治提供的另一補足。讓我們回想前文所說，在儒家政治理想中，賢能的人是被選出來服務民眾。在理想處境中，民主選舉能實現這功能，只要賢能的人出來競選公職，而選民又有足夠能力（或足夠資訊）來判別和選擇他們。然而，在非理想現實中，並非所有候選人或選民都才德兼備。而且，如果民主政體中的當選官員缺德或無能，那麼其公共管治必定很糟糕。我們如何才能改進民主政體的管治呢？在前面一節，筆者建議了以一種由下而上的道德教育，來促進公民的美德。當然，我們也需要如德沃金所提議的那種公民教育——旨在提升公民的認知能力，包括對公共事務的知識和批判思考的能力，使公民有能力理解不同論據的説服力，並區分箇中優劣。但是，我們還有其他方法改進民主管治，例如尋找方法去擴大精英中才德兼備的政治人才庫，並借助這些賢俊改善公共管治。當代政治科學家或民主理論家當中幾乎無人深入考慮過這個問題，他們大多對現有政治制度和機構（包括政黨）感到悲觀，認為這些難以培育和選擇優秀的政治家，他們甚至似乎對重新塑造或改革這些制度已不存希望。他們反而將希望託付於民眾，期待他們可通過參與論壇或社會運動為自身重新注入活力。但如前所述，若不輔之以道德教育，這策略實在有相當的局限。

然而，我們無理由不重視培訓及選拔政治領袖。對儒家來説，管治的優劣主要取決於政治領袖的素質。如果在非理想處境中，民主選舉無法選拔足夠的高素質政治家，為了公共利益我們只能以其他方式來彌補民主選舉立法者和官員的不足。其中一個可能的方案，就是在議會兩院制架構下，建立一個由非民主選舉方式產生的“第二議院”，這觀點已被不同政治思想學派的學者提出過。以下，筆者將簡單勾勒出自己的建議。但在這之前，讓筆者簡略解釋一下第二議院的價值。假設建立第二議院是可行而有利的，它有兩種價值。首先，第二議院能改善管治，它參與審議法案及政府預算和開支，平衡民主選舉選出的議院（下稱“第一議院”）的觀點，並監督政府。其次，第二議院有教育的價值。若第二議院充滿高素質、才德兼備的政治家，他們將成為其他政治家及全體公民的表率；他們辯論公共事務的方式、帶進公共討論的觀點，以及所作的判斷與決定，都對其他人有教育作用。儒家思想家一早就主張，政治領袖的一個重要功能，就是以身作則，成為民眾的道德榜樣，致使民眾將來也可成為適合承擔管治責任的君子。就此而言，第二議院不僅是一種管治機構，也是整個社會道德教育的重要部分。

　　不用說，這種機構也存在一些問題：第一個問題是關於第二議院的正當性；第二個是關於是否有可靠的方法選拔賢能；第三個是關於兩層議院的權責及兩院之間可能出現的衝突。任何主張第二議院的圓滿論述必須充分地回應這些問題。但篇幅所限，筆者只能在這裏扼要地處理這三個問題，以說明第二議院是初步上可行的和可取的。讓我們首先討論正當性的問題。民主派人士相信政治平等或主權在民為一種道德原則，任何建議以非民主方式建立的政治機構，若非遭到他們的全然否定，亦會受到他們的嚴重質疑。然而，正如第一章所論，儒家並不認同這些民主道德原則。儒家相信，如果服務概念的權威觀合理（即權威的證成是在於它對民眾的服務），那麼個人沒有根本道德權利來分享政治權威。評價任何政治權威的制度安排，都是以它對民眾福祉的貢獻為準則。因此，第二議院的正當性必須建基於查看第二議院自身是否良好運作、它是否與總體政治制度的其他部分配合。當然，從儒家的觀點看，我們也需要查看人們有多接受這種機構；但這並非因為人們有任何先天政治權利，亦非因為必須得到人們同意，而是因為儒家視人們對權威的甘願接受，是理想政治關係的一個重要組成部分。如果大多數民眾都強烈反對第二議院，那麼第二議院就只會有很少權威，也不能有效地執行任務。

　　如果第二議院有失妥當或設計差劣的話，人們也許仍拒絕它。對第二議院概念最常見的批評就是，我們並無可靠方法來辨認賢能的統治者。這批評或有兩點理由：第一，以美德和能力來區分人是沒有客觀基礎的；第二，沒有可靠的機制能辨認和挑選賢能的人。筆者相信第一個理由太過極端，難以站得住腳。我們期望政治領袖擁有的才與德絕不神秘，亦非極富爭議。我們希望政治領袖對其職務有充足知識，思考清晰，能言善辯，能理解複雜的論據，並且有為公為民、責任感、廉正、可信、公民文明及仁愛等美德。這些美德都可見於很多社會情景之中，要判斷人們有否這些能力及性格特徵並非不可能。事實上，我們經常對工作上或交往中的夥伴作這些判斷，包括同事、委員會或小組成員或朋友。例如，當我們考慮委派哪一位同事去擔當某職位或任務時，我們會評審各同事的才德，我們可以區別某些同事比其他同事更能勝任。我們之所以對自己的判斷能力有信心，是因為我們認識並了解接受評估的人。在長期的交往中，我們觀察過他們如何思考、抉擇和執行職責，以及他們如何對待他人。如果說我們是沒有能力或沒有客觀基礎來判別他人，那麼，這不應只適用於政治機構，而應同樣地適用於任何機構的任何選拔之中。但這明顯是有違常情的。

　　可是，當我們對接受評核的人所知甚少，例如在外聘招募中，選拔委員會對應徵者是沒有私下認識的，那麼，我們就較少信心作出那種判斷了。雖然面試和推薦信是有些幫助，但甚為有限。其實這一點正說明了，當選民數目頗為龐大，民主選舉並不是選出才德兼備的領袖的可靠機制，因為選民往往甚少與參選者親身交流，對參選者所知亦少。雖然選民可以通過市鎮競選大會、電視辯論或自我介紹單張獲取一些對候選人的知識，但這與我們對同事透過每天交往而獲得的認識，可靠程度不可同日而語。選民通常只根據對候選人的印象投票，而聰明的候選人往往能假冒為善，欺騙選民。

第二個拒絕第二議院的理由是我們沒有可靠的機制能辨認和挑選賢能的人，要麼是因為無機制能有效地搜集並傳遞候選人的準確資訊，要麼是因為即使這種機制存在，它亦可能被有利害關係的人所濫用。就此，若我們只是抽象地討論，而不聚焦某種具體機制，則很難判定這理由能否成立。因此，筆者將首先討論貝淡寧（Daniel A. Bell）的建議，他就第二議院的看法頗具影響力，然後筆者再討論自己的建議。貝淡寧力陳我們應當重視美德與才能，把它們併入當代社會政治決策之中，他寫道："當代社會的政治決策者應當具有才智、適應性以及長遠眼光，而且熱心公益。這些品質與傳統的儒家君子的品德並非有很大不同。"[41] 他認為"現代社會面對的問題是要將對民主的肯定與對由具有才能、熱心公益的精英進行決策的思想的肯定結合起來。更準確地説，在東亞環境中，社會必須試圖將由'儒家'君子的治理與民主價值和實踐協調起來。"[42] 貝淡寧接着提出了一套選拔機制，即用考試來挑選才德兼備的人晉身第二議院，他稱之為"賢士院"（House of Virtue and Talent）。貝淡寧認為，"考試應當既考察記憶力也考察獨立思考的能力。"考試題目應考核候選人"當代世界的經濟和政治知識，⋯⋯還應當考察哲學以及文學知識，它們激發了過去的那些偉大領袖的靈感。考察解決問題的能力很重要，還要有一兩個關於倫理學的論述題，以便篩除那些蠱惑

41　Daniel A. Bell, "Taking Elitism Seriously: Democracy with Confucian Characteristics," chap. 6 in *Beyond Liberal Democracy: Political Thinking for an East Asian Context* (Princeton, NJ: Princeton University Press, 2006), 160. 中文譯本為：貝淡寧著，李萬全譯，《超越自由民主》（上海：三聯書店，2009 年），第 158 頁。本書中的引文是出自該書的中文譯本。

42　同上，中文譯本，第 159 頁。

民心的政客，以及那些有才能但是漠視道德的技術專家。"[43] 他在其他文章中還建議，當這一模式用於中國時，"考試內容還包括儒家經典、基本經濟學、世界歷史，以及一門外語。"[44]

貝淡寧的建議不無優點。考試似乎確能有效評核應考者就公共事務的見識及批判思考能力，考試也能去除私人關係網絡與政治效忠的影響，而這些皆是重要的關注點，尤其是在一個如中國的政治環境中。更重要的是，由於第二議院成員不必回應選民當下的政治壓力，相對於第一議院，其政治地位相對穩固，因此亦較能妥善處理那些需要犧牲選民短期利益的長期政策問題，他們亦更有餘裕去關心非選民的利益，例如年輕人或外來移工等。但是，正如批評貝淡寧的學者指出，考試的主要缺點是它無法有效測試出應考者是否有公民文明、熱心公益、誠實可靠及剛正不阿的美德。原因很簡單，諳於倫理知識並不等於行事有同等操守。[45] 貝淡寧並非沒有意識到這個問題，但他似乎認為這問題不是十分嚴重。正如他說："考試難以完全測出美德。"雖然考試有不足之處，但貝淡寧始終認為："比之以民主選舉，以考試取士有更大機會選出有德之士"[46]，而且"這種程序比其他可供選擇的政治選擇方法要有效。"[47] 然而，考試是否真的比民主選舉更能選出有德之士實在頗成疑問。聰明的人在考試中提出一些道德正確的判斷和論點以假裝賢德，似乎比在公開的民主選

43　同上，中文譯本，第 165 頁。

44　Daniel A. Bell, "Toward Meritocratic Rule in China? A Response to Professors Dallmayr, Li, and Tan," *Philosophy East and West* 59, no. 4 (2009): 558.

45　參 見 Chenyang Li, "Where Does Confucian Virtuous Leadership Stand?" *Philosophy East and West* 59, no. 4 (2009): 531-36；及 Sor-hoon Tan, "Beyond Elitism: A Community Ideal for a Modern East Asia," *Philosophy East and West* 59, no. 4 (2009): 537-53。

46　Bell, "Toward Meritocratic Rule," 558.

47　貝淡寧，《超越自由民主》，第 165 至 166 頁。

舉中偽善要容易得多。

　　無論如何，要找到比考試和民主選舉更有效的機制並非易事。先秦儒家非常清楚衡量一個人的才德的實際困難。例如，孔子説，在評估一個人時，我們必須小心地觀察他的行為和動機，諮詢認識他的人，然後再作獨立判斷。[48]

　　　子曰：“視其所以，觀其所由，察其所安。人焉廋哉？人焉廋哉？”（《論語・為政》第十章）

　　　子貢問曰：“鄉人皆好之，何如？”子曰：“未可也。”“鄉人皆惡之，何如？”子曰：“未可也。不如鄉人之善者好之，其不善者惡之。”（《論語・子路》第二十四章）

　　　子曰：“眾惡之，必察焉；眾好之，必察焉。”（《論語・衛靈公》第二十八章）

　　唐朝的著名儒官陸贄（公元 754-805），也努力尋找方法解決如何選拔才德兼備之士的難題。他的政治著作極受後代儒家思想家重視。以下引文中，陸贄考察了不同選士方法，包括唐朝引入的科舉制度，但他發現這些方法始終未為可靠。

48　貝淡寧認為學習典籍可以提高學習者的美德。純粹在教育的觀點看，筆者是可以接受這一看法。但如果學習典籍是為了某種外在理由，例如為了競爭職位或公職，筆者則懷疑這種看法能否成立。

> 夫理道之急，在於得人；而知人之難，聖哲所病。聽其
> 言則未保其行，求其行則或遺其才。校勞考則巧偽繁興，而
> 貞方之人罕進；徇聲華則趨競彌長，而沉退之士莫升。[49]

陸贄說考試成績並不能有效區分"貞方之人"（有原則且正直之人）和那些"巧偽"之人（巧言偽善之人）。同時，言論、行為或名聲獨自本身亦非充足憑據。陸贄與孔子想法相同，認為只有長時間的交往及多角度的觀察，才可充分掌握一個人的性格。

> 自非素與交親，備詳本末，探其志行，閱其器能，然後
> 守道藏用者可得而知，沽名飾貌者不容其偽，故孔子云："視
> 其所以，觀其所由，察其所安，人焉廋哉？"夫欲觀視而察
> 之，固非一朝一夕之所能也。[50]

陸贄提出此選人原則之後，接着提出他認為可行的選士方法，而這方法是歷經前朝實踐。

> 是以前代有鄉里選舉之法，長吏辟署之制，所以明厯
> 試，廣旁求，敦行能，息馳騖也。[51]

孔子和陸贄認為緊密交往及仔細觀察是知人的基礎。陸贄認

49 陸贄，《請許台省長官舉薦屬吏狀》，*Wikisource*, http://zh.wikisource.org/zh-hant/ 請許台省長官舉薦屬吏狀。

50 同上。

51 同上。感謝陳永政向筆者推薦了陸贄的這篇文章。

為，最懂得此方法的是地方上有威望的老年人和官員——他們長期觀察過當地民眾，其資歷和知識亦足以為上級選拔推薦人才。筆者認為陸贄所建議的模式可以很容易地移植至當代處境中。以下，筆者提出一種選拔第二議院議員的機制，稱之為"同儕選拔制度"（selection by colleagues），之後再簡述第二議院的功能和任期。

由於憲政設計必須扣連現實處境，難以在抽象層次的討論中得到成果，因此，筆者以下的討論只志在拋磚引玉。任何建議，不論其抽象理論多麼精彩，若不能在現實中贏得民眾的支持，則始終不可行。我們建議任何新的機構時，必須把它作為整個連貫憲政設計的一部分，但任何關於憲政設計的可取性和可行性的討論都一定極具爭議，因為當中涉及的互動因素太多，難以有把握地預測其總體效果。因此，我們必須抱持懷疑態度以審視任何創新制度建議，而筆者的建議自不例外。筆者的主要目的，是基於上述儒家選拔人才的觀點，提出一個假設性的建議。

基本原理、進路及選拔方法

要確保任何選拔賢才的方法有效，它必須滿足兩個要求：首先，必須有適合被選入第二議院的人選；其次，選拔者必須有能力及願意不偏不倚地選出他們。要了解同儕選拔制度的特點，我們可將它與考試制度作一比較。考試制度的對象是那些才德皆未被朋輩知悉的政治新人，然而這方法非但不可靠，而且亦毫無必要地排除了一些關於在社會中才德分佈的資訊。

可是，同儕為本的選拔方法這進路，對象並非那些沒有公共服務履歷的新人，而是那些已參與公共服務的人士。與密爾（John

Stuart Mill) 參考了羅馬元老院經驗的上議院改革建議相似 [52]，筆者認為最佳才德之庫是那些服務公眾多年的老練人士，那些在立法會、法庭、公務員系統、政治諮議機構、法定組織及外交事務有長期和豐富經驗的人。至於候選人的資格，我們可為來自不同公共服務界別的候選人設立不同的服務年期和級別要求。一般的原則就是，符合資格、資歷高的公職人員將透過互選，選出進入第二議院的議員。但是，選拔者不一定局限於這羣人本身，若有人曾與這些公職人員長期共事，亦可被包括其中，因為他們對這些公職人員的認知和判斷應較其他人為可靠。選拔者亦可包括在上述公共機構秘書處中工作多年的職員，或經常與公職人員交往接觸的政治版記者。惟候選公職人員的直接下屬將不可以成為選拔者，因為選舉自己的上司將會涉及利益衝突的問題。

任何符合資格的公職人員都能成為候選人，他既可自薦亦可由他人提名。一旦候選人名單出爐，來自三個源頭的合資格選拔者（資深公職人員、資深秘書，以及資深記者）將評估候選人的美德（主要是一心為公、責任感、公平、正直和公民文明）和能力（主要是多角度思考能力、開放思維，以及對公共服務領域的專門知識等等）。他們將為每個候選人的美德與能力評分，而累計總分超過某特定門檻的候選人即被選入第二議院中服務。

---

52 John Stuart Mill, "Of a Second Chamber," chap. 13 in pt. 3, "Considerations on Representative Government," of *Utilitarianism, On Liberty, Considerations on Representative Government*, ed. H. B. Acton (London: J. M. Dent & Sons, 1972). 關於美國兩院制國會應該加設 "第三議院" 的建議，參見丹尼爾・貝爾（Daniel Bell，美國社會學家，1919-2011），"The Old War: After Ideology, Corruption," *New Republic*, August 23 and 30, 1993, 20-21 。不同的建議提出了不同的第二議院議員所應有的資格。密爾的建議中不僅包含了年長或退休的公共服務官員，也包括了大學教授。貝爾則明顯局限於前兩個議院的退休議員。

權力、規模和任期

在我們決定第二議院相對於民主選舉產生的第一議院享有甚麼權力之前，我們必須探討它在民主社會中所扮演的角色。第二議院可以扮演一種強勢角色（即作為公共利益的守護者，權力上凌駕民主選舉產生的第一議院），亦可以是一種平等角色（即以夥伴身份擁有與第一議院同等的權力），或者一種弱勢角色（即僅為顧問或社會總體的榜樣，權力上只能延遲或退還第一議院通過的法案，讓其重新討論）。筆者認為，第二議院應當有何角色，很大程度上取決於公民的美德和能力水平。[53] 公民的才德越低，第二議院的角色就應越強。可是，即使第二議院僅扮演弱勢角色，它應該仍然有助益於社會，因為它能成為政治家和公民進行公共討論的楷模。以下就第二議的規模和任期的假設討論，是基於第二議院的弱勢角色。

第二議院並沒有固定數量的席位，其議席數量將完全取決於有多少人經同儕選拔制度選出。議院的重要性是建基於其論辯素質，而非人數和票數。任期以兩屆為限。為了落實它的顧問及社會楷模功能，會議將透過免費電視和電台全場直播。第二議院的成員要發揮影響力，就得依賴他們公正地獲得的聲譽、論據的說服力，以及批評政府及延緩第一議院法案的權力。

由於第二議院成員已臨近他們公共服務的尾聲，貪污和濫權對他們的誘惑也許大大減弱。由於在長期公職生涯中，他們多已嚐過權力和名聲的滋味，因此他們進入第二議院的動力多不會是謀求更多的權力和名聲。而且，由於第二議院成員的憲法權力有限（至少，

53　另一種決定第二議院相對於第一議院的權力的方法，是看看議院的工作性質。例如，第二議院可以擁有更大的決策權力，處理那些會影響下一代和其他非選民的問題，如環境和人口問題。筆者感謝貝淡寧提出這個建議。

在其弱勢角色如是），這樣的職位不太可能吸引那些仍然渴求權力的野心家。我們希望，他們進入第二議院的原動力是尋求在另一崗位上貢獻自己的才德。況且無論如何，所有適用於第一議院的防止腐敗措施，同樣適用於第二議院。

非民主選舉產生的第二議院經常面對一種批評：雖然人們希望選出優秀領導者，但是他們通常無法就候選人的才德水平達成一致意見；既然其才德受到質疑，我們就不應賦予他們權力；相反，我們應讓每個公民投票選出立法會成員，因為民主選舉是更公平及更好的解決紛爭的方法。然而，筆者卻認為，即使我們對候選人的素質有爭議，亦不等如我們就應放棄作出選拔賢能的判斷，而去接納一種不問內容、只求對所有人公平的選拔方式。畢竟，如果我們只求程序公平，拋硬幣就足以簡單地解決爭議。[54] 如果我們不在意各項選擇之間的素質差異，拋硬幣可能是一個合適的決策原則，但如果我們是在意的話，例如選拔公職人員時，我們自然希望決定程序能有助於評估候選人的素質。因此，無論我們採納哪種決定程序，其正當性很大程度上應建基於在作出抉擇之前，我們對候選人的關注和討論的素質。

結論

在本章中，筆者訴諸儒家價值和思想，提出了補足民主的方法，並論證儒家與民主在表達性上和工具性上皆有着相向關係。在理想處境中，民主直接彰顯了儒家的理想政治關係及其他政治價值；在

54　反對民主純粹程序證成的詳細論證，參見 Estlund, "The Limits of Fair Procedure," chap. 4 in *Democratic Authority*。

非理想現實處境中，民主可成為追求儒家目標的工具，但又不會斷絕與儒家理想的表達性的關係。無論如何，一個運作良好的民主制度需要一班具有美德的公民，以防止它墮落成為一種僅基於狹隘私利的敵對政治競爭。在這方面，儒家的道德見解與反思可以讓民主在道德上更具吸引力，在實踐上更加可行。筆者提出了儒家思想可從兩方面幫助民主制度——培養美德的道德教育，以及對尋覓賢才的反思。就培養公民美德而言，儒家基於人性的道德教育比自由主義那建基於公民身份和知識的公民教育更為有效。為了進一步補足選舉制度，筆者從儒家角度，就如何在政治領域中選拔賢才作出了反思，並以舉例方式，建議成立一個以同儕選拔制度所組成的第二議院。

第二部分

權利、自由與公義

第五章　人權作為備用機制

第一節　儒家思想的現代挑戰

當代儒家道德和政治理論所遇到的最複雜問題之一，就是人權和個人自主的問題。自五四運動（1915-1926 年）以來，儒家思想就一直備受批評，說它沒有承認西方自由主義政治思想傳統所理解的個人尊嚴和個體自主的價值。有些批評甚至認為儒家不僅沒有承認個體自主，甚至積極地壓抑它。作出這種批評最猛烈的是陳獨秀（1879-1942 年），他說儒家思想對現代而言並非適合的模式，因其倫理觀嚴重削弱個體自主和自尊。同樣地，一些當代批評亦認為，由於儒家思想不尊重個體自主，因此它與人權和公民自由不相容。[1]

在本章以及下一章中，筆者將討論受儒家啟迪的當代學者應如何回應人權和個體自主問題。由於人權和個體自主這些概念基本上源自現代西方，我們可以從傳統儒家思想中引鑒的，所得甚少，因此我們在分析儒家思想與這兩個概念的關係時，必須作出詳細闡述

1　這種對儒家的現代挑戰，參見 Randall P. Peerenboom, "Confucian Harmony and Freedom of Thought: The Right to Think versus Right Thinking," chap. 13 in *Confucianism and Human Rights*, ed. William Theodore de Bary and Tu Weiming (New York: Columbia University Press, 1998)；慈繼偉，〈從正當與善的區分看權利在現代西方和儒家思想中的差異〉，《國際儒學研究》，第六期（北京：中國社會科學出版社，1999 年）。

及修正。筆者希望，筆者的詮釋性分析能秉承儒家傳統精神，對儒家思想的修正能讓它更為當代人們所接受。

儒家思想與人權之間的關係錯綜複雜，並引發一系列問題：儒家思想與人權概念能否相容？在儒家的理想社會中，人權有否一席之地？即使能相容，儒家思想會在怎樣的條件下才接受人權呢？儒家思想會接受《世界人權宣言》中所列的特定人權嗎？對於這些問題，每個人基於對儒家思想和人權的不同理解和評估，其答案亦會各異。例如，一些認為兩者不相容的學者可以相當正面地討論儒家思想而負面地理解人權，他們認為儒家倫理主張仁愛和諧的社會關係，因此無法接納以個人主義和自我自信為基礎的權利。另一些同樣認為兩者不相容的學者，卻會認為儒家思想宣揚威權倫理和政治，我們應該拒絕它，並代之以人權和民主的政治哲學。此外，那些認為兩者相容的學者則認為，儘管儒家思想可接受人權，但它大概不會接受整套由當代自由主義人權哲學及當代國際法發展出來的人權觀點。在本章中，筆者將發展並辯護這種溫和的相容觀點。

關於相容性問題，我們首要將人權概念與近幾個世紀以來與它相連的學說或哲學分開。誠然，西方自然法理論和各種自由主義思想流派對人權發展貢獻良多，但今天人權概念 (簡單定義為：人因其為人而享有的權利) 已經流行於很多不同的宗教和文化中，並受到不同哲學和宗教思想傳統的人士支持。正如後述，有些受儒家啟迪的學者與其說是批判人權，倒不如說是批判某些自由主義學派過分使用權利作論述的現象。當然，當今國際法所發展出來的人權觀點能與西方自由主義思想分割到何等程度實在未有定案，但若簡單假設或認為兩者是等同的，則為錯誤。

本章的總體論證是，雖然人權概念與儒家倫理相容，但儒家致善主義進路以一種不同於主流自由主義的方式來理解人權的價值和正確功能。在第二節中，筆者討論並否定儒家思想與人權不相容的幾點理據。在第三節，筆者以一種雙軌理論進路來審視人權的價值和功能。在儒家的理想社會中，民眾或多或少都有美德，處事依仁而行，因此人權概念沒有實際的重要性，人權亦不需要用來表達人的價值。但在非理想現實處境中，當人缺德地行事及社會關係崩潰，人權則是保護人們正當利益的重要工具。在第四節，筆者論證儒家致善主義是反對權利掛帥論述的現象，因為權利論述使人們拙於道德詞彙，並鼓勵權利申述和訴訟的文化。我們有兩種抗衡權利論述的方法：其一，將人權和美德看為同等重要及互相依賴；其二，不鼓勵建立冗長的人權清單。筆者基於數個原因，認為儒家應該把權利局限於公民及政治權利。

第二節　否定不相容的説法

儒家思想與人權不相容的其中一個常見理據是，人權概念的某些前設，在哲學上是站不住腳的，或與儒家思想有根本矛盾。這一理據的代表人物是儒家學者羅思文（Henry Rosemont, Jr.），他指出："人僅僅因為是人就擁有權利，這是（西方）道德、社會和政治思想的一個基本預設。"在他看來，每個人

> 都有一個確定的性別、膚色、年齡、種族背景和某種能力；而且，我們都生活在特定時代和特定地方。從這些事實中，我們得出一些令人不安的想法。首先，如果不問差別而人人都天生擁有權利，那麼這些權利必定是完全獨立存在於

文化之外。可是，這令我們難以想像現實權利擁有者的面貌，因為世上並無獨立於文化而存在的人。[2]

羅思文認為，人權概念預設了"去文化"（acultural）或"去社會"（asocial）的人，即存在於文化或社會真空中的人，這種觀點不僅與儒家對人的理解截然相反，而且在哲學上也站不住腳。安樂哲（Roger Ames）也認為儒家思想不可能接受人權，因為人權保護的利益是"獨立並先於社會的"。[3]

然而，這些觀點錯誤地描述人權的本質。羅思文正確地將人權定義為人僅因為是人而擁有的權利，不論性別、種族、文化和歷史背景；但他錯誤地認為這定義等如說人是可被視作沒有這些屬性而存在。其實，這個人權定義不是一句關於人的本質的"描述性"（descriptive）語句，而是一個關於權利分配的"道德"（moral）觀點——某人的性別、種族或文化，跟其有否資格去擁有人權，在道德上是毫不相干的。我們亦不可以說在國際人權憲章中，人權是假設了"去文化"或"去社會"的人。《經濟、社會和文化權利國際公約》所保障的，是人們過着有意義的社會和文化生活這利益。就《公民權利和政治權利國際公約》中表達的自由和宗教自由，羅思文等人視作個人主義的權利，但筆者卻認為它們的用意在於保護人們的"社會"（social）利益：表達自由保護了個人與他人交流的利益，這在公共領域中亦然；宗教自由則保護個人參加宗教組織這利益。這些權

2　Henry Rosemont, Jr., "Why Take Rights Seriously? A Confucian Critique," in *Human Rights and the World's Religions*, ed. Leroy S. Rouner (Notre Dame, IN: University of Notre Dame Press, 1988), 167-82.

3　Roger T. Ames, "Rites as Rights: The Confucian Alternative," in Rouner, *Human Rights and the World's Religions*, 205.

利的基礎都在於視人類為社會及文化動物。我們不要混淆人權的基礎與人權的內容：雖然人權的證成是在於"個人的"（individual's）利益而非"社會的"（society's）利益，但該個人的利益的內容卻可以是"社會性"（social）的。[4]

羅思文續稱，即使人權概念沒有假設"去文化"或"去社會"的人，人權也是

> 與人作為自由選擇的自主個體的觀點緊密相連，這觀點至少可上溯至笛卡兒（Descartes），及重申於 1948 年聯合國《世界人權宣言》。人權這概念壓倒性地是來自西方工業民主社會的文化，其重點在於提出一種適合該文化的特定道德和政治觀點或理想。[5]

他認為，其他文化體系或道德觀並不確認自由自主個體的觀念。根據羅思文的看法，在先秦儒家思想中，"'我'（me）不可以在孤立中存在，不可以抽象來看：我是在人際關係中各種角色的總和，我不是在'扮演'（play or perform）這些角色，我就'是'（am）這些角色。當所有角色確定後，我就被獨特地、完整地和綜合地界定了，再無餘地去拼合一個自由自主個體。"[6]同樣地，安樂哲也認為"儒家傳統中有很多東西，可作為重新思考我們西方的'自主個體性'（autonomous individuality）的資源，尤其是強調個人先於社會和環境

---

4 對此觀點的討論，以及對個人權利和共善之間關係的討論，參見 Joseph Chan, "Raz on Liberal Rights and Common Goods," *Oxford Journal of Legal Studies* 15, no. 1 (1995): 15-31。

5 Rosemont, "Why Take Rights Seriously?" 167-68.

6 同上，第 177 頁。

的那一部分，它把周遭環境變成達到個人目的的手段。"[7]

　　這論證對《世界人權宣言》（以下簡稱《宣言》）及儒家人性觀的看法都有問題。[8] 例如，《宣言》沒有直接提及能自由選擇的自主個體這概念，《宣言》的主要觀點亦無一可簡單詮釋為主張自由主義個體自主的理想，而且《宣言》沒有把個人自由界定為絕對價值或讓人肆意妄為的憑據。《宣言》的第一條規定"人人生而自由，在尊嚴和權利上一律平等"，但接着就說"他們賦有 <u>理性</u>（reason）和 <u>良心</u>（conscience），並應以 '<u>兄弟關係</u>'（brotherhood）的精神互相對待"（底線為筆者所加）。第二十九條也宣稱"人人對社會負有義務，因為只有在社會中他的個性才能得到自由和充分的發展。"而且，當人行使權利和自由時，必須"在一個民主的社會中適應道德、公共秩序和普遍福利的正當需要。"除此之外，《宣言》只將公民權利的基礎與"人格尊嚴和價值"掛鈎，這些權利並不是依恃個體自主為證成。而且，在西方，表達自由往往是證成於其對真理、藝術和民主的追尋，以及監督政府等貢獻——這些與個人自主本身並無直接關係。同樣地，免受酷刑、任意逮捕、監禁或流放的權利、得到公正審訊的權利，以及無罪推定的權利，其理據在於我們對最基本的自由、人身保障和公正對待的利益，而非在於任何自由主義的自主觀念。

　　把先秦儒家對人的看法描述成只以角色為基礎亦很有問題。羅思文說："我是在人際關係中各種角色的總和，我不是在 '扮演' 這些角色，我就 '是' 這些角色。"如果羅思文的意思是儒家所理解的個人是沒有內在能力從社會習俗慣例中抽身而出，以反省、肯定或拒絕其社會角色及相關規範，那麼他就誤解了儒家思想。儒家典籍

7　　Ames, "Rites as Rights," 212.

8　　參見聯合國，《世界人權宣言》，http://www.un.org/zh/documents/udhr/。

中多處討論人們應否接受或繼續扮演他們的角色，以及該如何做：一個統治者應否放棄王位、一個君子應否加入政府、兒子或臣子應否遵循父親或統治者的指示等等。這些全都證明儒家相信每一個人都有自我反省的批判能力。[9]

的確，儒家思想就人的行為施加了重要的倫理限制，而且這些限制多建基於社會角色，但我們不應如羅思文對儒家人性觀的描述般，錯誤地說儒家思想視所有責任或權利都僅僅源自社會角色。儘管儒家思想非常強調特定的社會角色，但它並非是一種純粹以角色為本的倫理。儒家的仁愛倫理觀乃建基於一種人所共通的人性，而非有差別的社會角色——儒家倫理的意涵亦可超越這些角色。儒家認為人之為人，首要在於他是能實踐仁愛的道德主體，意即他擁有關愛和同情他人的能力或性情。雖然仁多實現於個人關係之中，如父子和夫婦關係等，但仁也規範那些在 "非關係性"（nonrelational）處境中的道德行為。換言之，在儒家思想中，並非所有道德責任都源自社會制度或關係。

例如，儒家的黃金定律 "己所不欲，勿施於人"（《論語・衛靈公》第二十四章）就是一個不論社會角色或地位而適用於每一個人的訓誡。孟子也說："君子以仁存心，以禮存心。仁者愛人，有禮者敬人"（《孟子・離婁下》第二十八章）。在這段話中，"人" 是沒有指明是誰。這種愛所有人的觀點亦見於《孟子・盡心上》，孟子說："仁者無不愛，急親賢之為務"（《孟子・盡心上》第四十六章）。另一足以說明儒家並非一套僅基於角色或關係的倫理的明顯例子，就是孟子論

9　關於這一觀點的富有教益的討論，見 Kwong-loi Shun, "Conception of the Person in Early Confucian Thought," chap. 8 in *Confucian Ethics: A Comparative Study of Self, Autonomy, and Community*, ed. Kwong-loi Shun and David B. Wong (Cambridge: Cambridge University Press, 2004)。

及"孺子將入於井"一段（《孟子‧公孫丑上》第六章）。孟子認為，仁者出於惻隱之心都會去拯救孺子，這是因為他關心一個正面對苦難的人，而非因為他與孺子的父母相熟，也非因為他想在鄉黨朋友中贏得聲譽。孟子的意思是，人皆有仁心，即人皆有"不忍人之心"。在此，"人"並非局限於那些有着親近關係的人，而是包括四海之內的所有人，即普天之下的所有人。

　　有人可能會說，"孺子將入於井"的例子僅僅說明只有當我們身處現場看見孺子時才會去拯救他，也就是說孺子與拯救者之間存在某種"互動"或者關係。然而，筆者認為這嚴重扭曲了關係這一概念——人際關係並非一見而生的。而且，即使看到處於危險之中的孺子足以喚起我的惻隱或同理心，並驅使我採取行動，同樣當我從傳媒看到完全陌生的人受苦的畫面時，我也會受到觸動而產生惻隱之心，仁也會驅使我作出回應。儘管儒家倫理主張親疏有別，並強調我們應關心家人朋友多於陌生人，但儒家仍然相信仁並不局限於與我們親近的人，而是可以延伸至四海之內的所有人。後來，儒家甚至認為仁心可以包括大自然和上天。由此可見，儒家倫理關注人之苦難的範圍是沒有預設任何界限的。當我們意識到有人處於苦難需要幫助時，即使他們是身處遠方的陌生人，仁仍然驅使及要求我們對其苦難作出回應。

　　至此筆者並沒有說儒家思想承認不管個人角色為何，人們都擁有權利。筆者只是說明那些批評儒家思想"不能容納"（unable to accommodate）普遍人權的論證是不成立的，因為那些論證是基於一個錯誤的前提，即儒家思想贊同一種純粹以角色為本的倫理。[10]

10　安樂哲進一步發展他的儒家思想是一種"角色倫理"（role ethics）的觀點，惟筆者在此無法詳細討論。見 Roger Ames, *Confucian Role Ethics: A Vocabulary* (Hong Kong: Chinese University Press, 2011)。

　　當代儒家學者信廣來也不贊成將儒家倫理詮釋為一種純粹角色為本倫理，但他基於一些稍為不同的原因，似乎仍猶豫是否接納人權和儒家思想是相容的。他同意"儒家思想家視人是自主的，有思考、評估和塑造自己生活的能力，無需外在影響來決定他們的生活。"但是，根據他對儒家倫理的解讀，"這種能力的施展是與社會秩序緊密相連的"，而不是相連於個人有獨立利益要保護或有獨立目標要追求這回事之上。尤其是他相信，事實上，個人在社會秩序中任何對他人的申索都是"基於某種對人生的社會維度的理解，而不是基於人作為個人在追求個人目標時需要保護這種觀點。"信廣來認為，向他人提出正當申索的基礎"並不是在於視人作為個人，他的利益需要得到保護，無論是因為人們之間存在利益競爭，或是因為個人選擇自己目標的自由必須得以保存。"[11]也就是說，如果根據儒家思想，人們不應基於自己的個人利益或目標提出申索，而既然人權允許人們基於這樣的基礎來提出申索，那麼人權自然不會受到儒家倫理歡迎。

　　我們該怎樣看待這觀點呢？筆者認為，平情而論，儒家思想對於個人可以自由地為自己選擇任何目標這個觀點，確實沒有給予重要價值。儒家思想所強調的是正確地行事而非自由地行事，而正確地行事就是個人按他最能理解的儒家倫理來行事。雖然如此，儒家思想從未否定或貶低個人利益，即人作為個人（不僅作為父母、子女或官員）的正當需要和慾望。儒家思想中確有一種否定個人利益的論調，但那指的是統治者的個人利益（通常為自私的利益）而非民眾的利益；統治者應當關心民眾的基本利益勝過關心自己的利益。正

11　Shun, "Conception of the Person," 194-95.

如荀子説："天之生民，非為君也；天之立君，以為民也。"(《荀子·大略》) 對儒家來説，統治者最重要的功能之一就是利民。正如儒家典籍所論，統治者的任務就是保護民眾的各種利益，包括生存保障及物質追求、公正獎賞和懲罰，以及正確的家庭和社會關係。信廣來認為，"儒家思想家在審視個人對他人的正當申索時，他們的關注較少在於那些申索如何保護個人，而更多在於那些申索如何成為促進共同利益的社會架構的一個部分。"信廣來這個觀點似乎有點誇大，因為他同時也注意到，而筆者亦認同，儒家思想其實沒有"貶低個人利益並置之於公共利益之下"，而是認為"個人利益和公共利益之間不存在真正的衝突。" [12]

　　個人利益和公共利益之間不存在真正衝突的原因之一，就是公共利益或社羣利益部分是由個人需要和權益所得構成。筆者將在第七章論證，和平與和諧的基礎，是在於承認每個人所應得的東西，或公正對待每個人。孟子和荀子都認為公正對待每個人是一種道德律令，它凌駕那些政治目標 (如侵佔一個國家)。孟子説為了得天下而"殺一不辜"或"行一不義"都是錯誤，因為這麼做違反了義和仁 (《孟子·公孫丑上》第二章;《孟子·盡心上》第三十三章)。荀子持有相同觀點，認為儒生"行一不義，殺一不罪，而得天下，不為也。此君義信乎人矣"(《荀子·儒效》)。

　　根據這一理解我們可以總結：儒家思想不但不反對基本個人利益構成共善，而且視基本個人利益為正當社會和政治秩序的基礎。儒家思想不會因為人權保護根本的個人利益而拒絕人權，它事實上會支持《世界人權宣言》中所列出的那些公民權利，例如免受酷刑折

12　同上，第 195 頁。

磨的權利、免受任意逮捕的權利和公正審訊的權利,這恰恰是因為這些權利保護了人身安全和受公正對待等根本個人利益。由於《宣言》的人權觀並沒有預設自由選擇的自主個人這概念,沒有預設個人不顧對社羣的責任或社會關係,以及由於儒家倫理也不認為個人利益與共善之間存在對抗(即是說,追求社會秩序及和諧必須透過保障人身安全、物質追求、社會關係和公正待遇的個人利益,方可達至),所以我們可以得出,儒家思想與人權概念至少在這些方面並非不相容。

第三節　理想處境和非理想處境中的人權

儘管儒家思想和人權概念之間沒有絕對的不相容,可是兩者在一些細微的問題上仍存有張力,例如,儒家如何理解人權的價值和正確功用?國際人權條約所列出的諸多人權中,哪些會被儒家接納為基本人權?對於基本人權的價值和功用,我們常見兩條討論進路:一是工具性進路,它視人權為一種保護民眾根本利益的重要工具;另一進路並不否定人權的工具性價值,但堅持人權同時有重要的非工具性價值,人權是彰顯人之尊嚴或人之價值的必要性表達。在此節中,筆者將論證儒家思想可以接受第一條進路,而非第二條進路。

喬爾・費恩伯格(Joel Feinberg)曾就人權的表達性的價值提供了一個具影響力的論證。[13] 他叫我們試想像一個"烏有之鄉"(Nowheresville),那是一個"道德感"和"責任感"昌盛的世界,充滿着"不受擠壓而可能存在的最大限度的仁慈、惻隱、同情和憐憫。"

13　Joel Feinberg, "The Nature and Value of Rights," *Journal of Value Inquiry* 4, no. 4 (1970): 243-60.

那個世界所缺乏的就只有個人權利——人們沒有權利來對彼此提出申索。在費恩伯格看來，權利之用在於權利持有者可以對他人提出某申索、如果權利持有者受到損害的話可以投訴並要求賠償等等。但在烏有之鄉，如果人們受到不恰當對待，他們不可向他人提出申索，導致喪失自尊和人的尊嚴——因為擁有申索的權利是自尊和人之尊嚴的一個必要條件。費恩伯格寫道：

> 擁有權利使我們能夠"像人一樣站立起來"，直視他人的眼睛，並根本地感受到人與人的平等。視自己為權利擁有者，這並不是過度驕橫，而只是恰當地以自己為傲；擁有這種最低限度的自尊，是使自己值得被愛和被尊敬的必要條件。其實，尊重人（這是一個引人入勝的觀點）或就是尊重人的權利，所以兩者彼此都不能沒有對方；而所謂"人之尊嚴"，或就是那可被識別的提出申索的能力。那麼，尊重一個人，或者視一個人擁有人之尊嚴，就是視他為申索的潛在提出者。[14]

可是費恩伯格並沒有為人之尊嚴"或就是那可被識別的提出申索的能力"一語提出任何理據。無論如何，儒家會反對將人之尊嚴僅與權利以及向他人提出申索的能力掛鈎。人之尊嚴這概念寬廣而含糊，並有不同詮釋。如果我們僅僅將它定義為一個人的內在道德價值，該價值賦予個人某種道德地位和尊重，而該道德地位和尊重

14　同上，第 252 頁。

是任何其他生物或物體沒有的 [15]，那麼，明顯地不同的文化或哲學觀點會因為對內在道德價值之根源有不同的看法，因而對人之尊嚴有不同的理解。根據孟子和荀子，那使人高貴的內在道德價值之根源，是人施行仁義的能力。孟子說："人人有貴於己者，弗思耳。……詩云：'既醉以酒，既飽以德。'言飽乎仁義也……"（《孟子・告子上》第十七章）。對荀子而言，在所有生物之中只有人具有責任感（義）[16]，因此人"最為天下貴也"（《荀子・王制》）。人的這種內在價值使得孟子說，在政治中，"民為貴"（《孟子・盡心下》第十四章），以及永遠都不應該犧牲無辜人的生命來獲得政治權力（《孟子・公孫丑上》第二章）。就此所見，儒家認為人具有一種內在道德價值，它賦予人一種特殊地位，儒家相信這種價值源自每個人實踐仁義的潛在能力，而非源於權利的擁有。[17]

即使我們不需要人權來表達個人的尊嚴，也並不意味着人權不存在或不應存在。不過，人權在儒家理想社會中確實沒有任何實際的重要性，而且在那裏引入人權觀點似乎也不合適。在儒家的理想社會中，人們大多賢德，並秉持仁之精神行事——仁就是一種具差

15　參見 Rhoda E. Howard, "Dignity, Community and Human Rights," chap. 4 in *Human Rights in Cross-Cultural Perspective: A Quest for Consensus*, ed. Abdullahi Ahmed An-Na'im (Philadelphia: University of Pennsylvania Press, 1992), 83；以及 Doron Shultziner, "Human Dignity: Functions and Meanings," chap. 7 in *Perspectives on Human Dignity: A Conversation*, ed. Jeff Malpas and Norelle Lickiss (Dordrecht: Springer, 2007), 81。

16　正如筆者在第二章註釋 18 中所討論的，荀子的"責任感"觀點可能與他的人性惡觀點相矛盾。其中一個可能迴避這矛盾的方法，就是說即使人沒有內在的責任或道德感，他們也可以通過社教化和學習來獲取它，儘管我們並不清楚這如何可能。無論如何，荀子可以辯說，人有責任感或道德感的能力這事實，正是把人與動物區分開，並賦予人在這個世界上一種尊貴地位。

17　另一種從儒家視角對費恩伯格的觀點的批評，參見 Craig K. Ihara, "Are Individual Rights Necessary? A Confucian Perspective," chap. 1 in Shun and Wong, *Confucian Ethics*。

等的關愛，從關愛家人和朋友，直至四海之內所有如兄弟般的陌生人。處於賢德關係之中的人們不應當視自己是擁有權利的個體，可憑藉權利來對夥伴提出申索；他們應視自己在參與一種互相委身或互愛的關係。將權利考量引入這樣的關係中並不合適，因為它可能驅使我們將他人的利益看成是自己利益的限制，而非看為另一種我們或希望促進的利益。[18]

儒家認為，人之美德和賢德關係並不依賴於權利。這觀點對一些流行於西方社會中的當代權利掛帥論述有着重要含意。一些自由主義者採取了一種膨脹的權利觀，他們聲稱即使最有價值的互相關愛的形式也必須在權利關係中才可能昌盛。例如，西蒙·凱尼（Simon Caney）認為"仁愛作為一種美德，如果是基於對人的權利和應得權益的認知之上，就更加可取。仁愛就有更大程度上的意圖性。"[19] 約翰·托馬西（John Tomasi）舉出以下例子來支持凱尼的觀點：

> 試想像一段婚姻關係，其中一個配偶萬般恭敬另一個。有一位"千依百順的妻子"，她對丈夫所做的每一個行為在其他人看來都超出了她的合理責任，明顯屬於份外的行為（我們也很容易想像那般的"丈夫"）。無論那些衣服多麼不舒服，只要是丈夫喜歡，她就穿上；無論那些客人多麼的令她煩厭，只要是丈夫喜歡，她就邀請款待他們；無論多麼的不適合自己的日程，她總是緊隨丈夫作息。……似乎很明顯，這位千

18　Hugh LaFollette, *Personal Relationships: Love, Identity, and Morality* (Oxford: Blackwell, 1996), 146.

19　Simon Caney, "Sandel's Critique of the Primacy of Justice: A Liberal Rejoinder," *British Journal of Political Science* 21, no. 4 (1991): 517.

依百順的妻子……的行事方式稱不上是"賢德的"。……她沒有意識到她是可以非那樣行事的；她忘記了——也許她情願不被提醒——她還有權利。[20]

我們也許贊同托馬西的觀點，這個例子中的妻子缺少自尊或自我價值。然而，自尊的基礎不必是在於她擁有權利這事實之上，而是可以在於她是值得被關愛以及她的福祉是很重要這信念之上。因此，她是有正當的基礎，即互相關愛的理想，來向丈夫抱怨——丈夫並沒有關心和愛護她，也沒有清楚了解她的需要和心願。[21] 妻子沒必要從權利的角度來思考和評斷婚姻關係。事實上，一旦她開始從這角度思考，她就開始和她可能會提出申索的對象產生了距離。從儒家的角度來看，她應當做的是提醒丈夫，讓他不要忘記互相關愛的理想。

因此，對儒家來說，權利在以互相關愛為核心的美德關係中並無重要作用。但是萬一這種關係惡化了呢？在這種情況下，我們需要權利來修復關係嗎？很可能也不需要，因為修復關係的最好辦法還是讓雙方重新投入互相關愛的理想中，而不是援引權利。[22] 然而，如果關係破裂至無法挽回的地步，那麼權利對保護雙方的利益來說就是相關和有用了。再思考一下婚姻破裂這例子：如果丈夫對妻子的愛已經不復存在，而且他已經在多方面傷害了她的利益，那麼妻

20　John Tomasi, "Individual Rights and Community Virtues," *Ethics* 101, no. 3 (1991): 533。也請參見 Joel Feinberg, *Harm to Self*, vol. 3 of *The Moral Limits of the Criminal Law* (New York: Oxford University Press, 1986), 238。

21　有人可能會說丈夫違反了互惠規範，此一公平的形式。但就筆者所理解，互惠是一個嵌於不同倫理的基本觀點。我們可以說，互相關愛的理想，以及儒家的恕的觀點——己所不欲勿施於人，己欲立而立人——亦體現了互惠的觀點。無論如何，互惠作為一種公平形式仍然與權利觀點非常不同。

22　LaFollette, *Personal Relationships*, 146.

子訴諸正式和法律上的權利（婚姻權利以及人權）來保障自己的利益，這不但是極為可取，甚至是必需的。[23]

　　因此在非理想處境中，權利即使在家庭關係中也可發揮重要作用，筆者認為在此意義上儒家思想會認同和採納權利。沒有仁愛倫理會尋求壓抑個人的需要。畢竟，當我們關心一個人時，如果我們不是關心他的需要和利益，那我們是關心甚麼呢？儒家思想沒有理由會禁止那些作為保護個人重要利益的必要手段的權利，而且，如果家庭關係是需要權利來作為一種備用機制，我們就有理由支持更大的社羣也需要權利這種備用機制。在工作單位、市場、政府、法院，以及其他非私人的社會領域，人們待人以德的動機也許不如在家庭中那麼強。在非理想處境中，權利是重要的工具，脆弱者可憑藉它保護自己不受剝削和傷害。

　　先秦儒家思想家亦以類似方式應對非理想處境中的道德敗壞問題。在非理想現實社會中，當事情出錯、人們胡作非為時，儒家會首先訴諸人們的仁義感，並重申人們必須遵循的規範和禮儀，希望那些走上歪路的人會重歸仁義之路。如果衝突和不當行為持續，那涉事各方會被帶到德高望重的人（通常是村裏的老人家）面前進行調解，希望能調和矛盾和恢復社會和諧。[24]如果調解無效，儒家也會贊成對簿公堂，把事件帶到法庭，儘管儒家希望盡可能避免興訟。子曰：“聽訟，吾猶人也。必也使無訟乎！”（《論語・顏淵》第十三章）。

23　這種將權利當做一種“備用機制”（a fallback apparatus）的觀點源自 Jeremy Waldron, "When Justice Replaces Affection: The Need for Rights," chap. 15 in *Liberal Rights: Collected Papers 1981-1991* (Cambridge: Cambridge University Press, 1993), 374。

24　對傳統和現代中國中儒家調解實踐的詳細討論，參見 Albert H. Y. Chen, "Mediation, Litigation, and Justice: Confucian Reflections in a Modern Liberal Society," chap. 11 in *Confucianism for the Modern World,* ed. Daniel A. Bell and Hahm Chaibong (Cambridge: Cambridge University Press, 2003)。

但孔子並沒有說要絕對或不惜任何代價都應避免訴訟；當人們不再根據美德或禮儀行事時——例如，當他們傷害他人時——我們就需要訴諸某種制度性的手段來保護各方的正當利益。更重要的是，孔子亦沒有說我們不論何時都應當向人讓步，尤其當我們受到不公義的傷害時。[25] 有一段話也許能消除這些對孔子的普遍誤解："或曰：以德報怨，何如？子曰：何以報德？以直報怨，以德報德"（《論語・憲問》第三十六章）。當我們被他人冤枉或傷害時，孔子說訴諸"直"是恰當的反應，而"直"在今天可理解為包括尋求公義或賠償的訴訟等手段。

因此，儒家雖然重視調解、和解以及妥協，但這並不是說人沒有權利或人在受到傷害時永遠都不應使用權利來保護自己。不過，孔子傾向以非法律方法來解決衝突，這對當代人權論述來說卻是值得一提的。正如蘭德爾・裴文睿（Randall Peerenboom）所寫：

> 儘管並不完美，但像調解這樣的（解決衝突的）傳統方法有很多優點。衝突雙方都保存了顏面，充分參與了整個調解過程，並達成最終的解決方案。這個過程通常比更加正規的方法更快捷和更便宜，它允許更適合特定情境的正義，並恢復社會和諧，衝突的雙方也都感到他們得到了所應得的。[26]

事實上，儒家傾向非訴訟方法不應被理解為反對人權，而應被理解為反對濫用權利。可是，為了不濫用權利，我們就需要一種美

25　所以孟子認為，在國家層面，自衛性的戰爭可以是道德上正當的。對孟子此觀點的詳細討論，見 Bell, *Beyond Liberal Democracy*, 第 23-51 頁。

26　Randall P. Peerenboom, "What's Wrong with Chinese Rights? Toward a Theory of Rights with Chinese Characteristics," *Harvard Human Rights Journal* 6 (1993): 55.

德理論來引導權利擁有者行使權利。儒家思想作為一種內涵豐富的美德理論，於此彌補了人權理論的缺陷。[27]

因此，今天的儒家會如先秦儒家思想家對待訴訟般，對待人權的價值和功能。人權並非表達人之尊嚴的必要方式，它們也不是構成美德或美德關係的元素。但是在一個非理想處境中，人們卻可作為一種重要的備用機制來保護個人的基本利益和需要。在現代社會中，人權既是一種規範性原則又是一種法律工具，但最終賦予人權重要性和影響力的是後者。人權作為法律工具，保護沒有權力的個人不受政府、財團或社會團體傷害。人權法並非普通法律；它們是凌駕普通法或政府政策的更高法律。如果沒有法治和一個擁有司法覆核權力的獨立司法體系，人權法不可能有效。但當人權法還未訂定或生效時，人權可作為一種有力的規範性原則來批評現狀並要求改變，其最終目的是將我們對人權的渴望變成有效的實在法。[28]

---

27 對此的更多討論，參見 Michael J. Meyer, "When Not to Claim Your Rights: The Abuse and the Virtuous Use of Rights," *Journal of Political Philosophy* 5, no. 2 (1997): 149-62；Jeremy Waldron, *Nonsense Upon Stilts: Bentham, Burke and Marx on the Rights of Man* (London: Methuen, 1987)；及 Seung-hwan Lee, "Liberal Rights or/and Confucian Virtues?" *Philosophy East and West* 46, no. 3 (1996): 367-79。

28 當然，人權法律機制在以下幾個結構性的方面（更別說內容方面）要比傳統中國的刑法或管理法體系走得更遠：高級法和普通法的區別、限權政府概念、司法覆核，也許還有民主政治體系。筆者在第二至四章中已經論證，今天的儒家思想應當接受這些制度。

第四節　權利掛帥論述和人權清單

在儒家可以完全接受人權作為一種備用機制之前，還有一個重要問題有待解決。在儒家看來，只有當美德被摒棄、禮崩樂壞、調解無效時，才需要申索權利。但如果這種權利經常被採用，就可能造成滾雪球效應，引發進一步的社會緊張並鼓勵分裂思維和敵對策略。人們越容易接觸人權的規則和訴訟程序，就越可能在第一時間使用它們。在這種情況下，權利就可能自幕後走到幕前，成為首要而不是最後一招。[29]

讓我們細察這個問題。第一點需要注意的是，即使沒有引進人權機制，也可能發展出訴訟和敵對行為的文化。當一個社會中的互信普遍低落、一般社會規範和機制太弱以致無法引導行為時，訴訟就可能成為在衝突中唯一可以保護個人利益的有效方法，這無關乎人權法存在與否。要防止訴訟文化蔓延，我們應當努力重建社會資本，重新啟動社會規範和機制，最重要的還有要確保法律公平地和有效地執行。

其次，人權機制是否會鼓勵權利掛帥論述和訴訟行為，以及這有多大可能，是取決於一系列因素，例如，我們如何理解人權、人權所涉的範疇有多大，以及是否存在其他機制來解決衝突或防止濫權。一個社會如果賦予人權崇高的地位，以及人權保障覆蓋了人們生活多個層面，那麼就可能發展出權利掛帥和訴訟的文化。在這數十年間，國際人權條約和法律的數量激增，人權從"第一代"的公民

29　關於此論證，參見 Justin Tiwald, "Confucianism and Human Rights," chap. 22 in *Handbook of Human Rights*, ed. Thomas Cushman (Abingdon, UK: Routledge, 2012)。

和政治權利，擴展至社會和經濟權利、少數羣體權利和環境權利。
不少新的組織和機制成立，監督這些條約和法律的施行和遵從。這
些發展都鼓勵了國際和一國內的權利運動和權利掛帥現象。很多哲
學家批評人權清單越加越長，質疑那些所謂新生代人權是否與傳統
人權一致。令人擔憂的是，在公眾和學術討論中，人權掛帥論述似
乎蓋過了像公義、共善、美德和責任等傳統道德詞彙，並成為解決
社會問題的主要道德媒介。例如，詹姆斯・格里芬（James Griffin）
就認為"羣體權利的新近出現，是一個廣闊的現代運動的一部分，這
運動把權利論述承擔倫理學中大部分重要的工作，但權利最初並不
是為此目的而設計出來……現在也不應當使它如此。"[30] 在人權被抬
高至尊崇地位的情況下，權利掛帥論述的趨勢可以使人們的道德詞
彙枯竭，並鼓勵一種申索權利和訴訟的文化。

　　筆者認為，儒家思想應抗衡這種發展。我們已經討論過儒家視
人權為一種工具性的備用機制，而不是一種表達人之尊嚴的抽象理
想。為避免上述問題，儒家應該強調傳授美德價值教育的重要性——
權利擁有者應當擁有美德，以美德來引導權利的施行。筆者亦相信
儒家會傾向接納較短的人權清單，它包括 (1) 那些權利，違反了（通
常是政府違反）就會嚴重危害社會秩序和個人利益，以及 (2) 那些
可以很容易透過法律來執行和保障的權利。第一代權利（公民權利
和政治權利）看來就比社會、經濟或其他種類的權利更符合這兩個
標準。儒家當然不是貶低人們的社會和經濟利益。雖然這些利益按
道理或會比某些公民自由（如言論和結社自由）更基本，但它們不像
公民權利那麼容易以訴訟來保護，它們需要透過政治和政策才能得

30　James Griffin, *On Human Rights* (Oxford: Oxford University Press, 2008), 256.

到保障。[31] 政府所需要做的，是制定和實施健全的政策和機構，來促進經濟增長和公平分配資源。在這些事務中訴諸權利，可會把複雜的價值之間的平衡和取捨——例如社會公義、基本需要、平等機會、效率以及總體效益——變成一種過於簡單的法律推理。更重要的是，引入公民和政治權利將有助防止對社會和經濟權利的干犯，因為後者通常是政府腐敗、行政失當，以及經濟政策錯誤管理的後果。阿馬蒂亞·森（Amartya Sen）就曾提出過一個著名觀點，即饑荒幾乎總與專制統治相關，而民主在防止饑荒方面有重要的工具性的作用："如果有人認真努力地去預防饑荒的話，饑荒是可以很容易預防的，而一個民主政府，面對選舉和來自反對黨和獨立媒體的批評，是不得不努力地這樣做。"他還說："政治和公民權利的正面角色，是它們一般來說可預防經濟和社會災難。"[32]

傳統儒家思想的本質也使公民和政治權利成為優先要做的事。正如筆者在第二章中所論，傳統儒家思想（以及傳統中國政治）的一個長期特徵，就是統治者擁有不受約束的至尊地位和權威。雖然在理論上民眾享有至尊重要性，但在現實中他們並未受法律制度保護或由政治參與達至充權及保護自己。因此，在公民和政治領域內引進人權機制會有助糾正統治者和被統治者之間的嚴重權力不平衡。

31　筆者並不打算申稱不存在任何可被法律有效執行的經濟和文化權利，這是很難回答的實證問題，需要就每一具體情況逐個討論。

32　Amartya K. Sen, "Democracy as a Universal Value," *Journal of Democracy* 10, no. 3 (1999): 8。這個觀點某種程度上反對了在所謂"亞洲價值"（Asian Values）爭論中，某些亞洲政府所提出的一種常見觀點，即為了滿足某些基本的物質需求，公民和政治自由是需要被犧牲掉的。對不同權利的權衡取捨以及辯論中其他爭議性觀點的詳細討論，參見 Bell, *Beyond Liberal Democracy*, 52-83。可是貝淡寧指出，即使"為了經濟發展必須犧牲公民和政治權利這樣的一般觀點可能經不起社會科學的批判，但東亞政府也提出了較狹窄的證成，說某些權利在某些特殊情況下，為了某些特殊經濟或政治目的，是可以被犧牲的。這些做法被說成是一種短期的措施，來保障另一更重要的權利或該權利的長久實現"。同上，第56-57頁。

讓人們較易以法律手段來捍衛自己的公民和政治權利，以及從法律上挑戰違反權利的法律和政策，這實應受歡迎而非阻撓，因為它為無權力的個人提供了一種強而有力的保護自己的方式。[33]

　　儒家社會有着豐富文化和倫理資源，足以應對社會和經濟權利所涉及的問題。正如第七和第八章所論，儒家思想長久以來一直強調政府有責任滿足民眾物質需要。儒家理想的仁政的主要內容，就是要推出社會和經濟政策去分配土地和經濟機會予被統治者。孟子力主的井田制，內容正彰顯出我們今天稱之為社會公義的足夠原則：即政府有責任為每個家庭提供一定數量的耕地，以人人都可以過着合理的物質生活，並有餘暇與家庭成員和鄰居交往、學習和實踐美德。有趣的是，孟子像阿馬蒂亞·森一樣，將貧窮和饑荒歸咎於政治因素而非自然因素。孟子深刻認識到他所處時代的貧窮和不平等有多嚴重。他說：“狗彘食人食而不知檢，塗有餓莩而不知發”（《孟子·梁惠王上》第三章）。他還說：“今也制民之產，仰不足以事父母，俯不足以畜妻子；樂歲終身苦，凶年不免於死亡”（《孟子·梁惠王上》第七章）。在孟子看來，其成因是“暴君汙吏”（《孟子·滕文公上》第三章）。他甚至認為，如果民眾在某位君主的統治之下餓死，那麼那

33　我們應注意公民自由有兩種：一種涉及政治事務，例如政治言論、公眾遊行和結社；另一種則較涉及文化和道德事務，例如色情、安樂死和同性戀。筆者在其他文章中也提過，儒家會以較自由主義的進路來處理第一類公民自由，而以較保守的進路對待第二類公民自由；這是 “亞洲價值” 爭辯中，另一個常被討論的問題。對人權以及文化和意識形態差異問題的詳細討論，參見 Joseph Chan, “Hong Kong, Singapore and ‘Asian Values’: An Alternative View,” *Journal of Democracy* 8, no. 2 (1997): 35-48；Joseph Chan, “Thick and Thin Accounts of Human Rights: Lessons from the Asian Values Debate,” chap. 3 in *Human Rights and Asian Values: Contesting National Identities and Cultural Representations in Asia*, ed. Michael Jacobsen and Ole Bruun, vol. 6 in Nordic Institute of Asian Studies: Democracy in Asia Series (Surrey: Curzon Press, 2000)。在第六章，筆者將會討論與文化和道德問題相關的自由的基礎和局限。

位君主不僅沒能履行自己作為君主的職責，而且其所作所為更無異於親手殺害了他們（《孟子・梁惠王上》第三章；另參見《孟子・梁惠王上》第四章）。

結論

在本章中，筆者論證了儒家思想和人權並非不相容。儒家的理想社會不需要人權，人權也不是人之尊嚴的必要條件，也不是人之美德的構成元素。在非理想處境中，當美德關係崩潰、調解失效時，人權可以作為一種保障個人根本利益的備用機制。但人權地位不應被無限抬高，以致它蓋過其他像責任和美德等道德詞彙，或以一種不顧他人利益的方式來行使。為了避免權利掛帥的文化出現，儒家傾向將權利局限於公民和政治權利，這不是因為社會和經濟需求較重要，而是因為公民和政治利益可更易受法律訴訟保護。而另一方面，我們不能簡單地通過人權法律方式促進經濟權利有賴健全的經濟制度和政策。此外，在一個受儒家思想影響的社會中，我們有三個理由讓公民和政治權利優先於社會和經濟權利。首先，公民和政治權利的採納，糾正了儒家思想中賦予政治領袖過多權力的強烈傾向。其次，一個受儒家思想影響的社會有着豐富的概念和倫理資源，足以保護和促進民眾物質需要和社會關係（即社會和經濟權利所關注的內容）。第三，先秦儒家思想家如孟子等與當代思想家持有類似的看法，就是極度貧窮和饑荒主要源於政治腐敗和暴政，我們必須提出明智合理的政治解決方案。今天，一系列強而有力的公民和政治權利以及法律機制被用來防止政治腐敗和暴政，它們不僅保護民眾的人身安全和自由，而且還保護他們的根本物質需要和利益。

第六章　個體自主與公民自由

第一節　個體自主：道德的和個人的

　　五四運動時期的知識分子陳獨秀認為，儒家倫理與現代性不能相容。他說，現代生活的基礎是在於承認個人的重要性或保護個人性格和財產免受外力駕馭。現代社會的各個範疇（家庭、經濟和政治）都是根據尊重個體自主（individual autonomy）的原則組織起來的，而儒家思想所宣揚的卻剛剛相反：兒子不是獨立於父親、妻子服從於丈夫，以及民眾臣服於統治者。[1] 但儒家思想是否真的不承認個體自主呢？一些當代中國學者認為，儘管儒家思想不一定吸納自由主義的個體自主觀念，但它仍然包含了一種可以支持公民自由的道德自主（moral autonomy）概念。[2] 這一看法非常重要。如果它是正

1　參見陳獨秀，《德賽二先生與社會主義：陳獨秀文選》，吳曉民編輯，（上海：上海遠東，1994 年），尤其〈東西民族根本思想的差異〉，第 27-29 頁，以及〈孔子之道與現代生活〉，第 56-62 頁。對陳獨秀觀點的分析，參見 Lin Yü-sheng, *The Crisis of Chinese Consciousness: Radical Antitraditionalism in the May Fourth Era* (Madison: University of Wisconsin Press, 1979), 尤其第四章。

2　這種論點可在牟宗三和唐君毅的著作中見到，參見 Lin Yü-sheng, "The Evolution of the Pre-Confucian Meaning of *Jen* and the Confucian Concept of Moral Autonomy," *Monumenta Serica: Journal of Oriental Studies* 31 (1974-5): 172-204；以及 "Reflections on the 'Creative Transformation of Chinese Tradition'", in *Chinese Thought in a Global Context: A Dialogue between Chinese and Western Philosophical Approaches*, ed. Karl-Heinz Pohl (Leiden: Brill, 1999), 73-114，該文訴諸儒家的道德自主概念來論證儒家思想可以接受人權的觀點。

確的，它就可以修正五四思想家對儒家思想所描繪的悲觀圖像。在本章中，筆者將嘗試批判性地審視儒家的道德自主觀，並探索它對公民自由的含意。

不幸的是，道德自主這概念既含糊且有歧義，許多使用這概念的論證也無助消除當中模糊不清之處。就儒家倫理是否包含一個道德自主觀念這個問題，通常有兩種回答。第一種認為，由於"道德自主"這個詞是康德所倡議，因此它也應當按照康德的意思來定義。那麼，由於康德拒絕了任何實踐理性之外的事物作為道德的根源，而儒家倫理思想卻認為道德是建基於人性和天，因此儒家思想不可能有像康德提出的那種道德自主的概念。第二種回答則走到另一極端，它說由於哲學界中存在着不同的道德自主觀，從最簡單的觀念（例如，道德自主僅要求行事主體自願接受道德）到最嚴格的觀念（即道德是個人意志的自由創造），其譜系如此寬廣，當足以包括任何儒家的道德自主觀念，不管該道德自主觀念是如何狹窄。

這兩種回答皆有問題，因為它們將我們的注意力從實質問題引導到字義的問題上。筆者相信，一個比較有效的方法是問：是否有一些元素經常出現於不同的道德自主觀中，而那些元素是否亦可在儒家倫理思想中找到？若答案是肯定的話，我們亦無須急於總結出儒家倫理思想中找到的元素就等於一個"真正的"（genuine）道德自主觀。那麼，那些在儒家倫理思想中找到的元素可以在多大程度上支持公民自由呢？這是一個實質問題。筆者雖然為了行文方便，將使用"儒家道德自主觀"這片語，而非"儒家倫理思想中那些也存在於其他常見道德自主觀中的元素"那累贅的片語。筆者並不旨在平息那些術語性的爭論，而是將討論在不同道德自主觀中的一些共同元素，是否也存在於儒家倫理思想中。

一個人若能在某種意義上主宰自己的生活，則可說他是擁有個體自主。如果他在某種意義上能主宰自己的道德生活，那麼他就擁有道德自主。筆者在第二節將提出，個人要能主宰自己的道德生活，他就必須能夠掌控以下一種或多種元素：

- "自願接受"（voluntary endorsement）道德所要求的
- 在道德生活中"實踐反思"（reflective engagement）
- 視道德為"自我立法"（self-legislation）
- 視道德為"個體意志的激進自由表達"（radical free expression of the individual's will）

在第三節，筆者試圖證明前兩個元素（自願接受、實踐反思）是存在於儒家倫理之中，而後兩個元素（自我立法、個體意志的激進自由表達）不僅不存在於儒家倫理思想，而且與之無法相容。前兩個元素一起即構成了筆者所簡稱的"儒家道德自主觀"。在第四節，筆者論證雖然這個道德自主觀的概念相當單薄，但是它的確可以在某種程度上支持公民自由。儒家道德自主觀並不支持一種壓迫性的道德社羣，但它也不支持一種自由主義的開放社會。在第五和第六節，筆者論證為了給公民自由更強的支持，我們必須在儒家思想中注入一種"個人自主"（personal autonomy）的現代觀念。"個人自主"經常與"道德自主"（moral autonomy）相混淆，但兩者所關注的內容不同，其含意也不一樣。前者可為自由提供更強的支持。筆者論證，我們應當視個人自主為一種價值而非一種權利，儒家思想若接受這價值，將使它成為更具吸引力的當代倫理和政治理論。這種植入並不意味對儒家倫理思想的摒棄，而該視為儒家倫理思想回應社會新環境而作的內在調整。

在審視道德自主的各種元素之前，我們必須注意，筆者的目的並非要全面探討公民自由和儒家思想，而是從儒家道德自主觀的角度來看公民自由這問題，並判斷它在證成公民自由時是否有用。當然，儒家倫理思想中還有其他影響公民自由的元素或理由，但筆者將僅僅思考那些與道德自主論證有直接關係的元素或理由，尤其是那些對此一論證構成限制的元素和理由。此外，筆者亦不打算涵蓋國家或國際標準人權憲章中所提到的所有自由。[3] 而是，筆者將專注言論自由及更廣義的行動自由，並將討論限於兩方面：為了促進道德或懲罰不道德，法律應當在何種程度上限制這些自由；以及儒家道德自主觀是否提供了支持這些自由的理據。

第二節　道德自主的元素

自願的接受

自主的第一個元素，即對道德的自願接受，是道德自主概念的最起碼的意義。這一元素最好從它的反義上來理解：一個道德主體在被迫的情況下，是不可能過着道德生活。被強迫的生活不僅缺乏自主，而且根本就不是道德生活。為甚麼呢？答案與道德生活的本質有關。如果行事主體並不認同和接受他所過的道德生活，或者如果他並非被道德本身所驅使而去過那樣的生活，那麼他的生活就不是真正的道德生活。那些由於害怕懲罰才遵從道德要求的人，是非自願而為；他們並非受到道德要求本身的驅使，因此過的並不是道德生活。同樣地，那些因為自己利益而遵從道德要求的人也沒有過

3　公民自由和政治自由已在前一章中討論過。

着道德生活。一個道德主體要過上道德生活，他不僅要有正當的外在行為，而且還必須是出於正確的動機而行，並對道德的內在要求有真正的欣賞。道德生活必須源自內在的個人動機，也就是説，道德生活的先決條件是對道德的自願接受。道德自主的生活包含很多內容，但其中必有行事主體對道德要求的自願接受。大多數的倫理學理論在這一點上皆有共識。[4]

筆者並不是説僅因為有個體的自願接受，道德就會成為真正或正確的道德。這麼説無異於視道德為自我立法。自我立法的內容要比自願接受為多，筆者一會兒再討論。自願接受的觀點在此與"唯實論"（realist）倫理的觀點相容，即不管有沒有人認同和接受，道德仍可以是真確的。自願的接受是道德生活的先決條件，但不是道德真理的先決條件。

反思的實踐

自願的接受不一定具有反思性或思辨性，它可以是一種缺乏反思的習慣。如某些論説所言，道德自主所要求的，不僅是自願的接受。個體要在道德上自主，他還必須依據他所理解的道德要求，來過自己的道德生活。如果個體的道德理解是通過反思（包括自我省思、審議及判斷）而得，那道德理解就是個體自己的。一個被洗腦而相信某種道德觀的人，或者不假思索地遵循社會習俗慣例的人，過的並不是道德自主的生活。由是觀之，只有當個體的道德行為可以最終追溯至他所作的反思，並得到其反思支持時，他才擁有道德自主。

4　對此的清晰陳述可見於 Aristotle, *Nicomachean Ethics*, 1110a-1111b。

　　需要強調的是，像自願的接受一樣，反思的實踐不一定是道德真理的根源。反思的實踐與唯實論倫理的觀點是可以完全相容的。那麼，如果道德標準可以獨立於道德行事主體的個人觀點，為何反思對道德行事主體如此重要？答案有兩個：首先，反思的實踐使個體的道德生活、價值和行為真正成為個體自己的，使他道德上自主；其次，儘管個體可以不經反思就過上道德生活，但這樣一種未經反思的道德生活很有可能不會成功。就我們所理解，道德生活是一件複雜的事情，當中總是存在犯錯或失敗的可能，例如，個體沒有完全理解道德、做出一些不合適的道德決定，或者在生活中達不到道德的要求。[5] 很多倫理學理論都申稱，一個成功的道德生活需要有對道德有聰慧的理解和賢德的性情，這兩者都必須通過學習、習慣和反思來逐步培養出來。當然，如果我們當中有聖人指導我們，我們也許沒有反思的需要，但聖人是罕見的，他們的教誨也未必覆蓋所有可能的道德處境。而且，如果聖人的教誨並不清晰或沒有當下含意，那麼我們就需要對它們進行有智慧的詮釋和解讀，而這又需要有智慧的反思。

　　我們現在可以理解為何反思的實踐可以視為道德自主的一個重要元素。個人的反思只能由每個個體自己來進行。這事實有着重要的含意。當個體進行道德反思活動，這必定會在該個體和其他個體之間產生某種道德空間。該個體由反思而得的道德判斷，可能與其

5　如果道德是客觀的，並因而會有正確和錯誤的理解之分，這種情況就尤其真實。但即使道德不是客觀成立的，而是如休謨追隨者所說，是人類情感的投射，這仍可能存在理性反思的空間，因而仍存在犯錯的可能。例如，西蒙・布萊克本（Simon Blackburn）認為，個體對自己的情感和慾望的反思——這是道德的基礎——可以允許理性推敲，因此個體做出不正確（即不理性或次理性）的道德判斷是可能的。參見 Simon Blackburn, "Evaluations, Projections, and Quasi-Realism," chap. 6 in *Spreading the Word: Groundings in the Philosophy of Language* (New York: Oxford University Press, 1984)。

他人的判斷相衝突。個體可能相信某一社會習俗慣例雖然在社會中被普遍接受，但它在道德上是錯誤的。在這情況下，他可能堅持個人對道德的理解，甚至挑戰其他人的。由此我們便可開始談個體的道德正直和良知，以及那些孤身以道德挑戰政治權威的鬥士的故事。雖然個體的反思本身並不是他所接受的道德的證成基礎，但它始終在他的道德生命上留下了印記。行事主體通過反思而得的道德生活，是屬於他自己的，上面有他自己的烙印。

自我立法

　　較之反思的實踐，自我立法所要求的更多。反思的實踐與那些認為道德不僅基於個體的自我反思，而且還基於自然、人性及上帝等等的道德觀點相容；個體仍然可以在道德上是自主的，只要他反思地接受和行於某一道德，而該道德的正確性可以基於他處。[6] 在此，反思的功能就在於發現、了解，以及接受真正的道德。然而，自我立法的道德觀卻要求更多的獨立性。這種道德觀的一個著名例子，就是康德的道德自主觀。康德對甚麼是道德的正確理由或基礎，給了一個獨特的看法。在他看來，道德律令不僅獨立於社會習俗慣例，也獨立於任何外在於個人理性的東西，例如自然和人之慾望——這些都是"他治"（heteronomy）而非自主的源頭。只有內在於人性之中的理性才產生道德律令。理性並不是去發現或接受源自他處的道德原則，而是執行立法功能——理性產生了道德律令，並賦予其正確性。個體除了基於自己的理性而確立的道德律令外，不從屬於任何

6　某些理論認為，客觀道德並不會削弱一個人的自主或自由，而是它們的基礎。如洛克所說，沒有道德，自主或自由就變成肆意妄為。

權威。在康德看來，如果個體服從了以人之慾望和情感來證成的道德律令，他已經放棄了個體自主。

個體意志的激進自由表達

如果康德的道德自主的自我立法觀點是"理性主義"（rationalist）的，那麼這最後一個元素所傳達的則是一種"表達主義"（expressivist）的自我立法觀點。表面上，康德的自我立法觀點説真正自主的行事主體，只服從自己的道德律令，但事實上，他所説的"自我"，是一個沒有任何具體個體特徵的抽象自我，它本身並不表達個體性，而只表達了一種所有人都應當服從的抽象而普世的理性。然而，在表達主義觀點中，自我立法是理解為一種完全主觀的過程，除了個人基於自己的慾望、抱負和個人處境而作的自我反思之外，任何其他因素皆不可構成限制。道德律令和道德選擇是由個人的自我所做出的——是"存在主義的"（existentialist）自我而非理性主義的自我，因為後者並不真實地反映該個體。道德律令和道德選擇因此必然是主觀的。[7]

7　對道德哲學中這兩種觀點之別的討論，參見 Raymond Geuss, "Morality and Identity," chap. 6 in Christine M. Korsgaard et al., *The Sources of Normativity*, ed. Onora O'Neill (Cambridge: Cambridge University Press, 1996), 192-93；另參見 Lewis Hinchman, "Autonomy, Individuality, and Self-Determination," in *What Is Enlightenment? Eighteenth-Century Answers and Twentieth-Century Questions*, ed. James Schmidt (Berkeley: University of California Press, 1996), 448-516。

第三節　儒家倫理中的道德自主

在扼要地描述了各種道德自主觀所常見的一些元素後，筆者現在嘗試在儒家倫理中尋找這些元素。筆者將論證，我們可在儒家倫理中找到前兩個元素（自願的接受、反思的實踐），而後兩個元素（自我立法、個體意志的激進自由表達）則與儒家倫理不能相容。

自願的接受

自願的接受是道德生活的先決條件。可能由於這點是如此不辯自明，所以儒家倫理把它作為思考的起點，而沒有特意去論證它。的確，如果道德自主這第一個元素不當作是正確的，那麼第二個元素，即反思的實踐，也會毫無意義。而且先秦儒家在其他十分重要的事情上，也見經常訴諸自願接受的觀點，例如，他們反覆強調人們應當自願接受並服從政治權威，以及應當讓蠻夷自願地依從中原文化等等。因此，在沒有相反的論證的情況下，我們很難相信儒家不會接受對道德自願接受的觀點。

雖說如此，我們有一種更直接的方法，來證明儒家倫理接受自願的接受這觀點。正如筆者已經討論過，行事主體要想過上真正的道德生活，他們就必須受到道德本身的驅動，而非被迫而為。儒家反覆要求我們要因為道德本身而接受並擁抱道德。《論語》多處記載孔子說我們必須渴望並熱愛仁、安於仁，並視仁為生命中最重要的東西（《論語・里仁》第二章、第六章；《論語・衛靈公》第九章）。此外，孟子的"孺子將入於井"的著名例子（《孟子・公孫丑上》第六章），也說明他認為依據美德而行事就是合乎道德——為了使孺子免受苦難構成了行為的正確理由和道德動機，為了提高自己的聲譽而為則不是。[8] 荀子也認識到，雖然人的內在本質並不一定驅使他們以一種道德正確的方式行事[9]，但人們當中仍然存在像聖人和君子這樣的道德行事主體，他們渴望道德和美德本身，並樂於行仁義。（《荀子·修身》）。

此外，孔子對"鄉愿"的負面評價（《論語·陽貨》第十一章），亦鮮明地表示了為道德本身和受到道德正確驅使而行的重要性。正如孟子解釋，"鄉愿"缺乏人格和真正的美德，他們沒有自己的道德原則，只是隨從大眾傾向而行；他們表面上看似很有美德，但實際上並不真的因為美德本身而行事，他們只是"閹然媚於世也"（《孟子·盡心下》第三十七章）。孔子説："鄉愿，德之賊也。"（《論語·陽貨》第十一章）孔子對"鄉愿"這種性格的譴責，説明他理解到道德生活必須由內而發，行事主體必須是自願地受到道德的驅動。[10] 正如我們將會談到，《孟子》中所提到的這種以及其他種類的性格，對反思的實踐和公民自由有着重要的含意。

有人或會反對儒家思想必須接受對道德的自願接受；至此，我們可以作出一些回應和批評。該反對觀點認為，儒家相信一個人可以僅通過做正確的事情而過上一種道德生活，而不一定需要有適當的動機或者認同行為的正確理由；這是因為行為的道德特質在於行

8　對這一點的富有啟發性的討論，參見 David B. Wong, "Is There a Distinction between Reason and Emotion in *Mencius*?" *Philosophy East and West* 41, no. 1 (1991): 31-44。

9　荀子就人性和道德動機之間的關係的看法，引發了很多詮釋性和哲學性難題，參見 David B. Wong, "Xunzi on Moral Motivation," chap. 10 in *Chinese Language, Thought, and Culture: Nivison and His Critics*, ed. Philip J. Ivanhoe (Chicago: Open Court, 1996)。

10　筆者感謝 Lee H. Yearley，他提醒筆者注意《孟子》中關於鄉愿的討論。參見他對孟子觀點的富有啟發性的分析，"Mencius: Virtues, Their Semblances, and the Role of Intelligent Awareness," in *Mencius and Aquinas: Theories of Virtue and Conceptions of Courage*, SUNY Series: Toward a Comparative Philosophy of Religions (Albany: State University of New York Press, 1990), 69-72。

為本身之中，而不是在於行事主體的意識和動機。該反對觀點混淆了道德"行為"（act）和道德"生活"（life）。我們也許同意，行為在道德上可以是正確的，不論它是否源自正確的道德動機。拯救入井之孺子是應當做的正確之事，即使個體為的是他自己的聲譽。但是，該行為並不構成道德生活或者使該個體更加賢德。相反，行事時缺乏正確的道德動機，恰恰說明個體缺乏美德。上述例子說明，儒家強調人們的道德動機，因為對儒家而言，至為重要的是對道德生活和美德的培育，而不僅僅是做出正確的行為本身。就道德生活而言，對道德要求有正確認同和接受是絕對重要的。然而有些人可能還是會認為，因為先秦儒家只期望聖人和君子而不是普通人過上真正的道德生活，所以自願接受的要求僅局限於一小羣人。筆者將在本節尾段討論此反對觀點。

反思的實踐

　　有些人認為儒家思想沒有區分道德和社會習俗慣例，因此個體保持獨立於社會習俗慣例的道德自主是不可能的。[11] 依他們的說法，既然道德就是習俗慣例，所以人們無甚需要對道德進行反思；習俗慣例本質上是公共的，一個人所要做的就只是遵循公共規範。但這種說法並不正確。雖然孔子思想的大部分內容都是從周朝的社會習俗慣例（禮儀）中繼承而來，但他並不認為倫理僅基於習俗慣例。孔子並不視禮儀為約束人們行為和分配權力與責任的外在規則，而是

11　參見 Chad Hansen, "Punishment and Dignity in China," in *Individualism and Holism: Studies in Confucian and Taoist Values*, ed. Donald J. Munro, vol. 52 of *Michigan Monographs in Chinese Studies* (Ann Arbor: Center for Chinese Studies, University of Michigan, 1985), 361-63。

構成仁者的必需部分。禮儀是建於一種更深層次的倫理基礎：仁。仁是一種人的素質，是一種人性的表達。仁可在不同的美德中得到展現，這些美德包括由個人對自己生活的反思和審視，以至對他人的尊重、關心和愛護。

這些自我審視的態度和素質、同情理解和關愛他人，對禮儀之精神和生命力是十分重要的。同時，這些態度和素質可以幫助我們區別仁的禮儀與非仁的禮儀，而且仁和那些沒有體現仁的禮儀之間是會出現衝突的。孔子說：「人而不仁，如禮何？人而不仁，如樂何？」（《論語・八佾》第三章）。孔子並沒有教條式地認為禮儀應當永遠不變。例如，雖然孝道或對長者尊重的本質亙古未變，但它們的表現方式卻可改變。孝道的本質是關愛、照顧和尊重父母，但表達關愛和尊重的具體方法卻可改變。例如，孔子反對他那個時代的奢侈揮霍的殯葬風氣。他認為，當以一種更深層次的倫理視角來判斷時，某些禮儀可能會顯得不適合，或者在新環境中不再具有吸引力。

> 子曰：「麻冕，禮也；今也純，儉。吾從眾。拜下，禮也；今拜乎上，泰也。雖違眾，吾從下。」（《論語・子罕》第三章）

> 子曰：「行夏之時，乘殷之輅，服周之冕，樂則韶舞。」（《論語・衛靈公》第十一章）

這些語句說明了兩點儒家對禮儀的看法。首先，個人不應當盲目地遵循社會或大多數人所接受的禮儀；他應當採納一種反思的道德態度，來審視某種禮儀背後的道德理由，以決定該禮儀是否恰當。第二，如果環境改變的話，禮儀可以並應當改變。孔子自己強調，我們應當學習並選取不同時期和地方的禮儀。這是反思的實踐之所以重要的一個原因。

　　當然，對先秦儒家來說，有些禮儀是根本的，並永遠都不應改變。但即使這些禮儀我們也應當反思，而不是盲目地遵循；而這是反思之所以重要的第二個原因。人的生活處境是千變萬化和複雜萬分的。禮儀作為行為規範，通常是太籠統，未能對特殊處境下如何做出具體的道德決定給出精準指導。有些處境獨一無二、毫無先例可循，有些則是邊緣處境、複雜不清，其中某些禮儀與另一些相衝突，而所有這些情況都需要反思性的判斷和酌情處理。因此，儒家經常強調道德上的酌情處理（權）[12]、靈活性（毋固）[13]，以及識時務（時）[14]，尤其在涉及必須做出道德決定的處境時。[15] 道德上的酌情處理、靈活性和識時務都是一個君子應當培育的重要素質（《論語·子罕》第四章、《論語·微子》第八章），孟子也讚揚孔子"聖之時者也"，而非固守陳見或寧頑不化（《孟子·萬章下》第一章）。同樣地，荀子認為要在每一個特殊情況中判別中庸之道不是一件容易之事，因此人必須在做出決定之前，小心權衡和思考不同行為的相對優點，不要偏執一方或有偏見（《荀子·不苟》第十三章）。

　　如果一個人到達了道德修養的最高境界，他就不需要作很多反思便知道該做甚麼以及如何正確地行事。此時，他的道德行為只是從已確立的美德性格中自然流出，沒有絲毫困難和遲疑。但一個人

12　《論語·子罕》第三十章。

13　《論語·子罕》第四章。

14　《孟子·萬章下》第一章。

15　對此的詳細討論，參見 A. S. Cua, *Moral Vision and Tradition: Essays in Chinese Ethics*, vol. 31 of Studies in Philosophy and the History of Philosophy (Washington, DC: Catholic University of America Press, 1998), 257。

要達到那種境界，是需要很高程度的道德鍛煉，包括學習、反思和養成習慣[16]，而這是反思之所以重要的第三個原因。儘管三位先秦儒家思想家對道德心理和道德發展有着不同觀點，但他們都強調道德理解和道德反思的重要性，以及禮儀的轉化力量。孔子和荀子認為，個體是通過反思性學習和研究來發展道德理解。[17]《論語》中所闡明的道德學習觀，強調思考、反思、想像和動態討論。[18]荀子像孔子一樣，強調一種需要很多仔細研究、思考、分析和理解的學習。[19]他也明顯認為，跟從一位老師要比僅從書本上學習更加有效，因為老師可以提高和點化學生的理解。

> 學莫便乎近其人。《禮》、《樂》法而不説，《詩》、《書》故而不切，《春秋》約而不速。方其人之習君子之説，則尊以遍矣，周於世矣。故曰：學莫便乎近其人。（《荀子·勸學》）

在三位先秦儒家思想家中，孟子是較少強調學習在個體道德發展中之作用。這與他的想法有關，他認為人們都有一種道德行事的基本倫理本能，道德發展更像一株植物的自然生長，多於像一件人工製品的精心雕琢的過程。可是，即使自然物體的生長也需要環境為它提供營養，孟子相信個體如要過道德生活，必須運用某些認知

16　對此的最清晰陳述，見《中庸》第二十章。

17　關於孔子對此的看法，簡潔的分析見於 William Theodore de Bary, *The Trouble with Confucianism* (Cambridge: Harvard University Press, 1991), 35-37, 83。

18　例如，"學而不思則罔，思而不學則殆"（《論語·為政》第十五章）；"博學而篤志，切問而近思，仁在其中矣"（《論語·子張》第六章）；"舉一隅不以三隅反，則不復也"（《論語·述而》第八章）；"吾有知乎哉？無知也。有鄙夫問於我，空空如也。我叩其兩端而竭焉"（《論語·子罕》第八章）。

19　"君子知夫不全不粹之不足以為美也，故誦數以貫之，思索以通之"（《荀子·勸學》）。

能力或思考能力，去發展他的道德理解和動機，並作出正確判斷。[20]
這些思考能力包括：思索事物及人對事物的感覺（"思"[21]）、將所思
所得推展到其他處境（"推"[22]），以及權衡不同處境的能力（"權"[23]）。

意志的重要性

一個人的反思，會使自己和其他人之間產生距離，從而形成了
一重道德空間。其他人可能並不贊同反思者對甚麼是道德正確的看
法，而反思者也可能覺得其他人的做事方法是錯誤的。在這種情況
下，儒家告訴行事主體，他應當堅持他經過反思而接受的道德立場；
即是說，按照他的獨立意志行事。孔子說："三軍可奪帥也，匹夫不
可奪志也"（《論語‧子罕》第二十六章）。孟子說，即使自己的事業
得不到他人的支持或者處於逆境之中，"大丈夫"亦會忠於自己的意
志和原則。"富貴不能淫，貧賤不能移，威武不能屈，此之謂大丈夫"
（《孟子‧滕文公下》第二章）。荀子也寫道："是故權利不能傾也，羣
眾不能移也，天下不能蕩也……夫是之謂德操"（《荀子‧勸學》）。

擁有獨立意志並在任何逆境下都堅守的大丈夫（或大女子）的
觀點，預設了這樣的信念：一個人應當按照自己對道德的最佳理解
來行事。大丈夫就是這樣一個人，他有獨立的道德意志，並掌管自

20　對孟子關於道德思考和道德發展的觀點的討論，參見 Philip J. Ivanhoe, "Thinking
and Learning in Early Confucianism," *Journal of Chinese Philosophy* 17, no. 4
(1990): 473-93；Kwong-loi Shun, "Self-Reflection and Self-Cultivation," chap. 5,
sec. 2, in *Mencius and Early Chinese Thought* (Stanford: Stanford University Press,
1997), 149-53；Wong, "Reason and Emotion in Mencius"；Yearley, "Mencius:
True Virtue as a Product of Ethical Reasoning's Use of Extension, Attention, and the
Understanding of Resemblances," in *Mencius and Aquinas*, 62-67。

21　《孟子‧告子上》第六、十三和十五章。

22　《孟子‧梁惠王上》第七章。

23　《孟子‧梁惠王上》第七章、《孟子‧離婁上》第十七章、《孟子‧盡心上》第二十六章。

己的道德生活。在道德生活中,他只遵循自己經過反思而得的道德原則,以及自己發展出來的道德意志。在這意義上,他在道德上是自主的。

一個道德自主的人的意志,是可以從外在和內在展現出來。[24] 外在方面,這意志為個體在社會中創造了一重獨立的道德空間——個體在道德上是獨立於政治建制和社會意見的,並以自己的道德意志對抗它們。在儒家典籍中,我們經常看到道德英雄如何反抗他們認為不道德的政治權威。[25] 甚至,如果父母的權威行之無道,個體也應當以一種尊重的方式反抗。[26] 內在方面,這意志可以是針對個體自己的:正面地,它可作為一種培養自我修養的動力;負面地,當個體沒有依自己意志而行時,它會使他產生一種羞恥之感。對儒家而言,恥是一種重要的道德現象(《孟子‧盡心上》第六章)。[27] 如果個體對自己的行為感到羞恥,這意味着他至少還有依其反思所得而活的動機,問題只是他意志軟弱,而這個問題是可以補救的。相反,無恥卻標誌着徹底的道德敗壞。無恥之徒是不會有按道德行事的,即使他是被一些道德律令所強制而正當地生活,他仍不是依其道德觀點而行。無恥之徒並不看到道德生活的內在價值。

24　對此富有啟發性的分析,參見周繼旨,《論中國古代社會與傳統哲學》(北京:人民出版社,1994 年),第 260-79 頁。

25　參 見 de Bary, "Aristocracy and the Prophetic Message in Orthodox Neo-Confucianism," chap. 4 in *Trouble with Confucianism*。

26　參見《荀子‧子道》及《孝經‧諫諍》。

27　對《孟子》中的羞恥的仔細哲學分析,參見 Bryan W. Van Norden, "The Virtue of Righteousness in Mencius," chap. 7 in Shun and Wong, *Confucian Ethics*。

"決意"（willing），而非"自由選擇"（free choosing）

　　我們必須指出，對儒家而言，道德意志並非個體肆意意志的自由表達，而是個體決意實現經過反思而接受的道德要求的表達。因此，孟子說君子的任務就是"尚志"，即決意實現仁和義（《孟子·盡心上》第三十三章）。道德意志的內容並不取決於個人任意的選擇，道德意志的內容是獨立的，它判斷所有個體的道德生活。儒家倫理不可能接受道德自主的第三和第四個元素。儒家倫理不能接受康德視道德為自我立法的道德觀，因為在儒家看來，道德並不是由理性來賦予合法性，而是基於人性或上天，這一體之兩面。根據一些解讀，康德將理性視為可普遍化（universalizable）的觀點是一種道德唯實論的程序性（proceduralist）描述，與道德唯實論的各種實質性（substantive）描述相對立，而筆者相信儒家的道德觀就是後者中的一種。[28] 有了這個區分，我們就可以說沒有一個道德唯實論的實質性描述，可以滿足康德所理解的道德自主的要求。（儘管有人可能認為荀子給出了一個理性主義和建構主義的道德觀，與孟子的自然主義道德觀相對，但它仍然與康德以公正程序理性來自我立法的道德觀相差甚遠。）

　　同樣地，儒家倫理也不能接受道德是個體意志的激進自由表達這樣的表達主義觀點。該觀點強調自由選擇和個體性是道德的真正根源，而這些正是儒家倫理中所沒有的。更重要的是，儒家倫理並不接受道德可被簡化為個體根據自己的慾望和喜好而選擇的東西。然則，這是否說儒家的道德生活倫理觀點是有缺陷的，因為它並沒有以自由選擇作為道德的基礎？這帶出進一步的問題，即選擇在道

28　參見 Korsgaard, *Sources of Normativity*, 第 36 頁。

德生活中的角色的問題。雖然這問題遠遠超出了本章的討論範圍，但筆者仍想對儒家觀點做一個簡單和初步的辯護。

我們可以用日常生活中的選擇經驗來做一個類比，以理解基本道德選擇的現象。當我們去超市購物時，我們會做很多選擇。面對各種不同牌子的水果，我們會按照價格、品質和其他因素來作出排列，然後我們會選擇那種最能滿足我們的牌子。可是，基本的道德選擇卻並非如此，當中我們經歷的是一種決意的經驗，它涉及思考、理解和堅決支持，而不是揀取或挑選。邁爾・丹科恩 (Meir Dan-Cohen) 很好地表達了這個觀點：

> 康德認為，我們的道德經驗並不是一種在瀏覽完任何可接受的道德項目之後，選取其中最具吸引力的一項。當我們被道德真理緊握，我們是被它的內在價值所動，而非因為它與其他選擇之間有着相對的好處。根據康德，道德抉擇是我對某一準則和在它底下的行為的認同。只要我是有意識地認同那正確的準則，我便是自由地及理性地生活。[29]

如果以上的論說或多或少顯示了我們的深層道德經驗，那麼我們可以說，基本道德選擇的重要本質是"決意"多於"選擇"。儒家的道德自主觀更接近於一種"決意概念"(will-conception) 的自主觀，而非"選擇概念"(choice-conception) 的，前者能更真實地說出基本道德抉擇是怎樣的一回事。當然，這並不表示儒家倫理容不下道德選擇。孔子自己曾說，在某些情況下，當國家無道時，君子可以選

29　Meir Dan-Cohen, "Conceptions of Choice and Conceptions of Autonomy," *Ethics* 102, no. 2 (1992): 226-27.

擇繼續留在政府中服務還是辭職退出；無論如何，該君子的選擇都應得到尊重（《論語・衛靈公》第七章）。[30] 在這個例子中，他的選擇確實在解釋和證成其行為方面有着重要角色。正因為無論是去是留，兩者皆是許可的，所以為何他取此捨彼，就要由他的選擇來解釋和證成，而非其他理由。他的選擇是其中一個賦予其行為權威的因素。但是，當我們反思自己的基本道德經驗時，例如問自己應否依仁孝而行，我們並不是從有着不同程度吸引力的選項中進行挑選，而是對我們來說，仁孝都是必需的、不容忽視的道德真理，我們應當緊握它們和決意奉行。有些人可能仍認為，這種道德經驗仍可被描述為一種 "選擇行為"，但關鍵並不是所用的術語，而是道德重要性。與繼續留任在政界的選擇不同的是，這所謂選擇行為既沒有給予他的行為任何權威，也沒有解釋他的真實動機。反而是，從道德行事主體自己的角度來看，依仁而行在道德上是必須的。

孟旦（Donald Munro）認為儘管儒家沒有質疑個體的獨立意志的可能性，但 "<u>選擇</u>或<u>決意</u>通常並不是其倫理所關注的中心……（對儒家而言）自我修養的中心問題並非自由選擇的正當行使，並非如很多西方倫理學所假設的。" [31] 孟旦並沒有區分選擇和決意。但我們可以肯定地說，西方流行的選擇觀點並不是儒家思想的重心，決意觀點卻是。[32] 正如上面所論證的，儒家思想確實非常強調決意的重要性。道德自主的決意觀似乎比選擇觀更好地抓住了道德選擇現象的本質。

30　對《論語》中選擇問題的進一步討論，參見 Teemu H. Ruskola, "Moral Choice in the *Analects*: A Way without a Crossroads?" *Journal of Chinese Philosophy* 19, no. 3 (1992): 285-96。

31　參見他在以下這本書中的引言，*Individualism and Holism,* 第 12-13 頁。底線為筆者所加。

32　很多學者都對此進行過論證。例如，參見 Herbert Fingarette, *Confucius: The Secular as Sacred* (New York: Harper and Row, 1972)；及 Peerenboom, "Confucian Harmony," 245。但是，他們都沒有考慮到以 "決意" 作為另一種道德選擇觀的可能性。

　　我們在探討儒家的道德自主觀的含意之前，有必要思考對該觀點的一個可能的批評：筆者對儒家道德自主觀所作的重構，僅是對君子和聖人的少數道德精英而言，但是大多數民眾都達不到那種道德自主的理想高度；因此，即使儒家道德自主觀對公民自由有任何含意，都僅適用於道德精英。

　　這一批評有一定的道理。孔子和荀子都對普通民眾理解道的能力並不樂觀。可是，他們不認為普通民眾需要這種能力。在他們看來，只要道德精英掌握權力，通過正名、教化和立法來實施道，社會和政治就可以繁盛（《荀子·正名》、《論語·泰伯》第九章）。相比孔子和荀子，孟子則認為普通民眾在正當化和強化政治統治中有着更重要的角色，而他對民眾自我修養的潛在能力似乎也更加樂觀。但他仍然贊同先秦儒家的觀點，即只有聖人和君子才能最好地把握道，才有能力和因此有責任將之付諸實踐。

　　因此筆者也同意，在先秦儒家思想中，道德自主主要是對道德和政治領袖具有重要意義。然而，筆者的目的是為當代重構儒家思想，而筆者認為當代儒家思想應當部分地拒絕古代的道德精英主義。例如，當代儒家理論保留了這樣的先秦儒家的觀點：人人天生都同樣地擁有道德能力，理想的情況是人人皆受教育，令他們獲得知識和自我修養的技巧。這種平等主義明顯地支持教育和就業的平等機會。此外，正如狄百瑞（William Theodore de Bary）所觀察到的，古代思想家將道德教育和為社會培訓政治領袖的任務相連，因此為君子而備的學習內容對普通民眾來說就顯得困難和要求過高。[33] 狄百瑞寫道："在孔子的時代，簡單的事實就是大多數人並沒有獲取知

33　de Bary, *Trouble with Confucianism*, 37-39.

識的工具和閒暇，尤其是君子成為社會和政治領袖所必備的那種知識。"[34] 儒家的政治統治學習內容確實難度頗大，它包括對古今的法律、制度和禮儀，以及對先聖王和學者的著作和事蹟的詳細和持續的學習，以現代詞彙來說，這就是管治的藝術和科學。今天，儒家的道德生活觀，及其所要求的反思能力，不應當與君子的這種高度專業的、難度極高的政治管治任務相連。道德生活和道德自主應當適用於每個人，應當實現於家庭、工作地點和社羣中。隨着教育和社會流動機會的增長、道德教育與特殊政治管治任務的分離，在重構的現代儒家倫理中，道德精英和普通民眾之間的距離應當大大縮減。在下一節，筆者將討論儒家道德自主觀的倫理和政治含意，其中是採納了這種較為平等主義的觀點。

第四節　對不道德行為和言論的有限寬容

儒家的道德自主觀對公民自由問題有沒有任何重要含意呢？筆者將論證，雖然儒家的道德自主觀的確為限制強制力、保護個人自由使個體生活免受干預提供了一些好理由，但是這些理由的力量卻相當有限。儒家道德自主本身並不能為公民自由提供一個穩固的基礎。

儒家思想中有幾個特點，或會使它對它所認為是不道德的行為和言論採取不寬容的態度。第一，儒家思想強調人們應有着共同的道德語言、信仰和原則，視這些為社會穩定和繁榮的基礎。其次，儒家相信道德行事主體應當視道德為生命中最高的要求，其他東西

34　同上，第37-38頁。

（有形的、物質的或者社會的）若與之衝突，都應被捨棄。第三，儒家思想是一種致善主義政治理論，它認為國家的最重要任務之一就是促進道德和美德。這三個特點加起來，會使儒家思想容易走上一條不太寬容之路。但是，奇怪的是，眾所周知儒家也並不崇尚使用強制性或壓迫性手段來促進美德。以下，筆者將提出，我們在儒家道德思想中找到的兩個道德自主的元素（自願的接受、反思的實踐）可以在一定程度上防止儒家變成一種壓迫性、不寬容的思想。孔子說，法律制裁不能改變個體的心志，只有禮才做得到。

　　道之以政，齊之以刑，民免而無恥；道之以德，齊之以禮，有恥且格。（《論語·為政》第三章）

　　我們可從儒家道德自主觀的第一個元素——對道德的自願接受——來解釋這點。我們不可能強逼一個人達到道德自主和具有美德。他若要過美德的生活，就必須理解那種生活的價值。他必須願意接受美德，為美德所動去依照它來生活，並享受那種生活。孔子說："不仁者不可以久處約，不可以長處樂。仁者安仁"（《論語·里仁》第二章；底線為筆者所加）。美德是透過教育和禮的施行來培養的，強制力不能使人們安於仁。雖然強制力或可改變一個人的行為，但它會以錯誤的原動力（避免責罰）取代了正確的道德原動力，強制力的使用可能會使人們不知恥感為何物。

　　筆者相信，荀子也明白強制力在促進美德方面的局限，儘管他沒有明確地這麼說。在荀子看來，聖人和普通人不僅擁有共同的人性，而且擁有相同的能力去掌握和學習道，並通過持續的學習和實踐來改變生活。荀子認為，只有很小數量的人成為聖人或君子的原因，是普通人"不肯"成為聖人，因此"不可使也"(《荀子·性惡》)。荀子認識到如果人們不肯，我們是沒有直接方法使他們過上道德生活。法律不是一種道德薰陶的好工具。

我們可以在其他思想家的理論中，找到類似的觀點——雖然道德是客觀的，但我們仍該堅持寬容。約翰·洛克 (John Locke) 的《論寬容》(*A Letter Concerning Toleration*) 就是一個經典的例子。洛克使用了自願的接受的觀點，認為雖然強制力可以改變一個人的外在行為，但對於糾正個人內在靈魂卻沒有多大效力。我們應當實踐寬容，因為它的對立面——迫害或強制——在改變人們的靈魂方面是無效用的。然而，這種支持寬容的論證仍有兩處局限。第一，它不一定能排除間接性的強制。儘管強制力不一定可以直接改變人們的心志，但它可以改變人們身處的外在社會環境，繼而影響他們的態度和習慣。如果有一本書，例如陀思妥耶夫斯基 (Dostoyevsky) 的《卡拉馬佐夫兄弟們》(*The Brothers Karamazov*)，能有力地挑戰基督教，任何基督徒讀了，其信仰很可能被動搖[35]，那麼在自願接受的觀點中就找不到任何內容可以顯示禁止這本書是錯誤的。[36] 雖然禁一本書不等於強迫一個人去改變思想，但它確實防止了人們接收某些影響思想的東西，但它並沒有違反自願接受的觀點。第二，洛克的論點並沒有排除為了防止錯誤言論和行為所帶來的腐敗影響，我們可以使用直接強制力。如果強制的目的是改進被強制者的生活，那麼到目前為止的論證是對的，因為外在的強制力很少能夠改變個人的內心。可是，如果強制力並非旨在幫助被強制者，而是旨在防止他們敗壞他

---

[35]　要了解該挑戰的力量有多大，參見陀思妥耶夫斯基的《卡拉馬佐夫兄弟》(1880) 中"反叛"一章（第五卷第四章）。

[36]　該論點是來自 Jeremy Waldron, "Locke, Toleration, and the Rationality of Persecution," chap.4 in *Liberal Rights*。

人，那麼自願接受的觀點中同樣地沒有任何內容可以說這樣的強制是錯誤或無效的。

因此，洛克對自願接受觀點的使用並不能為寬容提供一個穩固的基礎。與洛克一樣，這對儒家來說也是個問題。無可否認，在儒家思想中的確有一種強烈傾向，對它認為是不道德或不正確的思想和言論採取不寬容的態度。儒家思想傾向於將所有與儒家理想的核心內容相悖的倫理觀點都歸為"邪說"。它還擔心邪說對儒家所重視的社會和諧和穩定產生有害影響。而且，儒家思想作為一種政治致善主義理論，會期望政治統治者能捍衛及履行正道，以抵抗邪說的挑戰。[37] 這種傾向的一個明顯例子，就是孟子對他那個時代兩種思想流派的態度。[38] 他視楊朱那自我為中心的哲學為"無君也"，視墨子的兼愛哲學為"無父也"。"楊墨之道不息，孔子之道不著，是邪說誣民，充塞仁義也"（《孟子·滕文公》第九章）。雖然孟子使用了非常強烈的詞語來譴責楊墨流派的思想，但他並不主張使用政治強制力來禁止它們。而是，他說那些可以用"言"來反對楊朱的人，就是聖人的真正弟子。

> 我……欲正人心，息邪說，詎詖行，放淫辭，以承三聖者；豈好辯哉？予不得已也。能言距楊墨者，聖人之徒也。
> (《孟子·滕文公》第九章)

孟子並沒有解釋他為何叫人們用言語而不用兵器來與邪說搏

---

37 請注意，政治致善主義存在不同形式，儒家思想只是其中一種。對現代溫和致善主義的辯護，參見筆者的文章 "Legitimacy, Unanimity, and Perfectionism"。

38 荀子對他所認為的異端邪說更加仇視。參見，例如，《荀子·榮辱》、《荀子·非相》、《荀子·非十二子》。

鬥。但也許他的態度與荀子的相似，荀子寫道：

> 今聖王沒，天下亂，奸言起，君子無勢以臨之，無刑以
> 禁之，故辯說也。（《荀子・正名》）

對荀子來說，遏制和打敗邪說的最好辦法就是控制和懲罰，辯論和解釋僅是次好方法。孟子也許也會贊同這個觀點。

但是，在儒家倫理中，有沒有甚麼內容可以對抗這種限制和懲罰錯誤或不道德言論的強烈傾向呢？要找出這種對抗的可能出處，我們可參考約翰・斯圖爾特・密爾（J. S. Mill）有關言論自由的觀點。密爾關心的是對真理的追求。他承認社會中總會流傳一些錯誤的及或對或錯的觀點，但他認為打倒錯誤言說的最佳方法就是提出更好的論點，而非壓制它們。雖然密爾為此給出了若干理由，但我們只討論與此處問題直接相關的理由。密爾認為，一個不允許錯誤觀點或不允許對真理提出挑戰的壓抑環境，只會使民眾變得愚蠢僵化，這不利於啟蒙民眾，亦不利於讓民眾對真理本身有真正的理解。

儒家的道德自主觀是否包含一些內容，可以導向密爾這個立場的呢？在筆者看來，反思的實踐可以使儒家與密爾同行片刻，儘管他們最終將分道揚鑣。在儒家思想中，成功的道德生活要求道德行事主體有反思理解的能力，而這又要求一種強調思考、反思、延伸和想像，以及積極討論的道德學習。在一個不容許挑戰固有知識、人們沒有機會接觸到錯誤觀點並以更好的論點打敗它們的環境中，要培養上述那些思想素質絕非易事。在一個鼓勵思想開放而非教條主義的環境中，思想才會蓬勃發展。禁止反對觀點或錯誤信仰，並不能使人們更清楚地認識真理，反而只會鼓勵人們毫無反思地接受

固有觀點，削弱人們的反思理解能力。只有通過對錯誤論説進行徹底的解説和批評，懷疑和錯誤思想才能完全被驅散，人們才能夠更真實和更堅定地明白道德真理。[39]

我們不妨將這一論點套用到孔子對"鄉愿"的評論上，儘管孔子自己並沒有做過這樣的比較，但也許具有啟發意義。孔子十分鄙視鄉愿的偽善，表面上他們似乎正直或仁慈地行事，但實際上只是在乎別人對他們的看法。一個僵化和教條式的道德環境，一個向人們施壓、強逼他們服從固有道德的環境，就往往會出現鄉愿這樣的人。試想想毛澤東統治下的中國，或者一個高度教條化和紀律化的基督教派：雖然其環境可能產生一些無私和利他的共產主義者和虔誠的基督徒，但這樣的環境可能產生更多外表看來品行端正、但卻是與鄉愿同一種類的人。

我們亦不妨把以上論點套用在孔子所讚許的人格類型上（《孟子・盡心下》第三十七章）。孔子眼中的理想人格是一個可以做出最好的識別判斷並遵循中庸之道的人。次一等的理想人格是"狂狷"之人，他們切實地遵循自己的道德原則和目標，即使他們的原則和目標並不一定切合中庸之道——狂是過分，狷則不及。與鄉愿相比，狂狷之人的道德性格是真誠地建基於自己所理解的道德；雖然他們的道德理解或有差錯，但他們仍擁有道德誠信和尊嚴。孔子贊成與這些人做朋友。他唯一拒絕與之為伍的是鄉愿，因為他們虛偽並缺乏真正的道德人格和誠信。一個只容許正統、不容許人們在自己的信仰和生活方式出現差錯的高度壓抑性的道德環境，會阻礙像狂狷這樣的真正道德人格的發展。在這種環境中，孔子很難會找到很多

---

[39] 正如孟子對告子的批評（《孟子・告子上》）和荀子對孟子的批評，加深並豐富了後人對人性和道德問題的理解一樣。

可做朋友的人。

　　至此，筆者嘗試指出儒家反思性實踐對公民自由的正面含意。我們可以看到，即使促進道德生活是一個社羣的唯一關注，一個壓抑性的道德社羣仍是不可取的。但是，我們也不應誇大反思性實踐的論證力。對於一些較溫和的管制，例如在法律上稍稍限制言論或在教育課程中排斥一些極端思想等，它能提供的反對就不甚有力。原因有二。首先，雖然系統地剷除邪說和懲罰擁有非正統觀點的人，可能會導致人們拙於作道德判斷和反思，但零星地禁止極端和有潛在影響力的觀點卻不一定會。事實上，邪說的影響力和人們的反思能力，兩者皆有程度之分。例如，如果某一邪說對儒家社會的基本結構有破壞性影響，那麼僅僅對該邪說的法律限制本身則不一定會嚴重妨礙人們的思考和倫理能力的發展。在這種情況下，反思性實踐就無法完全否定法律上的禁制。[40]

　　反思性實踐具有局限性的第二個原因，是與先秦儒家如何理解反思在道德生活中的特殊角色和本質有關。孔子和荀子相信，古代聖人已掌握了道的真諦；而孟子則認為每個人通過內省和反思都可辨別出道。在求道的過程中，反思的作用並不是要我們以批判的眼光去權衡所有互相競爭的思想，而是要我們更深入、更真正地理解固有的道德特質。這需要我們能夠反思及領悟真理、理解典籍，以及將領悟所得的真理活用於當下。這能力固然不太可能在一個壓抑性的道德環境中得以發展，但也不一定需要一個讓所有觀點都可以平等競爭的自由開放社會才得以生存。儒家所說的道德反思並不等

40　請注意，這並非一個效益主義的觀點，而是一個後果主義的觀點，它視社羣的道德環境為道德生活發展的重要條件。

同於自由的、批判的、辯證式的思考。[41] 前者而非後者可以在一個
受限制的或者是在意識形態方面有選擇性的學校課程或道德環境中
生存。也許儒家的道德反思甚至需要這樣的一種環境。在一個容許
大量不太可取的生活方式存在和思想觀點流轉的開放社會，人們是
很難做到儒家所説的道德反思的。

如果上述的論證是正確的話，那麼我們可得出以下結論：儒家
的道德自主觀會同時排斥一個壓迫性的道德社羣和一個自由放任的
開放社會；它的精神面貌最接近一個道德上保守的環境，其最終目
的是在自由和法律限制之間找出一個最能提倡道德及美善的平衡點。

第五節　道德自主與個人自主

至此，筆者嘗試給出一個最強的論據，來説明儒家道德自主觀
在公民自由問題上的重要性。以下，筆者打算改變論證的方向。筆者
將嘗試指出，道德自主除了上文所説的作用外，不能再為公民自由和
個人自由提供進一步的支持。為了理解道德自主的局限，讓我們首先
看看在西方個人主義傳統中的當代自由主義者，對不道德的行為和言
論會説些甚麼。一個典型的自由主義立場認為，國家不應當干涉個體
自由，除非該自由的表達會對他人造成傷害。此立場的證成通常訴諸
一些尊重個體尊嚴、個體性的理想或個人獨立的觀點。干涉個體私
人生活和個人活動，就是否定他的尊嚴或獨特個體性。有人也許認為
尊嚴和個體性並非真正的價值。但若然它們真有價值，它們就可以為
行動上和言論上的自由提供一個更正面和更直接的證成。

41　此觀點啟發自 Chan Sin Yee。

　　道德自主所肯定的理想，與自由主義的自主大不相同。道德自主強調道德人格，而道德人格是所有人都相同的；道德自主強調的，不是人人不同的個體獨特性。即使康德的道德自主觀也沒有把個體性或個體獨特性作為核心觀念。在康德看來，個體的道德自主是基於他的理性，而一個個體的理性與任何另一個個體的都沒有不同；理性驅使每個個體都接受相同的道德要求。正如孟旦所寫：“康德的自主觀假設了普遍理性的存在，這或暗示所有人皆有相同的判斷力。有些人或會認為，康德這種先驗指令式的理性，將人困在其中，剝奪了他的個體性和部分尊嚴。”[42] 這兩種尊嚴觀是不同的。康德的尊嚴觀關注的是道德主體的尊嚴，而自由主義的尊嚴觀關注的是獨特個體的尊嚴。我們不應指責康德或儒家的觀點，說它們沒有顧及自由主義所理解的尊嚴或個體性，因為康德和儒家所關注的是人的道德生活。但是我們也不應當認為他們的道德自主觀可以產生如個體性這樣的自由主義價值。從自由主義的個人主義角度來看，我們應該尊重的，並非只是那些人之為人的共同特質，而是更重要的每個個體的獨特性：獨特的個人身份和生活歷程、性格、品味和能力的獨特混合，以及個人對生活的抱負和世界觀。我們若要尊重個人尊嚴，就得尊重這些構成個體性的特徵。[43]

　　這種對個體性的接納，其背後的理想價值就是我們通常所稱的“個人自主”。它有別於儒家或康德的“道德自主”。個人自主的意思是人們應當是自己生活的主宰。正如史蒂芬・沃爾（Steven Wall）所說，個人自主“是這樣的一種理想價值：人們安排自己的生活方式，

---

[42]　參見孟旦在 *Individualism and Holism* 一書中的引言，第 16 頁。

[43]　對康德和表達主義的尊重人的觀點的比較，參見 John E. Atwell, "Kant's Notion of Respect for Persons," *Tulane Studies in Philosophy* 31 (1982): 17-30。

透過自覺的選擇和承擔去建構自己的人格，依照自己的價值觀來塑造自己的生命……簡言之，自主的人具有一種自我身份的強烈感覺，並積極地為自己的生活籌算。"[44]

我們至少有兩種方法比較道德自主和個人自主。第一種是看看它們的價值來自甚麼源頭。在儒家思想中，君子最重要的目標是活於仁義當中。道德自主之所以有價值，是因為它是道德生活的"先決條件"（precondition）。一個人若不真心情願接受道德的要求，就不可能有真正的道德生活。而且，如果一個人沒有反思能力，他也很難成功地活於道德之中。因此，道德自主的價值是從道德生活的價值衍生出來的。而對很多自由主義者來說，個人自主是一種具有內在價值的理想（雖然它也可具有工具性的價值）。它的價值不能被簡化為個體所自主追求的那些目標。反而，個人自主是美善生活的一部分，並賦予其價值。對很多自由主義者來說，美善生活是由個體自主地選擇有價值的活動所構成的。

第二，個人自主所需的條件多於道德自主的條件。個人自主至少需要三組條件：(1) 個人擁有相當的理性的和情感的能力，以作出選擇；(2) 個人自主需要一系列行事主體認為有價值的選項讓他選擇（在現代社會中，通常包括職業、婚姻、教育、結社和宗教等等在國際人權約章中提及的東西）；以及 (3) 個人自主需要免受來自其他人的不當干預，例如強制或操縱等。[45] 反觀，道德自主僅要求第一和第三組條件，而不需要第二組。道德自主的理想是希望在任何環境下，道德行事主體皆可反思地接受並執行他們自己的道德決定。從概念

44　參見 Steven Wall, *Liberalism, Perfectionism and Restraint* (Cambridge: Cambridge University Press, 1998), 128。另參見 Raz, "Autonomy and Pluralism," chap. 14 in *Morality of Freedom*。

45　Raz, "Autonomy and Pluralism."

上說，一個人即使沒有職業、婚姻等方面的有價值選項，他也可能是道德上自主的。[46] 道德自主可容於較狹窄範圍的生活選擇。

　　試考慮一個極端的、關於傳統中國道德烈士的例子。假設有一個儒家的君子，他在一個道德腐敗的朝廷當官，面臨這樣的一個困境：他必須要麼協助這個昏庸無道的皇帝，使他的不道德的統治持續下去；要麼以死進諫（辭職並非一個選項，因為皇帝會認為這只是一種抗議形式）。很明顯，雖然第二個選項不可欲，但君子還是會認為它是唯一道德上可以接受的選項——選擇以死進諫，君子可以保全他的道德自主和尊嚴。試考慮另一個沒那麼極端、關於孝子的例子。在傳統中國，盲婚啞嫁是社會規範，孝道要求孩子接受父母為他們選擇的配偶。有些人也許不喜歡盲婚啞嫁，但他們還是會接受它，因他們認為這是儒家道德所要求的。那些服從盲婚啞嫁的孝子的道德自主完好無損，但他們的個人自主將受到限制，因為他們無法選擇自己的婚姻對象。

　　因此，道德自主和個人自主是不同的，其分別在於它們何以被視為有價值，以及在於它們所需的選項範圍。順着這一點，我們現在可進一步看看儒家觀點和自由主義觀點是如何以不同方式來證成自由。

46　對個人自主和道德自主之間差異的一個類似理解，參見同上，第 370 頁，註釋 2；以及 Donald H. Regan, "Authority and Value: Reflections on Raz's Morality of Freedom," *Southern California Law Review* 62 (1989): 1075。請注意，若按以賽亞·伯林 (Isaiah Berlin) 的觀點，個人自主和道德自主可被歸類為 "積極自由" (positive freedom)；個人自主的第一和第二類條件，是超於 "消極自由" (negative freedom) 所要求的。

關於自由的兩種理論

在個體自由這個問題上，儒家思想和自由主義存在着以下分歧。在自由主義觀點中，自由和對道德上敗壞行為的寬容，其證成都來自同一根源：個人自主。[47] 個人自主支持人們應當享有很多公民自由和個人自由，因為這些自由促進了個人自主。同時，個人自主還反對所有形式的強制性干預，那管這是為了被強制者的好處；強制違反了個人自主，所以不可接受。因此，自由主義對自由的證成，就是筆者稱之為“獨立於內容”（content independent）的一種證成；即是説，我們之所以可自由地做某事（以下稱某事為 X），並不取決於 X 的內容（無論 X 是否好事）[48]，而是取決於 X 是否該行事主體的自主選擇。然而，儒家理論對自由的證成是一個“依賴於內容”（content dependent）的證成。由於儒家缺乏個人自主的觀點，所以在證成自由時只會訴諸這理據：自由可以使人們追求美善。我們之所以可自由地做 X，全因為 X 是美好的，並不是因為這自由表達了或實現了個人自主。

自由主義對自由的證成，解釋了為何自由主義對寬容的證成也是獨立於內容的。既然自由主義者並不在乎 X 的內容（只要 X 不會對他人造成傷害），因此即使 X 從價值觀點看來可疑或無價值，並不會阻止自由主義者接受個體有做 X 的自由。X 的價值並不會影響做

47　當然，對公民自由這問題，很多自由主義證成也訴諸結果主義的論據，例如公民自由可以促進真理的探討、防止貪腐和改善公共政策等。在一個完整證成中，這些論據與那訴諸個人自主的論據是同樣重要，這結果主義的論據也可被儒家的證成所接受和採用。筆者之所以強調個人自主，只是想突出自由主義的證成和儒家的證成的主要差異。

48　這點需要稍加解釋，因為 X 的內容在某一情況下仍需考慮。如果 X 是一種會嚴重傷害到他人的行為，那麼自由主義者當會認為人們沒有做 X 的自由。因此當筆者説做 X 的自由的自由主義證成是獨立於內容時，筆者是假設了做 X 的自由並沒有違反“自由主義的傷害原則”（the liberal harm principle）。

X 的自由的價值，因為後者是由個人自主所保障。但這一策略對儒家證成寬容來説，並不適用。如果 X 是道德上錯誤的或者是無價值的，那麼就無法得出一個正面的理由去支持做 X 的自由。當 X 不是美好時，做 X 的自由不會與當 X 是美好時的自由有着相同的價值。我們不應當干預人們做 X 的自由，這主要是因為強制力不會令人改過遷善。強制力只會限制道德自主，而道德自主正是追求道德之善的先決條件。在儒家的證成中，我們只能對做 X 的自由採取寬容的態度，而並非正面嘉許。

第六節　將個人自主植入儒家倫理和政治理論

筆者並不想早下結論，説自由主義的個人自主觀及其公民自由的價值和功能的理論，必然要比儒家的自由觀更優勝。也許，正如有些人所論證的，我們其實只需要一種工具性的自由理論就足以證成公民自由。[49] 可是，撇開公民自由的意義不談，今天個人自主本身亦是一個重要的理想價值。[50] 筆者相信，一個切合當代的儒家倫理和政治理論應當吸納個人自主，因為這將使儒家思想更具吸引力和更能適應現代社會。在這最後一節中，筆者將扼要地解釋，當代儒家政治理論可以採納怎麼樣的個人自主觀；筆者也會鋪陳這重構後的儒家公民自由理論的架構，並處理在儒家倫理中就吸納個人自主的一個障礙。

49　例如，參見 John H. Garvey, *What Are Freedoms For?* (Cambridge: Harvard University Press, 1996)。

50　對個人自主的內在價值和實踐價值的詳細論證，參見 Wall, "Personal Autonomy and Its Value (I)," chap. 6 in *Liberalism, Perfectionism and Restraint*。

　　首先，筆者希望仔細地指出，儒家思想可以接受怎樣的個人自主。個人自主是一個新穎的概念，在哲學和公眾討論中有着不同的表述。其中有一種流行於一些西方社會（例如美國）的表述卻不見容於儒家思想中，該表述就是"個人主權"（personal sovereignty）的觀念；對此，我們可在喬爾・費恩伯格（Joel Feinberg）的哲學著作中找到最佳說明。[51] 個人主權不僅包含了人擁有獨立生活這理想，還包含了一種重要的道德主權，可抵禦任何入侵個人私生活的外來行為。個人主權這概念是由國家主權這概念而來；國家主權的重要性足以抵抗任何形式的外來干預。費恩伯格訴諸個人主權來反對國家或任何個人對個人生活作出道德上或家長式的干涉，他視個人主權高於所有其他價值，例如行事主體的福祉或倫理理想。簡言之，個人主權就是近乎絕對的個人自主。但筆者認為個人主權是一個有爭議的價值，但篇幅所限未能在此詳細論及。[52] 筆者現在所關注的是，如果把個人主權這概念植入儒家思想之中，這將會徹底改變儒家思想作為一種政治理論的本質。本質上，儒家政治理論是一種致善主義理論，它認為國家的其中一個主要目標是通過法律、教育、資源提供，以及協調社會團體活動，來幫助人們追求道德生活。鑒於儒家思想的道德關注和政治目標，儒家思想是不會斷然完全反對就人們生活作道德的或家長式的干預。[53] 如果我們在儒家思想中植入個人主權這概念，我們便得放棄儒家政治理論的這個主要特點。

51　Feinberg, *Harm to Self.*
52　對費恩伯格的個人自主就是個人主權的觀點的批評，參見 Richard J. Arneson, "Joel Feinberg and the Justification of Hard Paternalism," *Legal Theory* 11, no. 3 (2005): 259-84。
53　但當代儒家思想會主張最好使用非強制性公共手段去提倡美善生活，例如藉着直接資助有價值的活動和透過教育和大眾傳媒去提倡美善生活。

　　儒家思想可以接受的個人自主並非一項道德權利，而是美善生活的其中一環；加以其他前提，個人自主可導出一些道德權利，但並不帶出絕對的個人主權。個人自主有程度之分，某人可有或多或少的自主性，它的價值也不一定是絕對的。當代儒家政治理論可以歡迎一個較溫和的個人自主的詮釋，它可視個人自主為眾多價值中的一種，有時可以被其他價值（如福祉和其他道德理想）比下去。這種溫和的詮釋既可使儒家思想顧及到人們的自主性，而又不會將個人自主放在其他價值之上，因此保存了儒家致善主義的特質。

　　從這種結合個人自主的新的儒家政治理論，為公民自由提供了一個比較強的證成。在此，自由的重要不僅源於其所涉及的行為的價值，也源於行事主體的個人自主這重要價值。這個新理論指出，某些時候我們應讓行事主體主導自己的生活和做出自己的選擇，即使其選擇不一定完全可取。然而，這個新理論又與某些自由主義的自由理論不同，因為它原則上允許道德主義和家長主義的考慮來界定自由的確切範圍。個人自主是一種善，但不是一種絕對的善。當一個行事主體的選擇發生嚴重錯誤時，為其美善生活帶來嚴重的後果，這種新儒家觀點會將這些因素列入考慮範圍。它會權衡壞的後果、個人自主，以及強制性干預的潛在弊端。至於該權衡的結果會否傾向法律干預，則取決於所涉及的具體情況。荀子為君子提出的關於道德反思和選擇的建議，也許可以作為一種立法原則：

　　　見其可欲也，則必前後慮其可惡也者；見其可利也，則必前後慮其可害也者；而兼權之，孰計之，然後定其欲惡取捨。（《荀子‧不苟》）

雖然這種新的儒家理論的架構不像先秦儒家思想和當代主流自由主義的架構那麼完備和整齊，但它似乎更能站得住腳。

假設我們有很好的理由把個人自主植入儒家的公民自由理論，我們現在需要考慮的是，這種外來價值的植入會否深深擾亂了儒家倫理？傳統儒家思想支持一個等級制的家庭和社會關係制度，父母（尤其是父親）享有很大的權威和權力安排子女的生活（即使子女已是成人）。這制度由一套精細複雜的孝道倫理所支撐。五四運動的思想家認為，正是儒家思想的這一特徵，壓制了個人自由和個體性。那麼，個人自主的注入，會否削弱孝道以至整個等級關係制度？對此問題，如果我們所說的孝道是那傳統理解下的孝道，筆者的答案是"會"。但筆者相信，鑒於現代社會的情況，我們可在儒家思想中找到強而有力的內在原因，以修正其對孝道的傳統理解。筆者將論證，我們沒有必要將個人自主的植入視作一種摒棄儒家倫理的舉動，而應當視其為儒家倫理應對新社會環境的一種內在修正。

從一個實用的角度看，個人自主是現代社會中一種不可避免的生活方式。如果一個人在各種生活處境中沒有理性和感性能力做出選擇，那麼他就幾乎不可能過着一種成功的生活。現代工業化和後工業化社會有着以下特徵：人們在社會和地域的流動、工種和職業的多樣化、技術的快速發展，以及不同文化之間的通訊變成簡易不過的事。這些現代社會的特徵導致職業、文化藝術和生活方式的多元化，它們林林總總，使人嚮往，亦使選擇成為人們生活的核心活動。我們不能把自己的教育、職業、婚姻伴侶、定居地等事情統統交予父母替自己去選擇。父母不一定有第一手資料去理解孩子所面對的問題，他們的經驗也不一定再適用於年輕一代所身處的急速改變社會。

這是一個新的問題，是先秦儒家思想不曾面對的。儒家思想在一個傳統的社會形成，那個社會的變化是如斯緩慢，因此不會孕育出個人自主這種概念。相反地，個人自主的出現會擾亂中國傳統社會中以家族為基礎的社會和經濟體系；在中國傳統社會中，家庭是經濟生產和社會網絡的最重要單位，父親作為一個權威人物，對家庭的穩定極為重要。賦予成人子女個人自主，將會擾亂這一秩序並危害家庭的存活。傑佛瑞・布盧斯坦（Jeffrey Blustein）就父母和孩子問題，對前現代和當代歐洲的差別的描述，也可解釋儒家思想的情況：

> 與今天的一般父母相比，在前工業時代，歐洲的父母並不太擔心對孩子撫養中所內含的道德價值問題。那時，家庭之外沒有多大的流動性；一個人的生活前景很大程度上局限於自己的家庭，一個人的生活位置很有可能與他的父親一樣。家庭是經濟生產的單位，父母的權利和責任是以保持家庭生產力的所需來定義。但隨着工業化的興起，職業和地位從父母向孩子有秩序地、可預期地傳承不再是想當然的了，而孩子的教育和訓練必須是使他們具備在狹窄家庭範圍之外取得成功所應具備的素質。這些廣泛的社會和經濟改變為重新認真思考父母角色鋪平了道路。[54]

與身處前現代社會的父母不同，今天的父母所要面對的職責是難以應付的。社會和經濟結構使父母難有餘地去強行規定子女的職

54　Jeffrey Blustein, *Parents and Children: The Ethics of the Family* (New York: Oxford University Press, 1982), 3.

業、婚姻和教育等等的選擇。其結果是，父母只能輔助子女作出子
女自己的選擇。父母若希望子女能過上成功的生活，就需要好好裝
備子女，使他們擁有個人自主所需的理性和感性的能力。當然，儒
家思想也希望父母灌輸正確的價值觀和道德觀予子女，而個人自主
亦只是其中一種價值。然而，今時今日，強行規定子女的生活（甚至
當子女已成年），這不僅行不通，而且更是不可取，因為這對子女的
長遠福祉是有害的。[55] 因此，今天一個儒家所說的慈父，是不應施行
家長專制的；在現代社會中，家長專制是與慈愛相悖的。

　　這一思路可以幫助我們解釋，為何個人自主的植入是儒家家庭
倫理的一種內在修正，而不是對它的徹底放棄。在傳統儒家思想中，
孝道包含三種主要要求：尊敬父母、使父母得到榮耀（或不讓他們
丟臉），以及在經濟上供養他們。[56] 在傳統中國，尊敬父母的一個主
要表達方式就是服從父母的意願。這也許是孝道中唯一一個與個人
自主相悖的特徵，其餘兩個特徵今天仍然被許多人視為可貴，而它
們亦與個人自主相容。如前文所述，對父母的服從是建基於傳統中
國社會的社會和經濟結構之上。當社會條件改變，這一元素就失去
它在社會的重要性和吸引力；反之，在現代社會中，服從也無助於
子女的長遠福祉。現代儒家需要一種新的規範，來表達"尊敬父母"
這基本的道德要求。例如，在作出重要抉擇前徵詢父母意見可視
為對父母的尊敬。此外，我們還應當保留其他尊敬的態度，例如敬
意。[57] 因此，當代的孝道觀仍可保留那三個傳統要求：尊敬、榮耀和

55　這只是一個籠統的說法。在一些特殊情況下，例如子女未能發展出自主所需的能力而
　　經常選擇錯誤時，父母或許應該干預（成年）子女的生活。

56　對儒家思想中孝道含義的詳細分析，參見 Chenyang Li, "Shifting Perspectives: Filial
　　Morality Revisited," *Philosophy East and West* 47, no. 2 (1997): 211-32。

57　子曰："今之孝者，是謂能養。至於犬馬，皆能有養；不敬，何以別乎？"（《論語・為
　　政》第七章）。今天這著名的語句仍有很多真理在其中。

供養父母，儘管第一個要求的具體表達方式會有改變。

　　另一個論證這個當代孝道觀的方法是：今天，受儒家思想影響的父母，為了子女的福祉着想，不應該施行家長專制，不應該要求子女服從自己。如是，這就得出一個有趣的含意：如果（成年）子女的服從，並不是父母所希望得到的，那麼，我們就無從說子女不服從父母的意願。換句話說，因為父母沒有意願去要求子女服從，個人自主和孝道的潛在衝突隨即消失。

結論

　　作為總結，讓筆者嘗試概括本章所論證的主要觀點。第一，儒家倫理中存在一種道德自主觀，這道德自主觀在某程度上支持寬容和自由（免受強制力之意）。第二，道德自主（儒家的或康德的）與個人自主不同，兩者有着不同的關注點，而且與道德自主相比，個人自主為公民自由和個人自由提供了更強而有力的證成。公民自由是重要的，因為它可用來促進道德和道德以外的善，並表達了個人自主的理想。第三，我們應當小心地將個人自主與個人主權的觀念區分開，儒家倫理應當植入個人自主而不是個人主權。最後，個人自主的植入會加強儒家思想在當代的受用性。這無須視為對儒家倫理的放棄，而是儒家倫理應對新社會環境的一種內部修正。從該融合中，我們得到了一種新的致善主義的自由理論：它既承認個人自主的價值，亦承認藉着自由所促進的倫理之善的重要性；當兩者發生衝突時，它會小心翼翼地權衡兩者的輕重。

第七章　社會公義在民皆足夠

第一節　仁政：仁或公義？

在本書的第一部分，筆者論證了儒家理想中的統治者和被統治者的關係是一種互相委身的關係：統治者關愛民眾，民眾則接受統治者的管治。在儒家政治思想中，"仁君"就是關愛民眾的統治者，仁君施行一系列孟子稱為"仁政"的社會和經濟政策，以促進民眾的美善生活（尤其是物質方面的福祉）。在本章和下一章，筆者將討論仁政的本質和內容，尤其是仁政下的政策是否能稱為公義的政策。一些學者在談及儒家的仁政時，焦點往往是在"仁"而非在"政"，彷彿是說仁政就是那些由統治者的仁心所驅動的政策。根據這種看法，仁政是仁心的延伸，它缺乏獨立的地位和內容。如果我們認為儒家思想視政治為個人倫理的延續、視國家為家庭的擴大，則上述看法似乎言之有理。[1]

但是，筆者相信這種仁政觀點是片面的。雖然"仁政"這詞彙是孟子所創，但根據《尚書》的記載，早在西周時期"仁政"的主要觀點和內容就已出現。正如筆者在第一章和附錄二中所論證的，上天授予統治者天命，由他來保護民眾和促進他們的福祉。在這種以服務為本的權威觀中，對民眾的照顧和關愛不僅是賢德統治者自然會做

1　筆者在 "Exploring the Nonfamilial" 一文中批評了這種詮釋。

的事，也是一種的客觀要求；因為如果統治者沒能照顧和關愛民眾，他就會有失去權威的風險。《尚書》中“保民”一詞，就是用來描述統治者的任務和責任，而“保民”正是“仁政”的前身。孟子的仁政理想和他對天命的理解，其實是繼承了“保民”這歷史悠久的概念。

仁政是所有統治者的責任，也是他們享有權威的條件。我們不應視它為康德所說的那種為一種開放式的、沒需要一定履行的責任，更不是可讓賢德統治者選擇做不做的、屬責任以外的行為。孟子對當時的統治者提倡仁政觀點時，有些時候是訴諸他們的仁心，因為在他看來這是說服他們接受仁政的有效方法。但我們不應該因此認為，仁政只是一種在仁慈之下的責任。相反，仁政的首要意義是一種政治責任，是上天頒下的律令，以及正當權威的客觀要求。

按照孟子的理解，仁政是所有正當的統治者都必須執行的一系列社會和經濟政策。如果仁政不能只簡單地基於仁心，那麼它是否也基於某些公義的考量？這是一個較難回答的問題。仁政理想的部分核心內容就是經濟資源的恰當分配，但究竟這種分配是否一種屬於公義範疇的要求？要回答這問題，我們需要探明：第一，先秦儒家思想有否公義這概念？其次，如果有的話，那麼該公義概念是否適用於資源分配的事務上？

當代關於儒家公義的文獻不多，而其中大多數都認為儒家思想不會贊同西方公義觀所預設的哲學立場。這些文獻所採取的其一典型策略就是，以約翰・羅爾斯（John Rawls）的公義理論為參照，然後論證他的理論預設了自由主義式的人觀和社會觀，而這些觀點跟儒家思想中的大相逕庭。[2] 儘管這類討論皆富啟發性，但它們通常是在沒有認真處理分配公義或社會公義的情況下就作出結論。筆者相信，我們在重構儒家觀點時，無須亦不宜與羅爾斯的觀點比較，因為這會讓我們覺得西方和儒家的哲學視野是截然對立的理想型，並將我們的注意力從儒家和西方思想家所共同關心的分配問題上轉移到其他問題。筆者希望在探討儒家公義時，可以在關於人性、人和社羣的問題上作最少的哲學預設。

在下一節，筆者將論證，在先秦儒家典籍中，公義是指"給予每人其所應得的"（to each according to his due），而這概念是用於分配榮譽、官職和懲罰的討論中。在第三節，筆者區分了分配公義和社會公義的概念，並討論了先秦社會的分配問題，何以可歸入社會公義的領域。在第四和第五節，筆者從先秦經典中重構出幾項有關分配的基本原則，並論證它們可組成一種社會公義的致善主義進路。先秦儒家的社會公義主要原則是讓所有人皆享有足夠的資源，這公義觀既非"右派自由主義"（libertarian），也非"平等主義"（egalitarian）。社會公義的目的，是使社羣中的每一位成員都有足夠資源過上美善生活。

第二節　儒家思想中有沒有分配公義概念？

讓我們先看看在古希臘哲學中的一個流行的公義觀念："按各

2　例如，參見 Erin M. Cline, "Two Senses of Justice: Confucianism, Rawls, and Comparative Political Philosophy," *Dao* 6, no. 4 (2007): 361-81；Ruiping Fan, "Social Justice: Rawlsian or Confucian?" chap. 7 in *Comparative Approaches to Chinese Philosophy*, ed. Bo Mou, Ashgate World Philosophies Series (Aldershot, UK: Ashgate, 2003)。

人所應得的分配"（render to each his due）。[3] 雖然這簡單的公式並沒有解釋甚麼是一個人所應得的，但它還是告訴了我們幾樣事情。首先，它告訴我們公義概念是"分配性的"（distributive），公義是把利益和負擔根據某些正確的原則在個人之間作分配，而不是訴諸某些總體結果而使分配只是達成該結果的一種手段。[4] 傑里米·沃爾德倫（Jeremy Waldron）給了一個很好的例子，來說明公義的基本關注是分配而非匯總。試想想這則新聞報導："今天一位法官將一個有組織的犯罪集團的五名成員處以總共兩百年的監禁。"[5] 沃爾德倫說，從公義的角度看，這則報導"沒有提供任何資訊"，因為它沒有告訴我們每一個罪犯所受到的刑罰是多少。沃爾德倫的看法是正確的。在這個例子中，公義所關注的不是總體的刑罰結果，而是每個被判有罪的罪犯是否得到了他所應得的刑罰。

　　這個古希臘的公義觀告訴我們的第二樣事情，就是公義概念是"以個人為本的"（individual oriented）。"按每人所應得的分配"是以一種特殊方式，來評估分配的正確性。利益的分配是根據所涉及的每一個人的特點和狀況而決定，例如該人的努力、貢獻、長處、需要、安康狀況、作為人的價值等等，而非根據那些與個人不相關的事項來分配；這樣的考量同樣適用於分配負擔之上。第三樣也是最後的事情，這古希臘觀點還告訴我們公義是一個"道德的"（moral）概念。"按每人所應得的分配"是一個道德的要求，公義並非分配者基於個人喜好或善意的施予。[6] 總括來說，"公義"這概念是從道德的角度出發，分配人們作為個體所應得的利益和負擔。

3　從此處開始，除非另外說明，"公義"一詞都是指分配公義。

4　參見 David Miller, *Social Justice* (Oxford: Clarendon Press, 1976), 19-20。

5　Jeremy Waldron, "The Primacy of Justice," *Legal Theory* 9, no. 4 (2003): 275.

6　參見 Tom D. Campbell, *Justice*, 2nd ed. (London: Macmillan, 2001), 24。

　　儒家思想中有這樣一個概念麼？筆者相信，答案明顯是肯定的。儒家典籍中最能說明公義概念的段落，就是那些討論懲罰之公義和官職之分配的章節。在先秦儒家中，荀子是最明確地指出公義和公平在政府事務中之重要性。在他看來，統治必須"公平"（《荀子·王制》）。"故公平者，職之衡也；中和者，聽之繩也"（《荀子·王制》）。

　　荀子與古希臘哲學家對公平的觀念有着一致的理解。荀子指出公義或公平就是根據每個人的特點、狀況或行為，來給予他所應得的東西。"凡爵列、官職、賞慶、刑罰皆報也，以類相從者"（《荀子·正論》）。因此，"榮辱之來，必象其德"（《荀子·勸學》）；官職必須與才能相稱，回報必須與成績相應，刑罰也必須與罪行相乎（《荀子·儒效》）。

　　重要的是，荀子認為，公義是把每個人看成為獨立的個體，與其他人甚至是家庭成員應該分開來看待：

> 爵當賢則貴，不當賢則賤。古者刑不過罪，爵不逾德，<u>故殺其父而臣其子，殺其兄而臣其弟。……分然各以其誠通。</u>
>（《荀子·君子》；底線為筆者所加；另參見第四章）

　　這章節清楚地顯示，荀子認為公義是以個人為本的；公義要求把每個人作獨立考慮並施以正確對待。孔子對此觀點也十分認同。《呂氏春秋》是一部融合了儒家、法家、道家和墨家思想的主要典籍，其中的一個故事裏，據說孔子稱讚了祁黃羊的"公"之精神，因為當祁向其君主推薦公職人選時，他純粹根據候選人的優點長處，而不是根據他們與自己的個人關係來推薦。以下頗長的章節值得引用於此：

晉平公問於祁黃羊曰："南陽無令，其誰可而為之？"祁
黃羊對曰："解狐可。"平公曰："解狐非子之仇邪？"對曰：
"君問可，非問臣之仇也。"平公曰："善。"遂用之。國人稱
善焉。

居有間。平公又問祁黃羊曰："國無尉，其誰可而為
之？"對曰："午可。"平公曰："午非子之子邪？"對曰："君
問可，非問臣之子也。"平公曰："善。"又遂用之。國人稱
善焉。

孔子聞之曰："善哉！祁黃羊之論也，外舉不避仇，內舉
不避子。"祁黃羊可謂<u>公</u>矣。（《呂氏春秋・孟春紀・去私》
第四章；底線為筆者所加）

孟子和荀子皆視公義為道德律令，凌駕奪取天下等政治目標。
孟子說為了得天下而"行一不義"或"殺一不辜"都是錯誤的，因為
這與仁義背道而馳（《孟子・公孫丑上》第二章、《盡心上》第三十三
章；另見《離婁下》第四章）。荀子也持同樣觀點，說儒者"行一不義，
殺一無罪，而得天下，不為也。此君義信乎人矣"（《荀子・儒效》；另
見《王霸》、《榮辱》）。如是者，對孟子和荀子而言，公義是一種施
加於人們在追求目標和利益時的道德限制；公義是一種非後果論的、
非效益主義的觀念。

如果筆者的分析是對的，那麼儒家思想就確實包含一個（分配）
公義的概念，而且該概念與古希臘的公義概念如出一轍：按各人之
應得分配。像古希臘的概念一樣，儒家公義也是分配性的、以個人
為本的，以及道德的。

第三節　儒家思想有沒有容納社會公義概念的空間？

從分配公義到社會公義

如上所述，我們可以在先秦儒家就榮譽、官職和懲罰的討論中，找到分配公義的概念。那麼，那些屬經濟範疇內的分配，例如土地或其他有形物品如穀物，又如何呢？儒家思想家在處理經濟事務時，是否也從公義的角度來討論？或者更進一步問，儒家思想中有經濟公義或社會公義的概念嗎？對儒家來說，物質資源的分配是否也是公義之下的事？

筆者至此所重構的儒家公義概念，是近似西方傳統的公義概念；公義是與個人的"長處"（merits）或"應得"（desert）相連。一些理論家認為，西方這種訴諸"長處的"（meritorian）公義觀[7]，是與現代的經濟公義或社會公義的概念非常不同。前者將公義局限於民事範疇（官職、榮譽和懲罰），而後者則將它伸展至經濟範疇（有形物品）。[8]森姆・弗萊斯哈克爾（Samuel Fleischacker）認為，西方傳統中的主要思想家，從亞里士多德（Aristotle）到亞當・斯密（Adam Smith），都持有這種訴諸個人長處的公義觀，他們不會接受社會公義的概念，因為他們不相信窮人有何長處，足以向社會或國家要求物質分配，把物質分配說成是他們應得的。[9]然而，現代（平等主義的）

7　參見 Campbell, "What Is Justice?" chap. 1 in *Justice*。

8　關於民事公義和社會公義的對比，參見 J. A. Passmore, "Civil Justice and Its Rivals," chap. 2 in *Justice*, ed. Eugene Kamenka and Alice Erh-Soon Tay (London: Edward Arnold, 1979)。

9　Samuel Fleischacker, *A Short History of Distributive Justice* (Cambridge: Harvard University Press, 2004), 1-16。對弗萊斯哈克爾的前現代西方公義觀分析的批評，參見Siegfried Van Duffel and Dennis Yap, "Distributive Justice before the Eighteenth Century: The Right of Necessity," *History of Political Thought* 32, no. 3 (2011): 449-64。

社會公義的理論家卻持有相反的觀點。他們相信，公義在道德上賦予社會每一位成員權利，以享一定水平的物質生活，而政府是有責任保障社會所有成員的物質生活。

物質財富對民眾生活的重要性

根據弗萊斯哈克爾的看法，前現代西方思想家就貧窮的本質或根源，傾向下述的一些觀點，而其中任何一個都可以窒礙傳統的分配公義概念轉型為現代的社會公義概念：

- 貧窮是一種對罪惡的懲罰。
- 貧窮是一種自然而存之惡，人的努力是不可能克服它。
- 物質多寡是無關宏旨的，窮人和富人在不同的物質條件下，皆可以過上同等的美善生活。
- 貧窮是一種天賜福份，它使人學會謙卑或擺脫物質沉淪。[10]

如果一個社會不相信貧窮對個人來說是苦事，或者不認為紓解貧困是當做的事，那麼人們就不會視貧窮（或者物質財富的分配）為公義的問題。但儒家思想並不贊同以上四點。毫無疑問，儒家思想家認為，擁有高尚品德的人，不論是富是貧，是樂於美德本身而非物質財富（《論語・為政》第十五章、《孟子・盡心上》第二十一章、《荀子・修身》、《荀子・君道》）。可是，沒有一位儒家思想家曾說過物質財富對民眾生活是無關宏旨的。恰恰相反，他們認為民眾對

10　Fleischacker, *Distributive Justice*, 9. 弗萊斯哈克爾還提及其他關於貧窮的觀點，但它們與筆者在此的目的不太相關，因此沒有被引用。

物質財富的慾望是自然的，而如果追求物質財富的手段是合乎道德，那麼該慾望也是正當的。孔子説：

> 富與貴，是人之所欲也⋯⋯貧與賤，是人之所惡也。
> （《論語・里仁》第五章）

> 富而可求也，雖執鞭之士，吾亦為之。如不可求，從吾
> 所好。（《論語・述而》第十二章）

孟子更明確地指出物質財富對一般民眾的生活是重要的，他説沒有穩定和足夠物質的人易誤入歧途，而統治者是有責任防止民眾墮入貧窮和罪惡的陷阱：

> 無恆產而有恆心者，惟士為能。若民，則無恆產，因無
> 恆心。苟無恆心，放辟邪侈，無不為已。及陷於罪，然後從
> 而刑之，是罔民也。焉有仁人在位罔民而可為也？（《孟子・
> 梁惠王上》第七章）

在孟子看來，物質財富不但有助防止民眾誤入歧途，它甚至是民眾美善生活的必要條件。緊接着上一段話，他又説道：

> 是故明君制民之產，必使仰足以事父母，俯足以畜妻
> 子，樂歲終身飽，凶年免於死亡。<u>然後驅而之善</u>。（《孟子・
> 梁惠王上》第七章；底線為筆者所加）

　　孟子認為，人是要依靠物質財富來維生和持養家庭，因此物質財富使人可以履行重要的倫理責任。當人們擁有足夠的物質財富來養活家庭，就可以"以暇日修其孝悌忠信，入以事其父兄，出以事其長上"（《孟子・梁惠王上》第五章）。這就是孟子的美善生活觀，其中物質財富是必要的重要條件。

社會公義的環境

　　在儒家思想家看來，物質財富對美善生活是重要的，人們對物質的慾望也是自然和正當的。但這並不足以說，物質財富的分配就可視為社會公義的議題。正如大衛・米勒（David Miller）所說，一個社會如要讓社會公義的議題得以產生，其環境需要有一些前設："如果我們不是居住在有邊界的社會中、如果利害分配不是依據一套我們理解的確實的社會制度而行、如果沒有機構能規管社會的基本結構，那麼我們就不是活在一個社會公義適用的世界中。"[11] 如果我們遵循米勒對社會公義的產生環境的理解，那麼我們就需要證明儒家思想家所理解的社會，是一個有疆土邊界的、由制度所建構的、以及由人的機構規管的社會。

　　稍後筆者將說明，孟子和荀子的確視社會為每一位成員的福祉的必需條件，是一種由統治者及政府來規管的經濟分工體系。在這體系中，資源分配的公平和權益的保障是極其重要。在說明這一點前，讓我們先看看孟子和荀子是在怎樣的歷史條件下發展出他們的社會觀。[12] 儘管他們的社會觀包含了許多理想主義成分，但它其實也

11　David Miller, *Principles of Social Justice* (Cambridge: Harvard University Press, 1999), 6.
12　孔子的社會觀比其他這兩位的並不詳細，因此筆者沒有將他納入討論。

是對現實處境的一種回應。以下，筆者將借鑒許倬雲《轉型中的古代中國》一書[13]，扼要地描述先秦時期的社會轉變，並指出當中涉及社會公義問題的地方。

春秋（公元前 772- 前 475 年）早期的中國，明確地存在着以政治地位區分的社會分層。在頂部的是國家統治者。緊接其下的是貴族，他們是與統治者有親緣關係的世襲頭領，同時也有是在朝廷中位高權重的地主。在統治階層最底的是士，他們是貴族的家臣或扈從，並非一個獨立的社會集團。在統治階層之下是平民，這一層大多是農民，也包括商人和工匠；在社會中和政治上，他們服從政治精英的領導。

從春秋晚期到戰國時期（公元前 475- 前 222 年），國與國之間和國內貴族之間的戰爭，給整個中國帶來急劇的社會變化。當中有幾個方面，與社會公義問題尤其相關：

1. **新型國家的出現和知識分子的崛起。**貴族的沒落為政治人才創造了空間。一方面，統治者不再倚仗貴族而可直接操縱權力，但另一方面他們必須招募平民來做大臣和顧問，以助他們在亂世中奪得或鞏固權力。正如許倬雲所描述："在戰國時期開始之際，一種新型國家出現了。在這國家中，統治者掌握獨裁權力，並任命有能力的人進入官僚體系及辭退不合格的大臣。"[14] 就是在這社會背景下，先秦儒家（尤其是荀子）

13　Cho-Yun Hsu, *Ancient China in Transition: An Analysis of Social Mobility, 722-222 B.C.* (Stanford: Stanford University Press, 1965)；另見 Yuri Pines, "The Literati", chap. 3 in *The Everlasting Empire: The Political Culture of Ancient China and Its Imperial Legacy* (Princeton: Princeton University Press, 2012)。

14　Hsu, *Ancient China in Transition*, 105-6.

提出了"個人長處和應得原則"（the principle of personal merit and desert），認為官職的分配應該以個人的美德和能力為依歸。

2. **城市和商業經濟的出現**。大片土地在政治上的統一，以及交通運輸變得相對安全，"改變了城市的功能，使之從軍事防禦性的要塞變為工商業中心。"[15] 在城市裏，金屬貨幣成為普遍的交易媒介；職業的專業化和區分也日益增多；繁榮的貿易和商業活動造就了富有商人階層的出現，他們間或在政治上發揮着影響力。

3. **經濟不平等的擴大**。國家領土的擴張，以及土地政策和稅制的改變，促進了土地私有化。"由於重稅、高昂租金和高利貸，在極度經濟困境之中的農民不得不賣掉土地，使土地越來越集中於少數人的手中。"[16] 那些失去土地的農民通常變成低薪的受僱勞動者，有些則成為新地主的佃戶，他們甚至要繳付五成收成作為土地租金。[17]

　　正是在這種歷史背景之下，孟子和荀子發展出他們的政治社會觀。他們回應了身處的時代，詳細討論了諸如貧窮、社會角色和功能的分化、收入和地位不平等，以及政府的分配角色等問題。他們視社會為一個在政治和經濟領域內皆存在職業專門化和分工化的、互相依賴的體系，認為"百工"之間的貿易對滿足每個人的需要都是必須的（《孟子‧滕文公上》第四章、《孟子‧滕文公下》第四章；《荀

15　同上，第 137 頁。
16　同上，第 138-39 頁。
17　同上，第 113 頁。

子・榮辱》、《荀子・王霸》)。但是，他們同時也意識到，缺乏規管的自由貿易可能導致壟斷、過度利潤，以及在林業和漁業出現今天理論家所稱的"公地的悲劇"(the tragedy of the commons)[18] 等問題，因此認為政府對經濟活動的干預是必須的（《孟子・梁惠王上》第三章、《孟子・公孫丑下》第十章；《荀子・王制》)。更重要的是，孟子和荀子都相信統治者及政府是有能力和責任，在稅收、土地分配和社會福利方面實施恰當的法律和政策，確保管治上和經濟事務上的公平或平等。

總而言之，在先秦的歷史條件下，當時的分配問題是可以很自然地成為社會公義的議題，而且從儒家思想家的社會觀來看，我們亦可以說，他們將社會分配對民眾福祉的影響視為社會公義議題是可能的。當然，他們是否真的這樣想，則是進一步的問題，這需要我們對儒家文本作詳細的分析。

第四節　分配原則

在本節中，筆者將論證，孟子和荀子所贊同的分配原則，就是今天我們在討論政府對民眾物質福祉之責任時，有時談及的"足夠原則"(principle of sufficiency)。該原則說：我們要首先照顧貧困的人，使他們足以正常地生活；在這足夠物質水平之上的財富和收入不平等是無須理會的；官職、工作職位和薪酬是依據各人的長處和貢獻來分配；天賦才能的不平等在道德上並不構成問題。

18　"草木榮華滋碩之時，則斧斤不入山林，不夭其生，不絕其長也；黿鼉、魚鱉、鰍鱣孕別之時，罔罟、毒藥不入澤，不夭其生，不絕其長也。"（《荀子・王制》）

所有人皆足夠

孟子深深注意到身處時代的貧窮和財富不均問題。他說："狗彘食人食而不知檢，塗有餓莩而不知發"（《孟子·梁惠王上》第三章）。還說："今也制民之產，仰不足以事父母，俯不足以畜妻子；樂歲終身苦，凶年不免於死亡"（《孟子·梁惠王上》第七章）。孟子認為，這些問題的成因是土地分配不均、政府沒有適當地重新分配土地，以及為窮人提供物質支援。因此，孟子認為公平分配土地是奉行仁政的政府的首要任務：

> 夫仁政，必自經界始。經界不正，井地[19]不鈞，穀祿不平。是故暴君汙吏必慢其經界。經界既正，分田制祿可坐而定也。（《孟子·滕文公上》第三章；底線為筆者所加）

套用現代的詞彙，孟子所說的就是：經濟公義是良好管治的基石。但怎樣才是公平的土地分配呢？

在以下兩段章節中，孟子指出，公平的土地分配就是平均分配，使每個人都享有足夠的土地過上美善生活。

> 是故明君制民之產，必使仰足以事父母，俯足以畜妻子，樂歲終身飽，凶年免於死亡。然後驅而之善。（《孟子·梁惠王上》第七章；底線為筆者所加）

孟子接着向齊宣王講解，所謂足夠的物質生活，其所需的土地

19　筆者將在下面解釋"井田制"。

量是多少：

> 王欲行之，則盍反其本矣：五畝[20]之宅，樹之以桑，
> 五十者可以衣帛矣。雞豚狗彘之畜，無失其時，七十者可以
> 食肉矣。百畝之田，勿奪其時，八口之家可以無飢矣。（《孟
> 子・梁惠王上》第七章；另見第三章）

孟子接着又闡述了"井田制"[21]，並指出井田制是仁政政府首要推行的制度：

> 方里而井，井九百畝，其中為公田。八家皆私百畝，同
> 養公田；公事畢，然後敢治私事。（《孟子・滕文公上》第三
> 章）[22]

雖然這僅是一個大綱，當中統治者可作適當調整，但孟子所説的井田制清楚地包含了三點原則：

一、**足夠原則**：每個家庭都應當擁有足夠的土地，使成員的物
　　質安康和倫理生活得到保障。

20　D. C. Lau 在其翻譯中註釋道："由於一畝是一平方里的百分之九，因此它相當於略少
　　於二百平方米的面積。"參見他的 *Mencius*, rev. bilingual ed. (Hong Kong: Chinese
　　University Press, 2003), 9。
21　D. C. Lau 在以下的註釋解釋 "井" 的概念："從推論中可以看出，當一片地被分割成九
　　塊時，它看上去就像中國的井字。因此這個體系就叫做井田制。它通常被翻譯成 well-
　　fields，因為井在英文中是 well，但這種翻譯有些誤導。儘管如此，我還是保留了它，
　　因為它已經成為標準翻譯了。"同上，第 111 頁。
22　九分之一歸國家或公用，這似乎與古代西方的十一稅沒有多大分別。

二、平等原則(作為第一原則的推演結果)：分配給每個平民家庭的土地份額應當差不多相同。(官員則可得到較多土地，因為他們對社會所做的貢獻較大。)

三、**政府責任原則**：政府有責任確保土地的界定是"正"的(正確地劃界)，以及土地的分配是"均"的(公平分配)。

荀子像孟子一樣，也贊同足夠原則，並視它為仁政政府的核心(《荀子・王制》、《荀子・富國》、《荀子・君道》)。他也提及一種類似孟子的井田制的制度，作為使民眾享有足夠的物質的基礎：

> 不富無以養民情……故家五畝宅，百畝田，務其業而勿奪其時，所以富之也。(《荀子・大略》)

除了土地分配，荀子說工作收入也是使民享有足夠的物質的另一基礎，因此建議統治者：

> 使民必勝事，事必出利，<u>利足以生民</u>，皆使衣食百用出入相掩，必時臧餘，謂之稱數。(《荀子・富國》；底線為筆者所加)

此外，孟子還有一個關於政府責任的重要觀點，他說如果有人在統治者的管治下死於飢餓，那麼統治者不僅沒有履行關愛民眾的責任，而且其行為與殺害他們無異：

狗彘食人食而不知檢，塗有餓莩而不知發；人死，則曰："非我也，歲也。"是何異於刺人而殺之，曰："非我也，兵也。"王無罪歲，斯天下之民至焉。(《孟子・梁惠王上》第三章；另見第四章；底線為筆者所加)

孟子強烈譴責沒有救助貧困者的統治者。這譴責的理據何在呢？一個可能的答案是：孟子相信享有足夠物質過上美善生活是民眾所應得的，而政府應當透過良好施政來提供這些物質資源。因此，如果統治者未能幫助貧困者，政府在經濟分配中沒有顧及民眾的應得，這是嚴重損害公義的管治失敗。然而這隨即引來一些重要問題：孟子所相信的資源分配的道德基礎是甚麼呢？該基礎是不是一個公義的基礎？可惜的是，孟子並沒有直接提供答案。但筆者相信，從以上孟子的觀點來看，我們可以建構一個致善主義的公義理論，來證成政府的分配角色其實是一種公義的責任。這是一個致善主義理論，因為它的最終基礎是在於某種美善生活觀；這理論嘗試將孟子的美善生活觀、政府的分配角色和社會公義相連起來。它的推論大體如下：

1. 每個人都可過上美善生活，從道德的角度看這是十分重要的。
2. 美善生活需要有足夠的物質資源來支持。
3. 自然界為人類提供了足夠的物質資源，可滿足每個人的物質需求。
4. 自然界資源的提供，以及我們對這些資源的獲取，是取決於一個"良序"(well-ordered)架構，其中統治者 (或政府) 擔當着關鍵角色。一個良序架構需要有一套恰當的法律和政策，

　　來處理土地分配、稅收，以及管理如林木和漁產等公共資源
　　等問題。

5. 統治者如何建立和施行社會法規，直接影響民眾獲得的物質
　　資源，這一事實使統治者負上了公義的責任。

6. 統治者在建立分配規則和制度時，在公義的責任下，須根據
　　足夠原則來為每個人提供公平份額的物質資源，這是因為每
　　個人都有過上美善生活的能力，每個人都是有價值和需求
　　的。在一個良序社會中，任何人都可申稱足夠的物質資源是
　　他所應得的。如果統治者在自然資源足夠的情況下，沒有維
　　持一個良序架構，以及如果這導致某些人死於飢餓而另一些
　　人則過度富有，那麼統治者實際上是積極地做出了嚴重不公
　　義之事（等同殺死了飢餓的人），其過失非僅在沒有幫助貧困
　　的人。

7. 公義的責任並不僅是統治者的責任。每個人都有責任向政府
　　繳稅，不論是井田制下在公地上的勞動或其他稅項，以貢獻
　　出自己的勞力和財富。換句話說，每個人都有責任為每個人
　　提供他所應得的。以現代語言來說，每個人皆可訴諸公義並
　　申稱有權享有足夠的物質，但同時也有責任付出自己的勞力
　　來讓所有人享有足夠的物質。

　　由於上面很多陳述都是取自孟子，或至少與他的觀點一致，所
以我們是可將這致善主義的公義理論冠以孟子之名。在這理論中，
我們可以看到為甚麼足夠原則是一種社會公義的原則。

貧窮者優先

如果政府分配的目標是讓所有人都享有足夠物質，那麼這就意味着那些活在足夠物質水平之下的窮人應該優先得到政府的照顧；此正是孟子和荀子的立場。他們皆指出，社會中存在一些沒有能力自助的弱勢羣體：

> 老而無妻曰鰥，老而無夫曰寡，老而無子曰獨，幼而無父曰孤。此四者，天下之窮民而無告者。文王發政施仁，必先斯四者。（《孟子・梁惠王下》第五章）

> 五疾，上收而養之，材而事之，官施而衣食之，兼覆無遺。（《荀子・王制》）

> 選賢良，舉篤敬，興孝弟，收孤寡，補貧窮。（《荀子・王制》）

孟子和荀子認為，對窮人的幫助不應該止於施捨救濟，其他例如確保足以維生的工資水平亦是重要的措施。正如荀子注意到，對殘疾民眾應當"材而事之，官施而衣食之。"在下一章，筆者將仔細分析政府和人們應當如何幫助貧困者。

長處和貢獻

筆者在本章第二節指出，對孟子和荀子而言，一個人的工作收入的多寡，應當與他的長處或貢獻相稱。孟子和荀子並不相信"結果上的平等"（equality of outcome）；一個人如果因為其長處或貢獻而得到比別人更多的回報或擁有更多的財富，這是正當的。荀子寫道，個人所得的報酬應當與他的"事"相稱：

> 故先王案為之制禮義以分之，使有貴賤之等，長幼之差，知愚、能不能之分，皆使人載其事而各得其宜，然後使愨祿多少厚薄之稱，是夫羣居和一之道也。（《荀子‧榮辱》；底線為筆者所加）

> 故仁人在上，則農以力盡田，賈以察盡財，百工以巧盡械器，士大夫以上至於公侯莫不以仁厚知能盡官職，夫是之謂至平。故或祿天下，而不自以為多，或監門御旅，抱關擊柝，而不自以為寡。故曰："斬而齊，枉而順，不同而一。"夫是之謂人倫。（《荀子‧榮辱》；底線為筆者所加）

我們不要誤解上文。荀子並不是在提倡一種歧視性的、以階級為基礎的社會等級制度。他所展示的，其實是一種由人們的能力、而非家庭背景來界定的地位和報酬等級。事實上，荀子提倡以長處為基礎的階級流動，他寫道：

> 雖王公士大夫之子孫也，不能屬於禮義，則歸之庶人。雖庶人之子孫也，積文學，正身行，能屬於禮義，則歸之卿相士大夫。（《荀子‧王制》；底線為筆者所加）

　　孟子也支持報酬應該與個人的長處或貢獻相稱。他說一個人所得的報酬應當依照他的工作或貢獻（"功"）而非意圖（"志"）來決定（《孟子・滕文公下》第四章）。他尤其強調，君子向統治者進言，得到報酬是應該的；儘管他們並不像農民或木匠那樣從事生產活動，但是由於他們輔助君王穩定朝綱和贏得榮譽、教育民眾成為負責任的人，這些貢獻是值得為他們帶來報酬（《孟子・盡心下》第三十二章）。

　　由此可見，一旦人們生活達到物質足夠的水平，孟子和荀子是不會反對那些源自個人長處或貢獻的經濟不平等。孟子和荀子都不是"運氣平等主義者"（luck egalitarian），不認為那些非因自己的錯誤而成為貧窮的人應當得到補償。相反，他們相信，一個人所應得的，是應當基於個人的成就和貢獻。

　　然而值得我們注意而亦具爭議性的是，孟子和荀子都相信，人們天生的本性和才能是沒有差異的。"材性知能，君子、小人一也"（《荀子・榮辱》）。他們指出，造成人們的能力和道德發展的日後差異有兩個因素：一個是個人的，另一個是社會的。個人因素是指人對思考、學習和修養的熱衷程度（《孟子・告子上》第十七章、《荀子・榮辱》、《荀子・性惡》）；社會因素則是指所處社羣的環境和習俗。"習俗移志，安久移質"（《荀子・儒效》；另見《荀子・榮辱》）。孟子也曾說，環境可以改變一個人的氣質（"氣"）（《孟子・盡心上》第三十六章）。儘管個人的成就部分取決於成長環境和習俗，但孟子和荀子都沒有說那些由於無法控制的因素而成為貧窮的人應當得到補償。筆者懷疑，即使他們明白人們天生的才能各異，也不會支持運氣平等主義。

第五節 儒家致善主義的社會公義觀

就儒家社會公義觀的主要原則，我們大體可以總括如下：

1. **所有人皆享有足夠的物質資源**：每個家庭都應該擁有足夠的資源，讓成員過物質上安穩的及合乎倫理的生活。
2. **貧窮者優先**：處於足夠物質水平之下的人，即那些有特殊需要的貧困者，應該優先得到照顧。
3. **長處和貢獻**：職位和報酬應該按照個人的長處和貢獻來分配；任何因此而產生的收入不平等都並非不正當的。

這是一個致善主義的社會公義觀，因為在上述重構的不同階段中，皆涉及先秦儒家的美善生活觀。首先，根據致善主義的觀點，社會公義的目的是使社羣的每位成員都過上美善生活；因為儒家認為美善生活是需要有物質的支持，這正關乎分配公義的課題。其次，致善主義的觀點也解釋了為何應按足夠原則而不是平等原則來作分配；由於社會公義的目的是使每個人過上美好生活，所以道德上重要的是，每個人有否足夠資源來過美善生活，而非有否同等資源。

第三，儒家的美善生活觀作為一種致善主義觀點，為何謂"足夠"提出了一個概略但客觀的標準："足夠"並非指個人主觀所追求的生活所需要的資源（例如，成為一個億萬富翁），而是指物質上的安穩，使人可追求更高貴的、合乎倫理的生活所需要的資源。當然，我們很難確切地説出所需數量，但筆者認為，儒家的觀點是十分清晰的：一方面，"足夠"並非指是"物質豐富"或"富裕"，因為人們是不需要大量財富才可成為有美德的人和活在各種社會關係中，而且當人們渴求不斷累積財富，他們或不再專注於倫理和美德。另一方面，"足夠"也非指"僅足維生"，因為如果人們只有僅足維生的物質，處於朝不保夕的窮困和飢餓邊緣，是不會有安全感來投入道德學習。在孟子看來，足夠的適當水平是相當於我們所稱的"體面的物質生活水平"。他說："五十者可以衣帛矣……七十者可以食肉矣"(《孟子·梁惠王上》第七章)。當然，我們不能抽象地把這一標準用於現代社會，因為各地方的社會情況不同，我們只能按某一社會的特定情況來決定。

第四，從致善主義的角度看，我們也須説明一下，孟子為何選擇土地作為分配的主要資源，以及為何提倡井田制。土地，不僅是人們建居之處，也是一種重要的"生產資料"(means of production)。然而，土地作為一種生產資料，它與金錢或福利救濟是不同的；金錢及福利救濟能被接收者立刻享用，土地卻不能，接收者必須在土地上勞動才可獲取利益。用現代的術語來説，公義並不是通過直接的福利救濟來達成(那些給貧困者的福利救濟除外)。如果我們將這一點和孟子井田制下的理想社會相互參照，我們當可理解孟子憧憬的公義政體為何。如下一章所論，孟子憧憬的不僅是一個公義政體，也是一個關愛政體。社會公義為人們追求美善生活提供了一個公平的經濟基礎；人們透過關愛家人及其他人來體現仁，建立合乎美德的人際關係。根據這個致善主義的觀點，公義和關愛並非對立，而是在這美善生活觀中很好地整合在一起。在下一章中，筆者將對此作更多討論。

總結而言，儒家致善主義賦予社會公義一個目的(促進美善生活)、一個標準(所有人都擁有足夠物質)，以及在宏觀理想社會中一個"恰當位置"(proper place)(藉着來自家庭、社會網絡和政府的投入，將社會公義與關愛整合）。當然，要將這社會公義觀發展成為一個能立於現代的完備理論，並建構仔細的哲學論證以回應其他公義理論的挑戰，我們還有很多工作要做。在此，筆者僅想指出，本章所勾勒出的儒家觀點與近期一些理論家的立場極其相似，他們挑戰了平等主義的公義理論，並提出他們的"足夠理論"（doctrine of sufficiency）。[23] 正如那些足夠理論所面對的，儒家的社會公義觀也需要面對來自社會公義理論光譜兩端的挑戰：一端是右派自由主義者，他們認為窮人不可以訴諸公義或道德權利向社會索取任何物質資助；另一端是平等主義者，他們認為社會公義也要求我們糾正在足夠生活水平之上的經濟不平等。我們必先要處理這兩端的挑戰，才能論定儒家社會公義觀的合理性。

23　對此足夠理論最具影響力的辯護是 Harry Frankfurt, "Equality as a Moral Ideal," *Ethics* 98, no. 1 (1987): 21-43。其他重要的討論包括 Elizabeth S. Anderson, "What Is the Point of Equality?" *Ethics* 109, no. 2 (1999): 287-63。對足夠理論的批判性討論，見 Paula Casal, "Why Sufficiency Is Not Enough," *Ethics* 117, no. 2 (2007): 296-326；對足夠理論的辯護，見 Yitzhak Benbaji, "The Doctrine of Sufficiency: A Defence," *Utilitas* 17, no. 3 (2005): 310-32。

第八章　社會福利與關愛

我們在第七章論及，孟子提出的井田制首要是把土地作公平分配；在公義的原則下，政府是有責任分配足夠土地給每個家庭，使他們享有體面的生活水平。社會公義可以說是井田制的基礎。然而，井田制是一個多層面的生產供應制度，其中家庭、村莊和社羣擔當着不同的特定角色。孟子所憧憬的藍圖，並非一個在各個生活方面照顧民眾從生到死的保姆國家，而是一個由數條原則規管的社會制度，包括公義足夠原則、個人責任原則、關愛和自發性援助原則，以及長處和貢獻原則。雖然井田制的很多細節今天已不再適用，但筆者相信其基本原則仍是合理的，而且對現代社會仍有吸引之處。以下，筆者將重構孟子的相關思想，並逐一討論當中每個層面的吸引之處和局限；同時，筆者亦嘗試指出這些原則對當代社會的政策含意。

第一節　多層面的制度

關愛的第一層面：家庭

如果社會公義是井田制的基礎層面，那麼在這層面之上的，即第一層面，就是家庭的關愛和援助。家庭是井田制中最重要的基本社會單元。孟子説，在井田制下，當人們擁有足夠的耕作土地，獲得足夠的收成來養活自己時，他們就會 "暇日修其孝悌忠信，入以事其父兄，出以事其長上"（《孟子‧梁惠王上》第五章）。

家庭也是儒家倫理中最重要的社會單位，是人們培養和展示最自然和最直接的感情和愛的地方。孟子説，在家庭中，孩子自然而然愛父母，在成長過程中也自然而然尊重兄長（《孟子‧盡心上》第十五章）。當一個人需要幫助時，最自然和最適當的幫助會是來自家庭，因為家庭是關愛的最基本的地方。而且儒家認為，照顧家人是每一個人的倫理責任。儒家最重要的美德是孝，孝是指經濟上支持和關愛父母（《孟子‧離婁下》第三十章、《論語‧為政》第七章）。同樣，慈要求父母好好照顧孩子（《孟子‧告子下》第七章）。一位有能力照顧父母的兒子，如果將自己的責任轉嫁給其他人或政府，那將是一個嚴重的錯誤。

筆者相信，儒家認為當基本公義得到保障時，家庭是提供社會福利的首要地方。只有當這第一層面的援助失效時，才應當考慮其他層面。這個觀點讓我們理解某些東亞社會中明顯存在的兩種現象：第一，傳統上中國人通常偏向家庭而非政府尋求幫助[1]；第二，中國大陸、台灣和新加坡目前都有相關法律，定明如果父母缺乏自我照顧能力，而子女又已成年並有經濟能力的話，父母有權要求子女供養他們。支撐這法律的理由，並非在於政府沒有責任幫助老年人，而是在於從儒家的觀點來看，關愛和照顧年長父母是成年子女的責任。[2]

1　參見 Lau Siu-kai, *Society and Politics in Hong Kong*, Hong Kong Series (Hong Kong: Chinese University Press, 1982), esp. chaps. 3 and 4。

2　對儒家關於長者權利的更詳細討論，參見筆者的 "Confucian Perspective on Human Rights," 235-36。

第二層面：社羣和社會網絡

作為第二個援助層面，孟子設想了一種"社羣"（communal）關係網絡。孟子提倡井田制，在這土地分配方法的建議中，他期望當中組成的八個家庭單元可以互相幫助：

> 死徙無出鄉，鄉田同井，出入相友，守望相助，疾病相
> 扶持，擇百姓親睦。（《孟子·滕文公上》第三章）

這鄉鄰互助的觀點與孟子的另一名言非常吻合："老吾老，以及人之老；幼吾幼，以及人之幼"（《孟子·梁惠王上》第七章）。如果家人是第一層面的關愛施予者，那麼鄰里就構成了第二層面。

孟子這個建議在現代都市社會中如何落實也許有點不明確[3]，但其基本的觀點是正確的。互助概念不一定預設井田制；在任何人們可以經常互動往來的小社羣中，互相概念即成可能。孟子時代的鄉鄰，是可以替換成現代的親戚、鄰居、朋友或同事。原則上，這些社羣是可以做到"出入相友，守望相助，疾病相扶持。"從儒家仁的角度看，由那些與我們有社會關係的人來提拱援助，要比政府的好。因為社羣的援助有着關愛，而且由於施予者理解求助者的需要和問題，因此援助也會更有效。此外，施與受的過程一方面可以讓施予者有機會按美德行善，另一面亦為雙方提供了一個發展睦鄰關係的基礎。當人們互相關愛，儒家所說的仁和合乎美德的人際關係都得到了體現、發展和維持。

3　關於對農村地區的含意，參見 Daniel A. Bell, "Confucian Constraints on Property Rights," chap. 9 in *Confucianism for the Modern World*。

　　然而，即使從儒家倫理的角度來判斷，希望人們互相關愛似乎也過於理想。其中的問題是，儒家思想作為一套倫理理論，並沒有說清楚我們怎樣才算是合理地期望鄰居和朋友的幫助。的確，在儒家看來，我們應當關愛家庭以外的人；孟子甚至明確地要求我們將給予自己家庭的關愛延伸至他人的家庭。可是，孟子也同樣明確地告誡我們，不要將仁與墨子所主張的兼愛混淆。在孟子看來，一個人愛兄弟的兒子多過愛鄰居的新生嬰兒，這是自然和正當的（《孟子・滕文公上》第五章）。如果一個人像墨子所要求的那樣，以完全同樣的方式對待鄰居的父親和自己的父親，那麼他實際上是在否定自己的父親（《孟子・滕文公下》第九章）。因此，儒家相信的是一種親疏有別、非對所有人無分彼此的關愛。

　　我們不妨用另一種方式來描述儒家和墨家在此的分歧。墨家思想是近似效益主義的"理想的不抱偏見的觀察家"（the ideal impartial observer）的觀點，試圖從一個非個人的角度來看待事物，並不偏不倚地對待所有人。然而，儒家倫理思想卻是從個人角度出發，即從自己的需要的角度來想像和推斷其他人的需要。孔子説仁者是"己欲立而立人，己欲達而達人。能近取譬，可謂仁之方也已"（《論語・雍也》第二十八章）。因此，儒家所説的仁，是由個人自己的自然慾望、關注和想像而生，而也受它們限制。既然"能近取譬"的方法是將個人視角作為倫理反思的自然和可靠的出發點，因此也必須允許個人差異空間。由於人們接受幫助的慾望和提供幫助的意願各不相同，因此一個人付出多少幫助或從他人得到多少幫助才為合理，就很難確定。孔子説，如果有人極為慷慨地捐助大眾，這不僅是行仁，那個人是一位聖人（《論語・雍也》第二十八章）。因此，我們可以肯定，仁的要求會比家庭關愛多，但又比聖人少。儒家思想沒有明確指出仁的要求究竟應落在這兩端之間的甚麼位置；也許，在這"仁之方"下，我們是不能確定對家庭之外的人到底應該關愛到甚麼程度。

仁的這種道德不確定性也反映在孟子的多層面援助制度中。在理想中，第二層面的社會網絡和關係是可以提供相當的福利援助，但儒家卻沒能有把握地說人們之間合理的互助確實是多少。[4] 因此，這第二層面並不像家庭和政府層面那麼可靠；在孟子眼中，家庭和政府這兩個層面所負的責任都是明確和具體的。[5] 這也許解釋了為何在傳統中國裏，從來沒有任何強迫人們幫助鄰居的法律，但在受儒家文化影響的社會中，過去及現在都存在關於孝道的法律。儒家道德心理觀不像墨子的那麼理想化，它帶來的道德不確定性，使儒家沒有提出一套富說服力的、具體的社會網絡互助指引。

第三層面：政府

在這個多層面福利援助制度中，政府是第三個層面，它是最後的安全網。政府的援助對兩類人來說是必需的。第一類是那些無法自助又無家可依的人。關於這一點，以下孟子和齊宣王之間的對話最為清晰不過。齊宣王問："王政可得聞與？"孟子答道：

> 昔者文王之治岐也，耕者九一，仕者世祿，關市譏而不征，澤梁無禁，罪人不孥。老而無妻曰鰥，老而無夫曰寡，

4　關於這個問題有一個相關但略為不同的討論，見 David B. Wong, "Universalism versus Love with Distinctions: An Ancient Debate Revived," *Journal of Chinese Philosophy 16*, no. 3-4 (1989): 251-72。

5　與第二層面不同的是，家庭和政府的責任並不模糊：成年子女應盡其所能供養父母；如果其他層面失效，政府也應介入和提供基本生活所需。

老而無子曰獨，幼而無父曰孤。此四者，天下之窮民而無告
者。文王發政施仁，必先斯四者。(《孟子・梁惠王下》第五
章；底線為作者所加)

這段話說明，即使政府盡其所能地創造基本條件，讓人們可過
不錯的生活，總還是會有一些人無力謀生和沒有家庭可以依靠，他
們就是孟子所說的鰥寡獨孤的人。孟子說他們是社會中最貧困的人，
他們不知可向誰求助，因此政府應當首先幫助他們。用現代術語來
說，他們是"最貧困者"(the worst off)，政府應當首要解決他們所面
對的問題。[6]

其實那些無家可依而有需要的人，是否最好向鄉鄰而非向政府
尋求援助呢？孟子並沒有觸及這個問題，我們只能透過對文本作伸
延推斷來尋找答案。其中一個可能的答案是，如果一個人沒能力養
活自己，也沒有成年家人可以依靠，如果鄉鄰要照顧他一生的話，
這負擔將會沉重至無法承受，尤其是當鄉鄰本身也不甚富裕。例如，
在農業經濟中，生產很大程度上是受到天氣和土地肥力等偶發自然
因素的影響，有些時候農民或沒有足夠收成來支持自己的生活。因
此，鄉鄰這第二層面並不能為沒有家庭支援的老人和年輕人提供長
期穩定的援助。

需要政府援助的第二類人是那些窮至甚至無法耕種自己土地的
人，或者那些由於自然因素而無法獲取莊稼的飢民。如果社會存在

6　這並不一定意味着羅爾斯所說的"絕對"(absolute)優先，參見 Rawls, *A Theory of Justice*。

大量這類人，也許只有政府才可為他們提供足夠的援助。[7]孟子建議
齊宣王，應當"春省耕而補不足，秋省斂而助不給"（《孟子·梁惠王
下》第四章）。在另一處，孟子明確說道，在好的年份政府應當謹慎
地通過稅收（錢銀或穀物這樣的貨物形式的稅收）收集資源，以備在
壞的年份可以有足夠資源幫助最需要幫助的人（《孟子·梁惠王上》
第三章）。正如前一章所述，孟子認為一個沒能救助那些死於飢餓的
人的政府，對他們的死亡是負有道德責任，而一個有責任感的政府
總是會做好準備，處理農業失收和自然災害。

先秦儒家思想家從來沒質疑政府或統治者應該擔當起這個
最後安全網的角色。他們認為，政府最重要的責任是為民眾提供福
利援助並改善他們的物質福祉。這種責任是包含在第一章所重構的
儒家的服務概念權威觀，以及統治者和被統治者的理想關係：只有
當統治者保護和促進民眾之福祉時，他才擁有正當的權威；只有當
統治者體恤民眾並同喜同悲時，他與民眾之間才能維持和諧的關係
（《孟子·梁惠王上》第二章、《孟子·梁惠王下》第四章）。無視民
眾苦難的統治者，只會將自己疏離於民眾。

當然，不僅統治者有責任援助有需要的人，民眾同樣也有責任。
須知統治者或政府並沒有自己的資源，不可能獨自提供各種福利，
因此社會福利也必須由民眾來承擔。在第七章中，筆者重構了孟子
的社會公義觀，並就民眾這種責任提出了證成。統治者是有公義的

7　原則上，社羣成員可以建立糧倉來互相幫助，但這也不是一個完全安全的保障，因
　　為有時一個社羣或者一個地區的所有社羣，也許因為收成太差或自然災害而長期受
　　苦。自發組建糧倉的想法在以下文章中得到過討論：William Theodore de Bary, "The
　　Community Compact," chap. 5 in *Asian Values and Human Rights: A Confucian
　　Communitarian Perspective* (Cambridge: Harvard University Press, 1998)。但關於
　　糧倉的歷史並沒有很好的記載。從歷史角度看，政府資助和管理的社羣糧倉要比自發
　　建立的糧倉更普遍。見下文中的討論。

責任，為每一個人提供公平的物質資源份額。統治者通過維持一個良序社會架構來承擔這責任，而該架構是由一系列涉及土地分配、稅收，以及管理林木和漁產這些公共資源的正當法律和政策來支持。然而，只有當人們在井田制的公地上勞動並向政府上繳收成或支付稅項時，這個良序架構才有可能。換句話說，公義要求人們享有足夠的物質，同時也要求人們藉着勞動為其他所有人享有足夠的物質而作出貢獻。這種對他人的公義的責任在井田制中得到了確立，因為每個家庭在耕種自己的私地之前，都必須耕種公地。

陳煥章在他那本重要但被忽略的《孔子及其學派的經濟原理》一書中寫道，對孟子所說的鰥寡獨孤四類有需要的人（《孟子·梁惠王下》第五章）和窮人作出特別的關顧，在中國歷史上確實曾實踐過。陳指出，在宋朝，中央政府在每個地區都建立了糧倉，儲備作為公地租金而收得的米糧。鰥寡獨孤的人可從政府那裏得到稻米，有時甚至是衣物和其他食物。明朝（公元 1368-1644）曾經頒佈過援助貧困者的法令。例如，在 1386 年實施了這一法令：

> 在窮人之中，超過八十歲的老人每位每月可得五配克稻米、三配克酒，以及三斤肉。超過九十歲的老人，除以上糧食之外，每位每年還可另得一匹絲綢和一斤棉花。凡擁有農耕土地的人不會分得稻米。所有鰥寡獨孤四類人，每年都可得到六蒲式耳的稻米。

清朝也有類似的制度，當時每個地區都有一所由政府維持的救濟院，而如果有官員沒有履行福利政策，他將被懲罰。"根據《大清律例》，如果官員不援助這四類人、得重病者、體弱者和退休者，將

被打六十大板作為懲罰。"陳認為,以上種種顯示了儒家所説的政府
有責任幫助有需要的人及窮人這原則,"確曾落實成為法律,其效果
雖然各有不同,但這只是因行政效率而異。"[8]

第二節　從原則到制度

如果我們之前的討論大致上正確的話,那麼儒家倫理將接納以
下的原則:

1. **福利援助首先應當在家庭和社會關係網絡的基礎上提供**。這
   原則有幾點支持的理由。[9]首先,家庭成員有彼此照顧的基本
   責任。其次,家庭和社會網絡通常建立在情感和關愛之基礎
   上。第三,只有當情感和關愛是自發自願的,它們才會是真
   的。如果一個福利援助制度是基於施予者的自願委身之上,
   那麼該制度就能更好地體現關愛的價值。第四,一個以家庭
   或者社羣為基礎的制度,會比一個基於官僚規章的制度,更
   能有效地回應不同人的不同需要。最後,這制度也許有加強
   家庭和社羣關係的良好後果。
2. **政府的福利援助應視作為一種備用機制**。當家庭紐帶和社羣
   紐帶斷裂時,政府援助就成為重要和必需。社會中始終存在
   着不孝子女和不關愛孩子的父母,也存在缺乏緊密關係或互
   相關懷的社羣。一套説仁的倫理是不會希望弱者被遺棄。

8　Chen Huan-Chang(陳煥章), *The Economic Principles of Confucius and His School*, 2 vols. (New York: Columbia University, 1911), 2:599.

9　當中有些理由是可以得到儒家倫理的支持,另一些例如最後兩點則只是基於福利制度的可能效果所作的判斷。

儒家要求我們幫助弱者，其一方法就是支持政府作為我們的代理，向弱者伸出援手。而且當第一和第二層面不能提供足夠援助時，政府的援助就成為必需。讓我們以關愛老年人為例。很多老年人皆需要長時間的照顧來維持生活素質，可是今天成年子女往往需要在工作上花上大量時間和精力，而且男性和女性都需要工作以應付家庭的開支，所以對他們來說照顧年長父母是一項沉重的負擔。在這種情況下，即使子女再孝順，也不一定能像他們所希望的那樣關愛父母，此時他們會樂見政府提供的社會服務；尤其是當社會網絡也不能提供充足援助時，政府的介入甚至變成必需。

3. **福利制度應當避免鼓勵人們逃避照顧家人的個人責任。** 儘管儒家接受政府的福利安全網，但也會擔心人們會越來越依賴政府。正如現今西方福利國家中存在的現象：“越來越多的人認為他們的福利，以及鄰居的福利，都屬政府的事情。”[10] 積極的政府介入，可能會鼓勵人們推脫個人責任和社羣責任，也可能弱化現代工業社會中的志願慈善團體和互助組織的發展。筆者認為，儘管政府應當提供最低標準的安全網，但從儒家角度來看，更加可取的是，安全網的一籃子措施應引導人們本着關愛精神自發地為援助有需要的人作出貢獻。（這一取向與儒家思想的總體傾向是緊密相連的，儒家一向倚重人們的自發行為，多於政府懲處或法律強制。）人們經常假設個人責任的終結之處就是政府責任的開始之端，但這

10　參見 David Schmidtz, "Mutual Aid," chap. 4 of pt. 1 in David Schmidtz and Robert E. Goodin, *Social Welfare and Individual Responsibility*, ed. R. G. Frey (Cambridge: Cambridge University Press, 1998), 64。

是錯誤的。政府福利制度應可開發和運用家庭、慈善團體、
自發性組織、互助社團,以及大眾的資源。

一個建議方案

筆者在前面章節曾論證,儒家倫理就我們對鄰居和陌生人的道
德責任的程度存有相當大的不確定性。在缺乏一個清晰的道德指引
下,我們無法確切知道自己該做甚麼來幫助他人、他人該做甚麼來
幫助自己。但筆者認為,我們不能因此而摒棄儒家倫理,因為在良
好的制度和實踐中,我們是可以降低這種不確定性。應對這種不確
定性的最好方法,就是建立一個可以引導人們作出最大個人貢獻、
同時又允許他們選擇是否參與的福利制度。一個以自發自願為基本
的福利制度,將會降低對大規模福利稅款的依賴,而這種稅款從儒
家角度看並沒有清晰的道德基礎。在本節中,筆者將探討我們如何
可以依照上述所重構的儒家原則來改進現代的福利制度。

在現代福利國家中,強制性徵稅是政府為社會服務籌措資金的
標準方法。這種稅款要麼從民眾每月收入中強制性扣除(如許多西
方國家),要麼通過一次性的強制性稅款徵得(如香港)。在交稅時,
大多數人似乎並不認為他們在做幫助他人的好事;相反,他們似乎
是痛苦地眼睜睜看着自己的錢財被政府奪去。此外,這整個徵稅過
程不僅不是自發自願的,而且是非個人化的。納稅人並不知道他們
所交的稅款用在何處,福利接受者也不知道他們所得到的援助來自
何人。這兩羣人很少思及彼此的存在,現存的福利制度亦刻意防止
了他們之間的任何接觸。雙方唯一接觸的代理人就是政府相關機構。
例如在香港,老年人的養老金是以一些非個人化的方式發放,例如
銀行轉賬;老年人感受不到愛護和關注。因此無論對錯與否,許多

納稅人和福利接受者皆感到被福利國家所傷害和侮辱。

　　在此，筆者嘗試建議一種改善這情況的初步方法。[11]建議方案的核心是一種新的機制，它將鼓勵人們自發自願參與和積極投入慈善和社會福利團體。它以自願捐款來代替強制性徵稅，作為收入的主要來源。它鼓勵自發性團體來承擔責任，提供盡可能多的福利服務。這機制的主要部分就是，每年納稅人收到稅單時，他們也會收到一本小冊子，小冊子列出所有符合資格的（或獲得批准的）志願社會服務團體的介紹（例如他們工作的受益人、組織的項目和活動、前一年的開支細目和來年的支出預算等細節），以及對每個社團的效度評估。這本小冊子將由政府機構或獨立機構來預備。納稅人可以根據自己的選擇，向一個或多個服務團體自願捐款，並將根據捐款數量而享有稅項寬減。政府在整個過程中，將主要扮演中間代理人的角色，為民眾提供可信的資訊和有效的協調。同時，得到捐款的社會服務團體，要讓納稅人有機會參觀他們的辦公地點並回答關於他們工作的提問；為了本身利益，團體必會盡力做好這些參觀和對談，讓納稅人覺得其工作是有效和有意義的。

　　這個建議方案行得通麼？這方案是基於兩個重要的事實假設，而如果這兩個假設是真確的，那就意味着這個方案是可行的。首先，它假設人們在某種程度上是利他的。如孟子所說，人都有一顆善心。我們很多人都經歷過類似孟子所說的孺子將入於井的情形：看到電視新聞報導那些急需救援或處於自然災害之中的人，我們通常會感到觸動，感到需要捐款來幫助他們。然而，我們很少付諸實行動，

11　另一種更適合農村而非城市的方法，就是努力建立一種環境，讓社區互助團體可以生存和蓬勃發展。關於傳統中國和韓國的互助團體的富有啟迪性的討論，參見 de Bary, "The Community Compact"；及 Chang Yun-Shik, "Mutual Help and Democracy in Korea," chap. 4 in *Confucianism for the Modern World*。

原因除了我們不夠決心外，還有對福利團體缺乏信任，而這就涉及第二個假設。由於我們對那些聲稱幫助貧苦和尋求公眾捐款的團體往往缺乏可信及詳細的資訊，我們會擔心捐款也許不會最終送到有需要的人手中。在此，信任的問題其實是資訊的問題。如果我們十分肯定某個社會團體運作良好，那麼捐款的疑慮就會大大減小。自願捐款也不會出現所謂"搭便車問題"（free-riding problem），因為在第一個假設下，不論其他人是否施援，人們都是願意提供援助的。而且，如果個人所需做出的犧牲並不太大、捐款額並不構成負擔，大多數人是會樂於捐獻的，因為他們覺得這樣做是正確的，而且感覺良好。

因此，在建議方案中，政府的主要角色是解決資訊不足的問題。政府將會收集每個團體的資訊，來評估它們的表現進行和劃分等級，正如政府審查和評估餐館的衛生狀況、政府審計部門評估其他政府部門的表現一樣。評估社團的表現，主要是看在所收取的捐款中，行政開支與受益人的援助開支的比例，以及該團體各種項目和活動的費用的成本效益。（如果評估是由一個公共代理機構而非政府部門作出，那麼政府會將部分捐款付給該機構以支持其運作。）納稅人因此會獲得有用和可靠的資訊，這會鼓勵他們捐款。

除此之外，政府還需要保證捐款的公平分配。因為這建議方案是讓個人作出捐款選擇，所以捐款在不同團體之間的分配有可能是不均衡的，某些有需要的人可能只得到很少的援助。為解決這潛在問題，政府可以從總數中保留一定比例的捐款幫助他們。此外，當納稅人選擇捐款用途時，選項可以不僅是單個團體，也可以是組合了一系列團體的不同的援助計劃。

這種自發性捐助模式與美國"聯合之路"（United Way）的模式

非常相似。[12] 該運動 1887 年創建於丹佛，已擴展至 45 個國家和地區，是現今世界上最大的私營非牟利組織。它的使命是"通過動員世界各地社羣的關愛力量來改善人們的生活，推進共善。"聯合之路資助大約 1,800 個以基層社羣為基礎的組織，它們被稱為"地區聯合之路"。每個組織都是獨立的、分開的法團，並由當地的志願者運作。聯合之路募集資金以支持地區夥伴機構的服務提供者。總體而言，聯合之路所獲得自願捐款支持了美國大約 45,000 個機構。例如，在 2011 年該組織募集了大約 5 億 1,400 萬美元，用於各種服務，從災難援助、緊急食物和住所提供、危機介入，到兒童日托服務、傷殘人士康復，以及青少年發展。每個接收資金的團體都是由志願者經營的非牟利、免稅慈善團體，而且每個團體每年都接受一次獨立財務審計。由於擁有廣泛的志願者網絡，以及從捐款人工資中直接扣除捐款的操作簡單性，在 2011 年聯合之路的一般和行政性的開支只佔總開支的 8%。[13]

　　聯合之路的成功明顯為筆者所建議的模式的有效性提供了事實基礎。兩個模式都有類似的目標和方法，唯一不同的是在筆者的模式中，核心代理人是政府或公共授權的獨立代理機構。政府或公共機構會比私營機構更為合適，因為它們的權威是源自公眾，它們的

12　筆者第一次聽聞這組織是在波士頓飛往首爾參加會議的旅途中，當時一位鄰座乘客向我提及這組織。在那個充滿知性的閒聊中，筆者向那位乘客解釋了自己會議論文的主要觀點，尤其是這種自發性福利的模式。讓我高興而亦困惱的是，那位乘客立即告訴筆者美國的"聯合之路"非常接近筆者的建議。該乘客是一位美國資訊科技的商人，碰巧也對社會科學感興趣，而且讓人吃驚的是，他對儒家思想也感興趣。

13　United Way（聯合之路），http://www.liveunited.org; 2011 Annual Report, United Way Worldwide《2011年國際聯合之路年度報告》，http://unway.3cdn.net/f58b3b8a9b4f33a573_tvm62lh6v.pdf; 及 "Basic Facts about United Way"《聯合之路概況》，這是該組織提供的一份概況，以供媒體報導所用：CNSNews.com, July 7, 2008, http://cnsnews.com/node/5459.

參與會有一種象徵性意義，它們可表達公眾對自發性援助和互相關愛的支持。

然而，聯合之路的例子也說明，這種自發性福利制度並不能滿足所有的福利需求。現實點來說，在此所建議的模式可能不會有足夠收入來為所有人提供福利安全網，因此仍需要傳統的政府稅收方式。這建議的機制並不旨在取代以福利為目的的稅收，它僅是旨在減少我們對它的依賴。不過，即使在一個強制性稅收制度內，我們仍然可以給納稅人多些選擇空間，例如，納稅人可以選擇將稅款的10%給予某個慈善團體（或地區）或者一籃子的援助計劃。[14] 雖然這個方法本質上是強制性的，但它某種程度上會鼓勵了納稅反思和討論受助人的需要。

總結而言，筆者所建議的模式有不少優點：它並不是一個不切實際和過於冒進的方案；它鼓勵人們分擔不幸者的苦難；它允許人們選擇幫助那些他們最關心的人；它促進志願社會服務社團的發展[15]；以及它增加了捐助人和受助人之間的互動機會，因此促進了關愛和仁的文化。

結論

筆者在前一章以及本章中重構了儒家社會公義觀和福利觀，其主要原則可總結如下：

14　筆者感謝貝淡寧（Daniel A. Bell）提出此建議。
15　今天的慈善團體，尤其那些小型團體，經常很難生存，這正是由於資訊問題，以及缺少人力資源和收入以進行募集資金和公關活動。這建議機制將有助解決這些問題。

1. **公義是指所有人皆享有足夠的物質資源**：每個家庭都應當享有足夠的資源（或如孟子所說的土地），以過上物質上安穩的和合乎倫理的生活。
2. **互助**：在社會公義基礎上，家庭和社會網絡是貧困者得關愛和援助的第一個和第二個層面。
3. **政府的福利援助**：當貧困者的需要不能在第一和第二層面得到滿足時，政府就應當提供直接的福利援助。
4. **長處和貢獻**：職位和報酬應當根據人們的長處和貢獻來分配，因此而成的收入不平等並非不正當。

如果我們把這些原則綜合起來，我們就會看到一種社會理想，它很好地把公義、關愛、個人責任和個人長處，結合為一個連貫的制度。上列的第一個原則將公義和個人責任相結合：公義要求政府平均分配土地，但家庭成員必須共同勞動才能獲得好收成。第二個原則說明關愛是社會理想的重要部分。從儒家的美善生活觀來看，由於家庭和社會網絡的援助是出自關愛，因此是優於政府的援助，而且由於施予者更能理解那些尋求援助的人的需要和困難，它因此也更有效。更重要的是，在互助的過程中一方面可以讓施予者有機會按美德行善，另一面亦為雙方提供了一個發展睦鄰關係的基礎。當互助失效時，或者當它不足以幫助有需要的人時，關愛理想就要求政府介入並提供直接的福利援助，此時第三條原則便發揮作用了。最後，第四條原則容許了那些因為個人付出和長處差異而成的經濟不平等。總括而言，儒家社會理想是一種糅合了公義和關愛的政體，且並不排斥個人責任或個人長處。

結論　儒家政治致善主義

第一節　本書之綱領

在本書中，筆者嘗試提出一套可行的管治方案，一方面既保留儒家的社會理想和政治理想，另一方面又能有效地應對非理想現實處境中出現的問題。在儒家理想社會中，具有美德和能力之人被挑選出來為共善工作；人們以誠懇和信實之心行事，建立社會和諧；統治者關愛民眾，民眾信任並願意服從管治；統治者確保人們享有足夠的資源，過上物質上安穩和合乎倫理的生活；人們不僅照顧家人，還照顧家庭以外的人；社會對不幸者施予特殊照顧和援助。貫穿此理想社會的倫理，就是為公為民之精神和互相關愛；我們亦可理解它為仁和義的倫理，從中孕育出人倫與美德。

儒家深知現實通常遠遠不符這崇高的理想——自私和不道德的行為可湮沒義行、領導者可能臣服於名利誘惑。即使如此，儒家是不會放棄理想，因為它表達了人性中正確和高貴之東西，放棄理想就是放棄對人性的信念。對儒家來說，管治的基礎必須建立在仁以及通過禮儀和教育來促成的道德之上。儒家不認同法家的策略，因為法家對人性無甚信任，它僅依賴懲罰和獎勵來規管民眾。當然，這並不是說儒家永遠不會使用強制力來規管社會；只是對儒家來說，強制力必然是次於倫理手段，因為後者更契合儒家理想之精神。儒家因此面對一種困境：他們一方面不可能贊同法家的策略，另一方面也不得不承認仁、禮儀和道德，有時並不能有效規管民眾及政治精英的錯誤行為。

本書審視了現代西方自由民主制度，作為建構政治和社會的另一種方案。在適當的社會和經濟條件之下，自由民主制度——其內容包括限權政府、民主選舉、人權及公民自由——似乎比其他政治制度更能有效地限制政治權力、防止貪腐和迫使當選官員為民眾福祉而工作並聽從民意。[1] 儒家思想在吸收自由民主制度時，核心問題就是這些制度能否體現儒家的政治理想，以及能否有助於彌合儒家理想和現實之間的鴻溝。本書前數章已經處理了這個問題。筆者的主要哲學策略是採取一種政治致善主義的進路，來協調儒家理想和自由民主制度。政治致善主義以人之善，或者所謂的美善生活觀，作為衡量社會和政治秩序的準則。用現代哲學術語來說，它是訴諸"善"（the good）來證成"正當"（the right）。政治致善主義把自由民主制度區隔於流行的自由主義哲學；後者不但置"正當"先於"善"，而且視主權在民、政治平等、人權和個體主權等道德權利或原則為自由民主制度的基石。

筆者在採納自由民主制度以解決非理想現實中的問題時，重構了"儒家政治致善主義"（Confucian political perfectionism）這規範性進路。這進路以一種不同於主流的自由民主哲學的方式，來處理一系列根本的政治問題，如政治權威、民主、人權、公民自由、社會公義和社會福利。儒家政治致善主義不僅為自由民主制度提供了不

1　民主似乎在發達的社會和經濟條件下才可良好運作，在發展中國家則可能運作不良。參見 Randall P. Peerenboom, *China Modernizes: Threat to the West or Model for the Rest?* (New York: Oxford University Press, 2007)。

同的哲學證成,而且還賦予它不同的角色,並盡可能恰當地將它與儒家價值相結合。儘管如此,筆者並沒有視儒家政治價值和原則為不可修改或不可拒絕的固定參考點。筆者認為,我們必須對儒家價值和原則做一些修改,才能令儒家的政治視野更切合現代社會。例如,筆者摒棄了儒家的一元政治權威觀,使儒家思想可容下限權政府、制約與平衡等觀點;筆者也提出了一個溫和的個人自主觀點,作為公民權利的新基礎。筆者希望,這重構可帶來一套新的儒家政治哲學,縱然在本書中它僅是一個大綱。在下一節,筆者將綜合前幾章所述的論點,來重申這大綱,並解釋致善主義如何貫穿整個對儒家思想的重構。在最後一節,筆者將討論和評估在現代多元社會中推動儒家政治致善主義的各種方法。

第二節　儒家政治致善主義之哲學

政治權威

　　政治權威是政治的根本課題。我們如何看待和證成政治權威,對如何理解政治的目的、國家與民眾的關係,以及政治制度的設計有着重要影響。依據儒家致善主義這進路,政治權威和個人的政治權利並不是一種道德權利。政治道德的基礎並非政治權利,而是美善生活,以及構成美善生活的美德和倫理關係。任何個人或團體,無論是統治者還是整體民眾,皆沒有管治的自然權利。儒家思想認為,政治權威並不是統治者可以擁有的東西,統治者亦不能視民眾和領土為己所有。政治權威所指的是在一個管轄區域內進行管治的正當權利,該權利的正當性必須建立在統治者(或政治制度)能否保護和促進民眾福祉之上,政治權威僅為此目的而存在。因此,政治權威的證成是取決於它達成此目的能力。筆者借用了約瑟夫・拉茲（Joseph Raz）的用語，稱這觀點為"服務概念的權威觀"（service conception of authority）。

　　雖然民眾作為整體就如任何個人一樣，並不擁有統治的自然政治權利，但他們並不是在權威正當化的過程中沒有角色的消極臣民。除了服務概念的權威觀之外，權威的另一個重要基礎就是統治者和被統治者之間的理想關係。根據這進路，權威政治關係的特點是雙方的互相委身——統治者致力服務民眾，民眾願意服從領導。因此，民眾的信任和自願服從在構建權威中扮演着重要角色。這樣，儒家致善主義在兩方面使權威和美善生活緊密相連：首先，權威是促進民眾福祉的工具；其次，權威關係本身也是構成美善生活的一部分，因為它內含的關愛和互相支持，使統治者和被統治者之間的關係添上道德價值，令人稱心滿意。

　　因此，政治領袖的權威最終是立於"人心"；也就是說，真正的權威必須得到人們的接受、承認，以及心甘情願的服從。外在力量例如赤裸武力是無法賦予統治者真正的權威；即使一個制度上的權威職位，也不能保證職位持有者擁有真正權威。正是由於權威是由統治者和被統治者的態度和委身所構成，所以政治權威是一種不牢靠和脆弱的關係，如果任何一方收回構建權威的態度和委身，該關係就很容易被削弱。在儒家觀點中，政治領袖必須努力建立和保持這種關係，他們應當關愛民眾，取得民眾信任，並贏得民眾的心。這是任何政治領袖應做的。儒家思想給現今統治者的忠告是，無論他們是藉着選舉還是其他方式產生，他們應當不斷地提醒自己，權威是脆弱的，他們應當全心全意地奉獻自己，為民眾服務。

限權政府和三權分立

　　雖然儒家的服務概念權威觀及理想權威關係的觀點，當會較容易接受限權政府這主張，但前者並不一定意味着後者。事實上，先秦儒家贊同一元和至高無上的權威，相信一個擁有完美道德和判斷能力的聖人君王，其權力不需要受到限制。聖人君王常常關愛民眾，並做出促進民眾福祉的最佳政治判斷，任何對其權力的制約都會削弱其創造力。可是，在現實中，這樣的聖人君王很少存在，權威就可能被那些無甚美德和才幹的統治者濫用或任意地行使。為防止這樣的情況發生，權威應當被限制或制約，用以保護民眾。由於這個原因，任何認同服務概念權威觀的人也會傾向支持在現實中對政府限權，不管該政府是君主制還是民主制產生。

　　儒家致善主義政治觀和美善生活觀也支持限權政府。儒家政治的目標是讓所有人過上美善生活，在此美善生活並不是指個人主觀所好的生活，而是一種在美德和社會關係中體現人性（或道）的生活。儒家致善主義的美善生活觀成為了評估政治的更高原則。以道為基礎的致善主義政治是會認同限權政府這主張，因為兩者都預設了一些道德和政治的根本原則。這些原則並不從屬於人們的喜惡，也不會隨時下政治而改變；而且這些原則也應當得到落實，好讓政府能正確地辦事而免於濫權。

　　筆者在此所提出的儒家政治致善主義，不僅支持限權政府，同時也支持三權分立。三權分立這觀點無論在理論上還是在實踐上都是可取的。在非理想處境中，由於沒有一位賢德之人能完整地理解道，因此我們需要一種政治制度，讓具有不同美德的人互相競爭及互補長短，以達成一個合乎道的平衡觀點，並付諸實行。三權分立就是一個讓“道”的不同觀點互補和競爭的制度。此外，三權分立還可制止權力的腐敗。儒家早已明白美德實際上是一種權力：一個具有美德的領袖可以說服、啟發和轉化他人。在非理想處境中，儒家應當會同意孟德斯鳩（Montesquieu）和阿倫特（Arendt）的觀點："即使美德也需要限制"[2]，因它也是一種權力。美德必須受到美德抗衡，正如權力必須受到權力抗衡一樣。

民主

儒家政治致善主義是從一個獨特的角度來看民主的價值。它不是從權利的觀點看，不認為民主的價值是在於民主能實現主權在民或政治平等這些道德原則。它也反對視政治權威為一種擁有權，哪管擁有者是聖人君王、君主或民眾。儒家政治致善主義是以為民服務來證成權威。根據這種觀點，沒有人可以視政治權威為必然的道德權利；而我們在評估某種政治權威的制度時，也須依據它有否造福民眾。在民主制度中，公民享有投票權利，此權利賦予公民部分政治權威，因此它的證成也必須訴諸民眾（包括社羣中的選民和非選民）的福祉。在此意義下，自然的公民權是不存在的，正如自然的統治權亦不存在一樣。

然而，儒家致善主義並沒有視民主純粹為一種工具。民主的價值是在於民主表達了的儒家另一政治理想，就是互相委身和信任的理想政治關係：政治權力的行使者竭力以誠信和關愛來管治民眾，而民眾則以投票來表達對擁有管治責任之人的自願接納和支持。民主是最能表達這種理想政治關係的政治制度。民主選舉的重點，就是要選出那些具有為公為民精神和值得信賴的人，並藉投票來顯示

2　Arendt, *On Revolution*, 143.

公眾對當選者的接納和支持。雖然其他政治制度也能表達這種富有道德吸引力的政治關係，但民主是最能直接和明確地表達這關係的制度。

如是，民主選舉可以發揮表達性和工具性的功能。在理想處境中，它表達了理想的政治關係。在非理想處境中，當政治家們既為私利也為公利投身政治，民主選舉可以回報那些服務民眾的人，讓他們再次當選，並剔除那些沒有這麼做的人。民主選舉的表達性和工具性的功能孰為較重要？這則取決於政治家們的主導動機是公利還是私利。如果非理想處境是在可容忍的範圍之內，表達性（選拔）的功能就應當為首，而保護性（懲罰）的功能為次。這樣，民主選舉既可以解決現實問題，同時也與儒家致善主義理想的志向相契合。

民主可以表達和促進儒家價值，而反過來儒家致善主義也可有利民主。民主制度若要運作良好，就需要具有美德的公民來防止它不會退化為一種基於私利的高度對抗性政治制度。筆者已經論證，儒家那種基於人性的道德教育，要比自由主義的公民教育更有效培育那些促進民主制度和過程的美德。根據儒家的道德教育觀，不管人們是否參與公共事務，他們都應當培養那些美德如尊重、敬仰、誠懇、寬容、誠實、勤勞和仁慈。這些美德使個人成為更好的人，並指導他們當如何與家人、朋友、同事或其他公民共處。而自由主義的公民教育的重點則在訓練人們的批判性思維、對公共事務的知識，以及公民權利和責任。相對於自由主義的公民教育，儒家的道德教育更能培養"公民文明"（civility）、為美德提供了更全面的基礎。

對於如何使才德之士在政界服務，儒家政治致善主義也提供了一些參考。儒家的權威觀並沒有完全肯定任何特定的政治制度，它只是堅持政治制度應當吸引才德之士來為民眾的福祉工作。如果民主選舉不能找到足夠數量的高素質政治家，或它不鼓勵政治家作出

有利民眾長遠利益的政策，那麼儒家致善主義就會叫我們考慮其他
制度以補足民主。例如，筆者建議設立第二議院，其成員由同儕選
出。第二議院的功能包括討論和通過議案、政府預算和開支、平衡
民主選舉出來的第一議院的觀點，以及監督政府等。但它更重要的
功能是教育性的：如果第二議院由高素質、才德兼備的政治家組成，
那麼他們就可成為其他政治家和全體公民的榜樣；他們討論公共事
務的技巧、為公共討論帶來的嚴謹觀點，以及做出的判斷和決定，
都會對其他人產生教育效果。第二議院本身不僅是一個管治機構，
而且亦是在整個社會的道德教育中的重要角色。

人權和公民自由

　　對於人權議題，儒家致善主義採用的是一種雙軌理論進路。由
於儒家相信人之尊嚴或人之價值是在於人擁有的仁和義的能力，而
非在於他們擁有的權利，因此人權在理想社會中沒有重要角色，人
權也不是美德的構成部分。在理想處境中，人們或多或少是具有美
德的，並按仁行事。處於美德關係之中的人，並不視自己為擁有權
利、並在此基礎上可以向同伴提出申索的主體，而是視自己為在互
相委身或互愛關係中的參與者。在這種關係中引入權利考慮是不適
合的，因為這會令到個人視他人的利益為自己個人權利的限制，多
於視為共善之下所應同時促進的利益。

　　然而，在非理想處境中，人權是保護人的根本利益的重要備用
機制。根據儒家致善主義，我們應當首先嘗試透過教育、調解和妥
協來解決衝突，以保存互相關愛和信任之精神。但當美德關係破裂、
調解無法解決衝突時，人權就成為弱者保護自己、反抗強者尤其是
國家之剝削和傷害的重要工具。在非理想處境中，人權和美德皆極

其重要並互相依賴。儘管美德也許偶爾會失效和未能穩固地保護人們的利益，但美德是權利擁有者行使權利的先決條件，美德可以防止人們錯誤地行使權利。

在當代西方社會的公共和學術討論中，存在着一種強調權利、甚至完全忽視人倫關係的趨勢。當代權利掛帥論述經常忽略了共善、美德和責任這些傳統道德價值，並將權利提升成處理社會問題的主要道德工具。在儒家致善主義的視角中，雖然人權既是規範原則也是法律工具，但相對地人權法是更為重要。為避免權利掛帥論述的危險，儒家致善主義傾向一列較短的人權法清單，將人權局限於諸如以下之公民和政治權利：免受折磨、免受任意拘留和逮捕、法律面前人人平等、公平審判，以及和平集會和結社。儒家致善主義之所以偏好這樣的公民和政治權利的簡短清單，不是因為人們的社會和經濟需要沒那麼重要，而是因為公民和政治權利更適合於法律執行，而經濟權利的保障則需要有良好的經濟制度和政策，然而那些政策是不能簡單用人權法律語言來表達的。儒家致善主義也認為，提供基本生活所需是政治權威之正當性的關鍵。當我們在法律上保障了公民和政治權利，就可避免傳統儒家思想賦予政治領袖過大權力的問題，權利因此降低了政治腐敗和獨裁專制的機會。而在孟子看來，政治腐敗和獨裁才是造成赤貧和饑荒的主要原因。簡而言之，一套有力的公民和政治權利的法律機制，不僅保護了人們的人身安全和自由，還保護了人們的基本物質需要和利益。

儘管儒家政治致善主義支持公民和政治自由，但對於文化和道德事務中的自由，以及個人領域內的自主，它的主張卻非那麼直接和簡單。儒家倫理所面對的其中一個現代挑戰，就是説儒家倫理不承認個人自主這價值。在儒家倫理中，確實存在個體道德自主這價值，儒家倫理認為道德行事主體必須自願接受道德的要求，並反思地過上道德生活。可是，傳統儒家的道德自主，在學習、就業、婚姻等自由上，只容許狹窄的選擇。要應對一個快速變化的多元社會之要求，儒家倫理應當吸收一種溫和的個人自主觀點，讓個體建立個人身份、鑄造個性及探索獨特的生活道路。這裏個人自主並不是作為一種道德權利，而是美善生活的一個有價值的部分。個人自主是一個程度的問題，一個人可以或多或少地自主，而此價值亦沒必要是絕對的。個人自主與其他價值競爭，有時其重要性可被其他價值超越，例如福祉或其他倫理理想。個人自主與個人主權是不同的；個人主權是一種強硬的自由主義權利，不容被其他價值所限制，但個人自主則不是。吸收了溫和個人自主觀點的儒家致善主義倫理，是較適切於現代社會中的多元價值和生活方式的。儒家致善主義的自由理論認同個人自主之價值和道德之善的重要，亦明白自由是可促進道德之善。當兩者發生衝突時，儒家致善主義的自由理論會小心地平衡它們。

社會公義和福利

　　儒家政治思想的核心，是統治者委身於關愛民眾並施行仁政。此種委身並不是簡單地源自統治者的仁慈性格，而是統治者的政治責任和行使權威的條件。筆者已經論證，我們可以將那些合乎仁的政策（尤其是關於土地和其他物質資源的分配政策）理解為社會公義政策。儒家相信，自然界為人們提供了足夠的物質資源，來滿足每個人的物質需要。統治者有公義責任來維持一個良序社會和經濟架構，為每一個人提供足夠的資源，使他們過上物質上有保障的生活。如果統治者在自然資源足夠的情況下沒能維持一個良序架構，而且如果這導致了有些人死於飢餓而另一些人卻過度富有，那麼該統治者實際上就是積極地做出了嚴重不公義之事（如孟子所說，這等同於殺害了那些飢餓者），其錯誤並非只是沒有救助飢餓者而已。

儒家致善主義的社會公義觀與當代自由主義理論不同。當代自由主義理論將公義基於平等或個人權利，而儒家致善主義則認為社會公義的目的是使社羣的每一位成員過上美善生活。對儒家來說，每個人是否擁有過上美善生活所需的足夠資源，這在道德上是最重要的，而非每個人是否擁有等量的資源。儒家致善主義的美善生活觀也設定了一個粗略但客觀的標準，來決定何謂"足夠"；足夠不是依據某人自己主觀的生活追求所需的資源數量來定，而是依據人們一般需要多少資源才感到物質上有足夠保障、以至可以追求更好的倫理生活而定。

公義作為所有人皆享有足夠物質，僅是儒家致善主義的社會理想的一部分。例如，孟子的井田制是一個多層面的供給制度，其中家庭、村莊或社羣，以及政府各自扮演着特定的角色。孟子所憧憬的，不是一個照顧民眾從生到死各方面生活的保姆國家，而是一個由多種原則（例如公義、足夠、互助、個人責任、關愛和自發幫助、長處和貢獻等）共同規管的社會制度。所有這些原則對現代人來說，仍然是合理的和有吸引力的。足夠原則將公義與個人責任相結合：雖然公義要求政府公平合理地分配土地，但一個家庭的成員必須共同努力勞動，才能獲得好收成。從儒家美善生活觀的角度看，因為家庭和社會的援助是出自關愛，所以它勝過政府的援助，而且最終它也可能更加有效，因為關愛施予者與受助者有着親近的關係，會更能理解受助者的需要和困難。更重要的是，在互助的過程中一方面可以讓施予者有機會按美德行善，另一面亦為雙方提供了一個發展睦鄰關係的基礎。然而，如果互助沒能或不足以幫助有需要者，那麼政府就應該介入，直接提供福利援助。最後，長處和貢獻原則容許那些源自個人的不同努力和特長的經濟不平等。就是這樣，儒家的社會理想融合了公義和關愛，既承認個人長處也重視個人責任。

第三節　儒家政治致善主義之政治

儒家致善主義是回應現代社會的政治哲學。它亦併合了自由民主制度的一些基本制度安排，把它們基於儒家致善主義之上，並重新定義它們的角色和功能。每當有可能和有必要時，儒家致善主義會按照儒家價值修改自由民主制度。儒家從來都不是一種純粹的哲學，它還是一種實踐，旨在將思想轉化為行動、改變人們的道德生活，以及建立良好的社會和政治秩序。在此，讓我們提出一些實際問題：在現代社會中，我們如何把這新的儒家政治哲學付諸實踐？由於那些曾使儒家成為國家正統的傳統制度在二十世紀都已土崩瓦解，今天我們可以藉着甚麼機構和制度，來把哲學理論轉化為對社會有正面影響的實踐呢？人們是否應在所不惜，藉仗任何現有的政治資源和權力（如執政黨或仁慈獨裁君主），來推行儒家哲學並實現其願景？今天，那些曾受到儒家文化影響的東亞社會都經歷了現代化過程，變成了不同宗教、哲學理論和意識形態的多元社會，而儒家思想只是其中的一套意識形態論述。在這情況下，我們應否只積極地和公開地推廣儒家思想，使它成為變革的強大力量呢？此外，儒家思想對亞洲以外的社會，包括西方自由民主社會，又有何相關和重要呢？

筆者認為，我們在社會中特別地推廣儒家思想是沒有問題的；

推廣者可以是公民社會的市民、商界的生意人,甚至政界的政治家和國家官員。有些自由主義者認為,國家及官員應當對各種互相競爭的美善生活觀保持中立,不管是儒家的、基督教的、佛教的、馬克思主義的,還是自由主義的。但筆者認為國家中立是一種錯誤的學說,可惜篇幅所限,筆者未能在此詳細論證;正如下面所論,國家可以一種適當的方式來促進不同的美善生活觀。[3] 但無論如何,在當今多元社會中,儒家思想回歸為國家正統是一個既不可取也不可行的目標。在此,我們應當區分兩種政治致善主義,以及兩種促進儒家思想的方法。在極端致善主義中,國家採納某種美善生活的全面性學說作為政策的基礎。筆者這裏所說的"全面性學說"(comprehensive doctrine)是借用了約翰·羅爾斯(John Rawls)的說法[4],是指一種美善生活觀,它對人生作出有條理的理論化工作,解釋為何某些東西對人生來說是美好的,並把這些東西分等級或排序,明確指出實現它們的具體方法,以及把它們綜合為一個思想傳統,使之有別於其他思想傳統。傳統儒家思想確實包含了這種意義下的全面性的美善生活觀。但在筆者所闡述的溫和致善主義中,國家是僅訴諸關於美善生活的個別判斷而非某全面性學說;[5] 國家應當促進個別美好的東西,例如藝術、家庭生活和基本美德,而不鼓勵人們過上極度缺乏這些東西的生活。溫和致善主義並不會對不同生活方式做出細緻的比較和判斷,它只專注那些會削弱或促進美善生活的社會大趨勢和環境,以及思考國家是否需要介入為美善生活創造條件。因此,我們可以區分兩種促進儒家思想的方法:一種是將儒家

---

3   參見 Chan, "Legitimacy, Unanimity, and Perfectionism."

4   參見 John Rawls, *Political Liberalism* (New York: Columbia University Press, 1993), 59。

5   筆者在 "Legitimacy, Unanimity, and Perfectionism" 一文中定義了 "溫和致善主義"。

思想當作一種全面性學説來推廣，並以一籃子全面性政策來執行；另一種則是如溫和致善主義所建議的，以一種零散的方式來促進儒家思想。[6]

　　筆者相信，將儒家作為一種全面性學説來推廣是不可取的，因為這會損害公民文明。在現代多元社會中，公民按照不同的生活方式、信仰和宗教來生活。公民文明對這種社會來説至為重要。公民文明是一種人們對待彼此的態度：即使存在着不同的觀點或利益衝突，我們都應該謹記我們之間"共同聯結"（common bond），嘗試尋找對抗觀點的"共同基礎"（common ground）和超越黨派利益的"共善"（common good），來減少衝突。為了尋求共同基礎和共善，公民文明要求人們開放思想、以他人也可接受之理由來證成自己的觀點、嘗試收窄道德分歧，以及願意在未能取得完全認同的情況下作出妥協。公民文明與基於全面性學説的"意識形態政治"（ideological politics）並不相容。正如愛德華・希爾斯（Edward Shils）所觀察，意識形態政治"癡迷於總體性"；它的實踐者相信"只有他們掌握生活——整體的生活，並非僅是政治生活——的正確秩序的真理"，他們還相信"合理的政治需要一套學説，該學説可明瞭宇宙中——不僅是空間上而且是時間上——每一件事件……意識形態政治是一種'友、敵'、'我們、他們'、'誰、被誰'之政治。而在意識形態者看來，那些不站在自己那邊的人，就是反對者。"[7]意識形態政治摧毀了公民之間的共同聯結，並否定了公民文明之價值。

6　關於溫和致善主義觀點在當代儒家政治哲學中的有趣運用，參見 Stephen C. Angle, "Sages and Politics: A Way Forward," chap. 11 in *Sagehood*, and "Conclusion: The Shape of Confucian Virtue-Ritual-Politics," chap. 8 in *Contemporary Confucian Political Philosophy*。

7　Edward Shils, *The Virtue of Civility: Selected Essays on Liberalism, Tradition, and Civil Society*, ed. Steven Grosby (Indianapolis: Liberty Fund, 1997), 26-28.

　　儒家思想作為一種全面性學說是會趨生意識形態政治。如果我們視公民文明為重要價值，就必須拒絕意識形態政治。在一個開放的社會裏，各種全面性學說的傳播不僅得到法律的許可，而且也會得到公民社會的積極支持。在這樣的一個活躍的、但有時卻動盪的"思想市集"（marketplace of ideas）中，人們自由表達觀點、自由追逐利益，衝突和爭鬥自不可免。要保持公民社會的和諧，公民必須自律，而且任何團體都不應當試圖將自己的世界觀和價值體系，以一種贏者通吃的方式強加於他人身上。[8]

　　公民文明其實也是儒家思想的一項重要美德，儘管儒家對公民文明的定義是有別於現代開放社會的理想。正如我們在第四章中所論，儒家的君子並不喜歡把東西強加於人，亦不熱衷於競爭，而且在不放棄自己原則的前提下，盡量與他人保持和諧。君子會緩後爭論或禮讓他人，來實踐公民文明。孔子說："能以禮讓為國乎？何有？不能以禮讓為國，如禮何？"（《論語‧里仁》第十三章）。儒家君子希望藉着禮儀建立社會秩序，但他們同時是抱着緩後爭論和讓步的心態，希望維持社會和諧。"君子和而不同"（《論語‧子路》第二十三章），這就是儒家公民文明的精神。在一個欠缺這種精神的社會中，人們會將自己的要求推至極致，在競爭中立場變得強硬，衝突和仇恨隨之加深。在政治競爭中，如果人們實踐禮讓，那麼贏者不論是姿態上還是實質性上就不會通吃，而輸者也不會一下子潰敗和尋求報復機會。

　　簡而言之，不論現代的還是儒家的公民文明觀，都不支持在現

代多元社會中通過政治手段來推廣全面性的致善主義。但兩者的公民文明觀，卻與溫和致善主義相容，因為公民文明並不是要求人們放棄自己的價值或情感依附，或禁止在政治中訴諸它們。在希爾斯看來，"公民文明是相容於人們對階級、宗教、專業的情感依附，它只是尊重地要求人們為了共善而作出調整。"[9] 同樣地，我們可以說，公民文明是可以與我們所持守的價值和道德原則相容的，因為它所要求的是，我們應該對所持守的價值和道德原則，僅以其各自的優點來論斷它們，我們應該互相尊重、嘗試尋找共同立場的來協調分歧，並以個別而非全面的判斷來限制分歧。溫和致善主義所展現和促進的，就是這種政治生活。它提倡那些人們普遍視為可取的、並存在於不同形式的美善生活中的具體價值和美德；而且，它不會為這些價值和美德排序或分高低，沒有哪個是原始的或終極的。更重要的是，接受這些價值和美德不需要預設任何一種全面性學說，因為它們與許多此種學說相容，並已在現代社會中被人們廣泛接受。由於溫和致善主義是個別和零散的，人們之間對某一立法或公共政策的爭論也會是個別和零散的。與那些執着於真理整體性的意識形態政治不同，溫和致善主義並不提倡不同全面性學說之間的贏者通吃政治。在溫和致善主義下，贏者所得和輸者所失都是有限的，而且在不同的政策領域內，雙方的位置亦可能對調。

筆者所闡述的儒家致善主義政治哲學和政治，是一種溫和致善主義。作為一種道德哲學，儒家思想全面地和具體地發展了一套美善生活觀。但作為一種現代政治或公共哲學，它的美善生活觀就不應訴諸某種全面性學說，它應當只是列出美善生活和良好生活秩序

9　Shils, *Virtue of Civility*, 49.

的元素（例如，有價值的社會關係、實用智慧和學問、誠意、和諧、社會和政治信任及關愛、道德自主和個人自主，以及足夠的物質水平和個人責任），並探討這些元素對社會和政治制度的含意。這就是筆者在本書中嘗試做到的，一種由下而上、非由上而下的理論建構。筆者並非先提出一種全面性學說，然後將它運用至現代政治中；相反，筆者審視每一政治題目中的相關個別儒家價值和原則，評估這些價值和原則對現代吸引之處和含意，在必要時修改或甚至摒棄它們，但在適當之處則進一步發展它們或將它們與其他價值和原則融合。筆者希望，這些分立的分析和重構可為我們帶來一個連貫和有系統的政治哲學大綱。它是清晰地屬於儒家學派，但卻並非訴諸全面性學說而得出的。[10]

依據上述立場，我們在推廣儒家政治致善主義時，也應當以一種零散和溫和的方式進行。在公共政治討論中，我們不應當把儒家思想展現為圓滿的和一整套的觀念，並要求人們接受該整套觀念下的政策建議。例如，我們不應當主張，因為孝順是儒家的核心元素，所以它應當得到推廣。如此主張就是要其他人接受儒家思想作為一種哲學的權威。溫和致善主義則不同，它要求我們以一種無須事先接受儒家思想、不一定接受儒家思想其他元素的人也能贊同的方法來證成儒家價值。儒家思想的核心價值，例如美德、人倫關係、統治者與被統治者之間的互相委身、仁政原則、政治制度內的公平獎

10　當代儒家政治哲學中，由上而下應用全面性學說的例子，參見 Jiang Qing（蔣慶），"A Confucian Constitutional Order," pt. 1 in *A Confucian Constitutional Order: How China's Ancient Past Can Shape Its Political Future*, trans. Edmund Ryden, ed. Daniel A. Bell and Ruiping Fan (Princeton: Princeton University Press, 2013)。筆者對蔣慶的全面性儒家學說的批評以及他的答覆，參見該書 chap. 4, "On the Legitimacy of Confucian Constitutionalism," 及 chap. 8, "Debating with My Critics"。本章第三節部分源自筆者對蔣的該些批評。

懲，是可以被許多不把儒家思想視為全面性學說的人所接受和理解。

　　在討論具體的法律或政策問題時，我們可以逐步分析相關的儒家價值的含意，並將它們與儒家思想以外的其他價值做比較和融合。在推廣儒家價值時，我們必須以一種現代人可以理解和接受的語言和方式來討論。溫和致善主義並不要求國家的意識形態掌控，相反是要求高度的言論自由，讓人們可理性地來自由評估儒家思想和討論政策。這種自由和民主的程序將決定我們應推廣或採納哪種儒家價值，以作為立法的基礎。如果我們是以這種方式來採納儒家價值，那麼儒家只會在個別政策贏得勝利，其倡議者亦不會用政治力量把一種贏者通吃的全面性觀點強加於其他思想流派上。如果社會討論和政治程序都得到公平的執行，那麼那些在今次民主競爭中失敗的人就仍有機會在未來取得政治勝利。這樣，當我們溫和地推廣儒家價值之同時，多元社會中的公民文明亦可得到維護。

　　也許有人會問：如果一個社會的立法和政策制定是依溫和致善主義而行，那麼我們還可說它是"儒家"社會嗎？對此筆者的答案是：儒家思想在一個社會中的真實影響程度，總是應當由持續的民主討論和長久的政策制定來決定。正如社會總在變化一樣，儒家思想也應當不斷更新，以回應今天社會的需要。如是，儒家思想不僅可以為那些曾深受它影響的亞洲社會提供指引，而且也可為其他社會帶來參考；也許，其他社會的文化透過思考或實踐儒家思想中那些滿有睿智的原則，可以因而受益。

附錄一　關於本書的研究方法與範疇

在此附錄中，筆者將闡釋在重構儒家政治思想時，所涉及的範疇和所採取的方法。首先，讓筆者簡短描述一下儒家傳統。儒家思想傳統肇始於 2,500 年前的中國。雖然它的核心觀點可在孔子學說中找到，但儒家思想傳統並不是完全源於孔子。事實上，"儒家"這個名稱最初並不是指孔子，而是指一個稱為"儒"的學派。在孔子出生之前，"儒"指的是那些在宗教儀式和祭典方面的專家。在春秋時代，"儒"變為指那些有學識的人，他們在官學和私塾中教授禮儀、歷史、詩歌、音樂、數學和箭藝。[1]孔子正是那個時代的一位傑出儒者。孔子自己也強調，他沒有創造全新的倫理或社會理想願景，而僅是傳承了五經（《詩經》、《尚書》、《禮記》、《周易》和《春秋》）中所載的古老傳統，即是那些周朝早期以來的禮儀、社會和政治價值，以及形而上和宗教的觀點和學說。[2]

五經是儒家思想的根源，也是從漢朝至唐朝官方教育的主要讀本。直到宋朝，《論語》才與五經一起被使用。在新儒家哲學家朱熹

1　關於"儒"的含義和起源的不同學術觀點的一個持平描述，以及一個嘗試綜合這些不同觀點的説法，參見 Yao, *Introduction to Confucianism*, 16-21。另參見 Nylan, *Five "Confucian" Classics*, 364-65。

2　早期的評論傳統認為是孔子編撰了五經，但該觀點在現代學術界已有不少爭論。關於五經與孔子的關係的討論，參見 Nylan, *Five "Confucian" Classics*, 8-10；及 Yao, *Introduction to Confucianism*, 52-54。

（公元 1130-1200 年）的影響下，《論語》、《孟子》，以及《禮記》中的《大學》和《中庸》（合稱為四書）才成為儒家教育的基本教科書，並至今成為世界各地儒學研究的主要資料。[3]

　　孔子並未留下一套有系統的哲學，《論語》這本由他的學生及後代學者所載的記錄，也不是一部倫理學述著。雖然如此，孔子卻是極具創見地詮釋了他所繼承的傳統，在它開始僵化之際賦予它新的含義，並影響了及後許多代的儒者。《論語》也留下了一些尚未處理的基本問題，例如關於人性、倫理之形而上基礎和國家的正確組成等問題。及至孟子和荀子，儒家思想才得到進一步充實和發展。正是這三位思想家的觀點，共同建構了儒家思想的古典傳統。長期以來，儒家思想一直在演變，部分是為了回應時代的需要（如漢朝儒家思想），部分是為了應對其他思想流派的挑戰（如宋明儒家思想）。漢朝儒家思想主要訴諸儒家早期經典以及小部分道家和法家思想，將儒家倫理和政治發展成為一種全面性的世界觀和治國的實用哲學。宋明儒家思想為了應對佛教的挑戰，轉為向內探索人之心性，並有力地發展了關於個體內在生命的理論。[4] 但不論這些後來的發展如何創新，古典儒家，尤其是孟子之學說，已被認為是儒家傳統的正統經典；正如當初孔子豐富了周朝傳統，後來的儒家思想家亦同樣地承傳了古典儒家。在此意義下，儒家思想存有一種對傳統的深刻尊敬，儒家思想家相信古代聖人已經正準地找到了正確方向，我們當欣賞、維護和豐富這個傳統。

3　關於四書五經的演變史，參見 Yao, *Introduction to Confucianism*, 57-67；及 Nylan, "Introduction to the Five Classics," chap. 1 in *Five "Confucian" Classics*。

4　對儒家思想歷史發展的一個易懂之介紹，參見 "Evolution and Transformation—A Historical Perspective," chap. 2 in Yao, *Introduction to Confucianism*。更加哲學性的介紹，參見 Shu-Hsien Liu, *Understanding Confucian Philosophy: Classical and Sung-Ming* (Westport, CT: Praeger, 1998)。

筆者在建構現代儒家政治哲學時，只審視了先秦時代的儒家典籍，尤其是《論語》、《孟子》和《荀子》，它們包含了很多與本書相關的社會和政治觀點。明顯地，一個研究計劃如果是覆蓋 2,500 年的儒家傳統，其討論很容易出現偏差或缺失。但無論如何，《論語》、《孟子》和《荀子》，尤其是前兩部，皆是宋明及之後，人們對古典儒家作批判性反思的範本和基礎。除了這三部基本文本外，筆者也參考了其他，尤其是《尚書》中的某些章節。《尚書》也許是理解古代中國政治思想的最重要資料，很多早期儒家政治觀點，例如仁政、愛民和天命，都可在《尚書》中找到。該書是在不同時期以不同的方法編撰的，其內容的真實性長久以來一直存有爭議。筆者傾向接受一種現代的觀點：在《今文尚書》版本中，大多數關於周朝的章節是在早期和晚期周朝時撰寫的，而大多數關於堯和商的章節也許是在秦朝的大一統和之後所加。[5] 筆者在附錄二中討論天命概念時，主要依據那些較少爭議的關於周朝的章節。此外，筆者也會引用《禮記》（或編撰於西漢早期 [公元前 206-9 年]）[6]、《呂氏春秋》（秦朝）和《春秋繁露》（西漢）；這些文本包含來自儒家和其他思想流派的觀點。筆者之所以使用這些文本中某些篇章，是因為那些篇章經常被儒家學者引用，或是因為它們包含的某些觀點，正可用來豐富和鞏固筆者對儒家的討論。

當我們對一門傳統哲學作批判性重構時，應採用怎樣的詮釋方法才是最適合呢？無論我們研究的是東方的還是西方的古代思想

5　關於此觀點，參見 Nylan, *Five "Confucian" Classics*, 127-36。類似的觀點，參見《尚書譯註》，李民、王健編（上海：上海古籍出版社，2004 年），前言，第 29-33 頁。

6　參見 Nylan, *Five "Confucian" Classics*, 174-75。

家，至少有三種通常使用的方法。[7] 這三種方法的區別是在於它們在詮釋和評估思想家的論說時，在多大程度上遵循了那思想家的目的、概念和技巧。

第一種也是最嚴格的方法，我們稱為"經學方法"（classical scholarship）。它嘗試"從思想家自己的角度和處境"來理解該思想家的論說。[8] 它從思想家所理解的問題開始，在評估他的解決方法時，並不是訴諸其他外在理論，而是探求他的論證和他給出的原因的內在一致性。當現代讀者覺得很難理解思想家的某個概念或論點時，他們應當嘗試理解引發該思想的環境，包括思想家的生活經歷以及所處時代的知識、社會和文化環境。這種方法的基本技巧是"字義疏解"（literal exegesis）和思想史。[9]

第二種方法我們稱為"哲學重構"。它嘗試"不僅從文本的角度來理解文本，而且還通過運用外來的概念、理論和技巧來理解它。"[10] 該方法的目的，是將一個古代思想家的觀點與一些他可能沒有想到的、但現代理論家又感興趣的問題相聯繫。就這方法而言，我們對古代思想家的興趣主要是現代的而非歷史的，是比較性的而非字義性的。它並不是簡單地詮釋文本中的文字，而是將其延伸和發展至某點，使它可與現代視角相比較。它的最終目標是批判性地評估某個古代觀點的現代哲學意義。這方法的主要技巧是概念分析和比較

7　下文中的三種區分源自 David Charles, *Aristotle's Philosophy of Action* (London: Duckworth, 1984), ix–x；以及 Fred D. Miller, Jr., *Nature, Justice, and Rights in Aristotle's Politics* (Oxford: Clarendon Press, 1995), 21-22。

8　Miller, *Nature, Justice, and Rights*, 21.

9　"經學方法"的近期例子，在中國哲學領域內有 Shun's *Mencius and Early Chinese Thought*；在中國政治思想領域內有 Pines's *Envisioning Eternal Empire*。Pines 在第 6-9 頁描述了他的歷史方法。

10　Miller, *Nature, Justice, and Rights,* 21.

方法。[11]

　　第三種方法我們稱為"在某傳統內哲學地思考"。[12] 這種方法是指在某哲學傳統的寬廣框架內進行原創性哲學思考。我們把思想傳統的某些基本原則作為出發點，嘗試發展出一種新視角，而該視角是那個傳統中的思想家所未曾探討過的。這方法的主要目標，並不是對某種古代思想進行精確的字義解釋，也不是對其現代哲學意義進行批判性評估，而是嘗試在現代中再發展某思想傳統。源自這種哲學思考的理論，我們通常以字首"新"為標記（例如，新儒家），來強調它是一個寬廣傳統內的新發展。

　　許多古代中國哲學或西方哲學的學者，在其研究中都採用了不只一種方法和技巧。本書評估先秦儒家政治思想的現代相關性，並嘗試彌合儒家理想和現代環境現實之間的鴻溝。為此目的，筆者採納了哲學重構為主要方法，並在適當時候也使用其他兩種方法。在哲學重構方法中，筆者把儒家思想放在現代哲學和政治學處境中，並與現代觀點相比較來評估它，來確定儒家思想的現代意義。筆者在提出某一種對儒家觀點的理解時，借鑒了屬經學方法的學術著作。在進一步發展儒家政治思想時，則使用了在傳統內哲學地思考的方法。現在，筆者將闡述本書所採用的方法，首先解釋它對儒家思想本質的預設理解，然後介紹它其中的不同重構階段。

　　這種哲學重構方法背後的一個主要預設，就是把儒家思想視為一種可被解構為不同元素及不同層面的複合體，而非一種有機的統一體。它不會認同那些反傳統的觀點，例如像陳獨秀所說的，儒家

11　筆者認為以下的近期著作屬於哲學重構類別，儘管它們也使用了其他方法：Angle's *Sagehood* 和 Fan's *Reconstructionist Confucianism*。

12　Miller, *Nature, Justice, and Rights*, 21.

思想是一種完全落伍的哲學，應當被西方倫理完全取替。

　　反傳統人士認為，任何為了現代目的而試圖修改或現代化儒家思想都是註定失敗的，因為在他們看來，儒家思想是一個不可能被解構或重構的有機整體。這立場是以所謂"理型策略"（ideal-type strategy）來理解儒家思想作為一套倫理的本質。用馬克斯・韋伯（Max Weber）的術語來説，"理型"的建構使人們能更好地理解和對比那些通常複雜、隱約、模糊，而且很難理論化的社會現實。理型策略首先從一個特殊的角度抓住某一複雜現實的某些特徵（以助理論層次上的理解和比較），然後替這些特徵劃出精準和清晰的概念界限，並排除那些在概念界限以外的特徵，以建構一個關於該現實的理型化描述。例如，陳獨秀為西方的以及中國的倫理體系建構了以下理型：西方體系高舉個人自由、人權和平等，這些陳所説的"個人主義之大精神"的元素；而中國體系與西方剛好相反，它是一個按封建家庭和氏族建構起來的僵化和等級化的社會和政治秩序，它反對個體獨立和法律面前人人平等，並宣揚威權主義。[13]

　　理型策略的優點是，它幫助我們更容易地對比兩個體系的鮮明特徵。當我們把西方和儒家視為兩個倫理綜合體時，我們很容易會得出它們彼此不相容的結論。但是，該策略有將思想傳統"重點化"（essentializing）的風險，將傳統變成觀點緊密相扣的僵化體系。然而在現實中，一個思想傳統的主題和重點經常在變化，其特徵的正確含義也經常被支持者和批評者再詮釋和辯論。更重要的是，許多思想傳統都有不同的層面，各層面之間不一定總是互相配合的，而這正正為內部的調整、修改和創新創造了空間。因此，筆者相信一個

13　陳獨秀，《德賽二先生》，尤其參見〈東西民族根本思想之差異〉，第 27-29 頁；和〈孔子之道與現代生活〉，第 56-62 頁。

更好的策略就是哲學重構方法所預設的策略,它認為一個像儒家思想這樣複雜的思想傳統必定是多層面和多面向的,並長期一直在演變。

在儒學文獻中,人們以不同方式來理解儒家思想這個多層面的傳統,尤其是在討論儒家倫理時。有些人認為仁是最根本層面,美德是第二或中間層面,禮是第三或表層面。[14] 其他人則認為仁和禮皆為最基本,兩者互相定義,並賦予美德的內容和塑造美德。[15] 還有一些人認為禮本身就是多層次的,包含宏觀原則、美德,以及行為禮儀。[16] 本書沒有必要採納上述任何一種詮釋,只需說本書並不是提出一套理型的儒家倫理和政治學,而是採納了一種零散進路(piecemeal approach),認為儒家傳統是存在着不同層面和不同元素。這零散進路提出了一系列問題:我們可否修改某個層面的某個元素,以適應現代的觀點?該元素值得被保留嗎?它能否與新的觀點結合,形成新的綜合體?我們需要注意的是,兩個綜合的理型不可能在不失去其內在一致性或純正性的情況下結合,但兩個複雜的、動態的、演變的傳統中的具體元素卻可以。筆者相信,這種零散進路比理型進路更有利於創造性的思維和重構,更有助於應對現代的實用性和規範性的問題。

我們可把這種哲學重構的零散進路分拆為以下幾個階段:

---

14 視儒家倫理為多層面的例子是 Lau Kwok-keung, "An Interpretation of Confucian Virtues and Their Relevance to China's Modernization," in *Confucianism and the Modernization of China,* ed. Silke Krieger and Rolf Trauzettel (Mainz: v. Hase & Koehler Verlag, 1991), 210-28;以及黃慧英,〈儒家倫理各層面的實踐〉,《儒家倫理:體與用》,第 12 章(上海:三聯書店,2005 年)。

15 參見匡亞明,《孔子評傳》,第 193-98 頁。

16 楊國榮,〈是非曲直〉,《顯魅與和樂》,第 7 章。

第一階段：問題設置

儒家思想會如何思考一個哲學性或實用性的問題？本書所審視的某些問題（例如，政治權威和社會福利）都曾在傳統儒家思想中討論過的；其他（例如，人權和民主）則是在現代才出現。對那些現代問題，我們需要問：儒家思想會否接受今天人們普遍理解的人權觀念和種類？儒家思想會否接納民主作為一種內在價值及一種政治制度？

第二階段：對問題之關鍵術語的概念分析

我們需要對"人權"、"民主"和"公義"等概念進行分析和定義。定義概念通常是一件理論上極具爭議的事情。我們需要明白概念可能有不同的詮釋，並嘗試選擇一種既不偏頗儒家思想亦不偏頗其他現代觀點的定義。

第三階段：詮釋和推斷

我們需要對儒家思想的主要文本進行分析，看看它們是否存在所考慮問題的概念或直接答案。如果文本中並沒有該問題的直接相關觀點，我們就需要擴展文本中的其他觀點，以它們的含意來回答相關問題。為避免選擇性的詮釋，我們必須全面地審視文本。例如，在分析人權觀念是否與儒家思想相容時，我們不應只考慮那些傾向相容觀點的篇章，還應該考慮那些也許指出兩者相悖的篇章。此外，除非文本本身的不同部分的含意存有矛盾，否則我們應該把選取出來的觀點一致地展示出來。

第四階段：比較

我們需要把重構後的儒家觀點與現代思想流派（例如，自由主義）的觀點進行比較。但由於每一種思想流派中都可能存有對某個問題的不同看法，因此我們務必避免過於簡化任何一方的複雜性。相似之處和不同之處、一致的觀點和分歧的觀點都應要一一考慮。

第五階段：評估、修改和發展

藉着與其他觀點進行比較，我們審視重構之儒家觀點的有效性、正確性或吸引力。在此，我們並沒有中立或無可置疑的準則，來判斷某一觀點可否被接受。正如任何原創的哲學思考一樣，我們必須使用獨立的哲學論證來支持所有判斷。這樣一個評估過程有助於我們決定儒家思想中哪些元素仍然有效，哪些已不再相關；哪些應當被摒棄、修改、保留，或進一步發展；以及當如何進行這工作。在此階段，我們將作相當多的原創哲學思考，但整個過程從始至終，我們都是留意到在對儒家思想的修改中，有多少內容改變了，以及有多少得以保留。重構後的哲學在多大程度上仍是"儒家的"，則取決於細節，即哪些核心元素得到了保留或發展，哪些被摒棄。儒家傳統的傳承其實是一個程度上的問題，它向來容許人們的各種詮釋。

附錄二　反對擁有權概念之權威觀

　　在本附錄中，筆者將進一步討論第一章第一節中的觀點。無論在東方還是西方政治思想史中，政治權威（即一個管轄區內的最高正當統治權利）有着不同的名稱："統治者統治"（rulership）、"貴族統治"（lordship）、"王權統治"（kingship）、"帝制統治"（emperorship）、"統治權"（imperium）、"完全所有權"（dominium）、天命、天子、"主權"（sovereignty）、"人民主權"（people's sovereignty），以及"總統制"（presidency）等等；這些不同的名稱正正說明了政治權威的本質是可從不同角度來理解的。在本附錄中，筆者將詳細探討其中一種觀點：擁有權或完全所有權的觀點。根據此觀點，政治權威是統治者個人擁有的東西，他可按自己之意願傳給他人；政治權威也是統治者之權利，它使統治者擁有其管轄區內的所有資源和民眾。在傳統中國，很多帝王制度的批評者和維護者皆視王權為皇帝之私產：生活在皇帝統治之下的民眾是"王民"，土地是"王土"，民眾和土地的存在都是為了服務皇帝。王位也是私有財產，可被皇帝之子繼承（此即"家天下"觀念）。[1] 這種擁有權之政治權威觀在十六世紀及之後的歐洲也

1　對傳統中國這種政治權威觀的詳細分析，參見劉澤華，〈王權主義與思想和社會〉，《中國政治思想史集》（北京：人民出版社，2008 年），第 3 卷；以及王毅，〈中國皇權統治子民人身和財產的法權制度及其與憲政法理的悖逆〉《中國皇權制度研究》，（北京：北京大學出版社 2007 年），第 2 卷，第 12 章。

曾十分流行。十六世紀時，羅馬私法中的完全所有權概念，經常用來定義政治權威的本質；王位的王室權利和權力都是國王的私有財產，可通過普通的繼承法傳給後代。國王是"完全所有權的持有者"（dominus），他不僅擁有羅馬公法中"統治權"（imperium）概念所界定的管轄區內最終統治權利（即制定和執行法律的權利），還擁有管轄區的領土的完全所有權，在極端情況下還擁有民眾的完全所有權。[2]

雖然西方早已拋棄國王作為完全所有權的持有者的觀念，但完全所有權概念仍是一種理解政治權威或主權的主導觀點。有學者說"王室專制政體的批判者既想否定國王擁有完全所有權，但又想在他們的憲法構想中保留完全所有權概念。"[3] 曾經屬於國王的絕對權利和權力，現在都變成屬於民眾或國家，因此我們才有人民主權或國家主權這些觀念。今天，民眾是國家最高統治者、完全所有權的持有者，他們的意志或同意是國家權威的最終基礎，而國家作為民眾的代理，同樣執掌着那些曾經屬於王室的權利和權益。

先秦儒家思想是如何理解政治權威之本質的呢？有趣的是，我們從儒家典籍中似乎皆可找到文本支持，儒家思想要麼視政治權威為統治者的私人財產，要麼視它屬於民眾（主權在民觀念之雛形），

2　對完全所有權概念之權威和主權觀的精闢討論，參見 Daniel Lee, "Private Law Models for Public Law Concepts: The Roman Law Theory of Dominium in the Monarchomach Doctrine of Popular Sovereignty," *The Review of Politics* 70, no. 3 (2008): 370-99。Ken Mac-Millan 在他對 1576-1640 年間不列顛帝國之法律基礎的討論中，把 'imperium' 定義為"獨立和絕對之主權"，'dominium' 為"管轄區域內擁有和統治領土的權利"；參見其 *Sovereignty and Possession in the English New World: The Legal Foundations of Empire, 1576-1640* (Cambridge: Cambridge University Press, 2006), 6。

3　Lee, "Private Law Models," 383。對現代國際關係中的完全所有權概念的陳述，參見 Friedrich Kratochwil, "Sovereignty as *Dominium*: Is There a Right of Humanitarian Intervention?" in *Beyond Westphalia? State Sovereignty and International Intervention*, ed. Gene M. Lyons and Michael Mastanduno (Baltimore: Johns Hopkins University Press, 1995), 21-42。

而且這兩種觀點都有學者支持。但筆者認為，我們並沒有足夠理由說先秦儒家思想是贊成這兩種觀點中的其中一種；而且筆者將論證，儒家思想其實是否定完全所有權概念之政治權威觀，不管這裏的完全所有權是指屬於一個人的還是一羣人的。與羅馬的"統治權"（imperium）概念相類似，儒家政治思想是以普天之下（或者一個管轄區域內）的最終正當統治權來討論政治權威，但它並沒有暗示統治者的統治附有任何形式的擁有權。然而，本附錄的目的並非只是負面地指出儒家思想沒有接受完全所有權概念之政治權威觀。筆者希望，藉着指出這點，可以為一個有哲學旨趣的、對現代又合理的儒家政治權威觀鋪平道路，繼而使該權威觀進一步成為評估現代社會的政治制度和程序的一個批判性基礎。在本書第一至三章中，筆者就是在嘗試這兩項工作。

土地和民眾

正如筆者在第一章中所說，審視先秦儒家政治權威觀的最佳起點就是天命觀念，它表達了統治權力是基於上天之命令。可是，天命這概念所引發的問題，要比它能解答的還多：

1. **內容**：天命的內容是甚麼？從政治統治的角度看，天命確切意味着甚麼東西？獲享天命的統治者到底擁有甚麼權利或權益？
2. **目的**：將天命賜予某一個人，其目的是甚麼？
3. **基礎**：上天是以甚麼基礎來選擇一個人或一羣人接受天命？
4. **程序**：上天是以甚麼程序來選擇或宣告一個人或一羣人接受天命？

5. **條件**：天命賜予後可以收回嗎？如果是可以的話，在甚麼條件下一位正當統治者會失去其天命？

6. **繼承**：天命觀念對繼承有何説法？一位正當統治者可否將其天命傳給他自己選中的人？

這些問題涉及政治權威的不同方面：其含義、源頭、條件、目的和繼承。筆者將從關於內容的問題開始：從政治統治的角度看，天命確切意味着甚麼東西？獲享天命的統治者到底擁有甚麼權利或權益？通過探討這些問題，我們應當也能回答其他問題。其中一種詮釋認為，天命是統治者可以個人擁有的東西，就像一件財產可被擁有一樣。讓我們稱之為"擁有權詮釋"。根據這詮釋，天命在兩種不同意義上是私有財產。首先，它可被擁有和轉交給他人，擁有天命的統治者有權利將它傳給任何他選中的繼承人；君主可以決定誰繼承他的王位。第二，天命賦予統治者享有對其管轄之下的領土和民眾的擁有權，領土和民眾屬於統治者，正如私有財產屬於擁有者一樣。[4]

支持擁有權詮釋的證據可在《尚書》中找到。該書在討論天命時，提出天命賦予統治者對領土和民眾的擁有權；周公説："皇天既付中國民越厥疆土於先王。"[5]《詩經》中也有這麼一句："溥天之下，莫非王土；率土之濱，莫非王臣。"[6]人們一般認為這句話正正表達了擁有權詮釋的意思：管轄區內的土地和民眾是屬於統治者的。而且，古代文本普遍接受世襲制，似乎也可以用這觀點來解釋，即統治權

4　從概念上看，這兩種意義相距甚遠，邏輯上也並不相連，但在前現代時期的中國和歐洲的完全所有權概念之權威觀中，它們往往被混為一談。

5　《尚書‧梓材》。

6　《詩經‧北山》。

是一種可被擁有的、因此可被擁有者按照自己意願轉讓的財產；因為如果統治者不是擁有天命所賦予的統治權利，那麼就談不上他可以正當地將它傳給繼承者。例如，現代新儒家哲學家牟宗三（公元1909-1995 年）就認為世襲制是一種將天下（統治者所統治的世界）私有化的行為。[7] 他認為先秦儒家的天命觀在孟子手中變成了一種對世襲制的支持，把政治權威變成了某種形式的私有財產，而這並不是實現儒家思想目標的最佳發展方向。[8] 按照牟的理解，孟子和荀子對人民起義和革命的接受，也同樣地暗示了個體是可以擁有政治權威。[9] 當代中國政治理論家石元康也贊同牟的觀點，認為傳統中國思想視 "政權或國家乃是一種產業，它是可以轉讓的。" 他進一步認為，即使在禪讓政治中，統治者為了民眾之利益將王位讓給統治者家庭之外的才德之人，這也預設了 "天下好像是一個東西一樣，可以給來給去。" [10]

　　在此，筆者將批評上述這種詮釋，並嘗試論證另一種詮釋。在完整意義上，對一樣東西的擁有權其實是包含了一系列權利，包括該東西免受他人干預的權利、使用該東西的權利（或不使用該東西的權利）、享有該東西所帶來的利益的權利、轉讓該東西的權利（把它賣出或送出），以及銷毀該東西的權利。在現實中，並非每一個擁有權都包含這一整列的權利；當其中包含的權利越少，它就越不像擁有權，我們也就越有理由用另一種概念來描述它。筆者將所論證的另一種詮釋，就是說天命並不是如上所定義的那種擁有權，而是

7　牟宗三，《政道與治道》，修訂版（台北：台灣學生書局，1980），第 12 頁。
8　同上，第 132-34 頁。
9　同上，第 17 及第 133 頁。
10　石元康，〈天命與正當性──從韋伯的分類看儒家的政道〉，《政治理論在中國》，陳祖為、梁文韜編（香港：牛津大學出版社，2001 年），第 55 頁。

一種在管轄區內統治的正當權利。筆者的詮釋在兩點上反對擁有權詮釋：統治權可被擁有和轉讓，以及該統治權可催生一系列對管轄下的領土和民眾的擁有權。

讓筆者先從第二點開始。在《尚書》中，周公至少兩次說到上天賦予他的祖先"中國民越厥疆土。"[11] 然而，這片語本身是含糊的，對此我們可作兩種解讀：(1) 統治者被賦予統治民眾並使用中國管轄區域內的資源的權利；或者 (2) 管轄區內的土地和民眾是屬於統治者的。後一種解讀暗示了前一種，但非反之亦然。我們要準確地判定這短語的含義，就必須審視統治者獲享天命是附有甚麼目標、特權、責任和條件。例如，如果一位統治者接受和維持天命的條件之一，是他要有保護和服務民眾的能力和意願，那麼這就很明顯與擁有權詮釋相衝突，因為後者認為民眾存在的目的是為統治者服務，正如財產的使用是為了擁有者的利益一樣。《尚書》中很多章節都表示，統治者維持天命的方法就是"明德"和"保民"。[12] 而且，如果統治者沒能保護民眾，或者傷害他們，他就會失去天命。

> 惟聖罔念作狂，惟狂克念作聖。天惟五年須暇之子孫，
> 誕作民主，罔可念聽。天惟求爾多方，大動以威，開厥顧天，
> 惟爾多方罔堪顧之。惟我周王<u>靈承於旅，克堪用德，惟典神
> 天</u>。天惟式教我用休，簡畀殷命，尹爾多方。[13] (底線為筆者
> 所加)

11　《尚書·梓材》。另參見《尚書·康誥》。
12　《尚書·梓材》。
13　《尚書·多方》。

　　以上段落説明，天命之擁有並非永恆，而是以統治者的美德和德治為條件；即是説，統治者必須有關愛和保護民眾的志向及意願。周公更警告説，天命是不可測的，因為良好的統治並不是易事。統治者不要以為他一朝獲得了天命，他就會永遠擁有它。他必須以極其認真的態度和嚴肅的責任感履行自己的工作，而他的工作就是要為民眾帶來秩序、和平和福祉。周公一再強調這一觀點：

> 　　我不可不監於有夏，亦不可不監於有殷。我不敢知曰，有夏服天命，惟有歷年；我不敢知曰，不其延。惟不敬厥德，乃早墜厥命。我不敢知曰，有殷受天命，惟有歷年；我不敢知曰，不其延。惟不敬厥德，乃早墜厥命。今王嗣受厥命，我亦惟茲二國命，嗣若功。[14]
>
> 　　王：“封，予不惟若茲多誥。古人有言曰，‘人無於水監，當於民監。’今惟殷墜厥命，我其可不大監撫於時。”[15]

　　保護和促進民眾之福祉這條件是如此重要，其最佳的解釋就是因為它正是天命本身的目的。這種解讀可能受到挑戰，有人或會反駁在統治者眼中，保護民眾可能僅僅是維持王位的一種手段，是統治的一個必要條件而非統治的目的。但這種解讀與許多篇章是相悖的；那些篇章説，統治者必須“敬德”並施行“德政”，就如父親愛兒子那樣關愛自己的民眾。

　　也許有人為了維護擁有權詮釋，會接受上述的關於天命的不確定性、條件和目的，説即使一個如此受到限制的擁有權，它始終仍

14　《尚書・召誥》。
15　《尚書・酒誥》。

是一種擁有權。但這似乎把"擁有權"的字義過度延伸至我們幾乎無法再認出它是指擁有權；畢竟，當"擁有權"是如此帶有條件性的、脆弱的和不穩定的，當其目的不是有利於擁有者（統治者）而是有利於被擁有者（被統治者）時，它還稱得上是任何真實意義下的擁有權麼？[16]

如果我們再看一看"溥天之下，莫非王土；率土之濱，莫非王臣"這句話，它是否真的如擁有權詮釋所說，統治者管轄之下的土地和民眾都是統治者的財產？如果我們仔細地審視這句話的上文下理，就會發現它並不是這個意思。這句話源自《詩經・北山》，作者是為國王工作的一位官員，他抱怨國王派給他的職責要比其他官員的繁重得多。詩中說，既然國王擁有普天之下的管轄權，並不缺乏為他服務的官員，為何要讓作者一個人背負如此沉重的責任以至他沒有時間伺候自己的父母，但其他人卻分配了輕鬆的任務以至可以休閒地過活呢？這句話其實是對工作分配不公平的一種抱怨。

> 陟彼北山，言采其杞。偕偕士子，朝夕從事。王事靡盬，憂我父母。
>
> 溥天之下，莫非王土。率土之濱，莫非王臣。大夫不均，我從事獨賢。
>
> 四牡彭彭，王事傍傍。嘉我未老，鮮我方將。旅力方剛，經營四方。
>
> 或燕燕居息，或盡瘁事國。或息偃在床，或不已於行。

16　如果我們使用私法語言，那麼民眾之主權應當被理解為一種"用益權"（usufructuary right），這並非一種擁有權，而僅是一種在一定限制之內使用和享受的權利。就我們所論的，該限制包括共善和公義的原則。筆者感謝何錦璇指出了此概念。

　　以上"抱怨受到不公平對待"的詮釋，我們可以在《孟子》的一篇中找到了確認。在該篇中，咸丘蒙問孟子，堯將統治權傳給舜之後，舜應否在堯在生時任命堯為大臣。咸丘蒙引用了《詩經》中："溥天之下，莫非王土；率土之濱，莫非王臣"這句話，說明堯在卸任之後，舜也應當任命堯為大臣，因為每個人都是舜這位國王的臣子。孟子回答說，這句話我們不可以斷章取義，並同樣指出了其"抱怨受到不公平對待"的意思。他說：

　　　　是詩也，非是之謂也；勞於王事，而不得養父母也。曰
　　　　"此莫非王事，我獨賢勞也。"故說《詩》者，不以文害辭，不
　　　　以辭害志。(《孟子・萬章上》第四章)

　　《荀子》也曾引用過這句話，而它只是用來指出天子享有世上最高權威這觀點。

　　　　天子無妻，告人無匹也。四海之內無客禮，告無適
　　　　也。……《詩》曰："溥天之下，莫非王土；率土之濱，莫非
　　　　王臣。"此之謂也。(《荀子・君子》)

　　這句話指出的是天子擁有普世管轄權並享有至高權威，而不是統治者對土地（或民眾）享有普世擁有權。正如第七章所述，孟子不但不認為土地屬於統治者，而且視土地的平等分配為仁政的第一要務，每個家庭都應當有權擁有足夠土地，過上體面的物質生活(《孟子・滕文公上》第三章、《孟子・梁惠王上》第三章)。荀子在這方面也贊同孟子的看法(《荀子・宥坐》)。

王位

筆者希望以上的討論，足以就反對擁有權詮釋的第二點——統治者享有土地和民眾之擁有權——提供了文本支持和分析。但擁有權詮釋的第一點——統治者擁有統治權並可自由地把它轉讓給他人——又如何呢？正如筆者在上文提到，禪讓和世襲制的例子似乎都可以用來支持擁有權概念之天命觀，而非服務概念之天命觀。筆者將逐一討論這兩個例子，看看它們是否真的能支持擁有權概念之天命觀。

根據擁有權詮釋，當統治者將其王位禪讓給賢德和聰慧之繼承者時，這種行為本身就表示了天命（統治權利）是統治者所擁有的東西，可自由轉讓[17]；畢竟，統治者必須先有讓出統治權的權利，才能說得上他是正當地讓出以及繼承者是正當地繼承統治權。可是，這卻誤解了禪讓的本質，這種誤解源自人們忽略了孟子所說的關於禪讓的過程和繼承者的正當性基礎。孟子論及禪讓時，明確地指出"天子不能以天下與人"的觀點。

> 萬章曰："堯以天下與舜，有諸？"
>
> 孟子曰："否，天子不能以天下與人。"
>
> "然則舜有天下也，孰與之？"
>
> 曰："天與之。"
>
> "天與之者，諄諄然命之乎？"
>
> 曰："否，天不言，以行與事示之而已矣。"
>
> 曰："以行與事示之者，如之何？"

17　石元康，〈天命於正當性〉，第 55 頁。

……

"昔者，堯薦舜於天，而天受之；暴之於民，而民受
之；……"

曰："敢問薦之於天，而天受之；暴之於民，而民受之，
如何？"

曰："使之主祭，而百神享之，是天受之；使之主事，而
事治，百姓安之，是民受之也。天與之，人與之，故曰，天子
不能以天下與人。"（《孟子‧萬章上》第五章）

在禪讓過程中，統治者唯一的角色就是向天推薦一位繼承者；
將統治權賦予繼承者的是天，而天是根據上述的原則來賦予的。即
是說，繼承者的政治正當性是在於他是否有為民而治這個艱巨工作
所需的素質和經驗。孟子視上天和民眾的接受，為該原則得到滿足
的證明。這就是為何堯在讓出統治權之前，如此謹慎地測試舜，而
舜又如此謹慎地測試禹的原因。儘管當中必然會出現讓出統治權的
行為，但這並不會使禪讓等同於財產轉讓。

按此思路，我們又如何解釋君主世襲制度呢？如果一位君主按
照血緣關係而非個人特長而將王位傳給他的長子（或偶爾給弟弟），
這似乎暗示了天命是可被君主擁有，君主亦可以根據自己的意願把
天命轉予他人。孟子和之後儒家都試圖對此提出折衷說法，指出採
用禪讓制還是世襲製作為繼承方法是上天的選擇，上天對此有獨立
和最終的意志。孟子說："天與賢，則與賢；天與子，則與子"（《孟子
‧萬章上》第六章）。在此，孟子的意思是，政權應當傳給統治者的
兒子還是賢德和聰慧之人，這由上天決定。這種說法似乎暗示了上
天也許是使用一種按每次傳位而定的方法，而非採納某種制度作為
普遍規則的方法，來決定究竟是世襲還是禪讓。可是，孟子後來卻

轉為支持世襲制作為繼承原則，他認為這是上天所接納的制度。[18] 他
說：

> 匹夫而有天下者，德必若舜禹，而又有天子薦之者，故
> 仲尼不有天下。繼世以有天下，天之所廢，必若桀紂者也，
> 故益、伊尹、周公不有天下。（《孟子・萬章上》第六章）

孟子沒有進一步解釋為何上天偏好世襲原則。此種訴諸於上天
之意志的做法，很容易流於空洞，到頭來只是為政治現狀提出一個
不甚理性的證成。對於世襲制的問題，我們希望得到的是這樣的一
種證成：(1) 該證成並不預設統治者對王位的擁有權；及 (2) 該證成
與權威必須服務民眾這樣的要求不相悖。先秦之後的儒家試圖以政
治穩定和效用來證成世襲君主政體，他們說，鑒於傳統中國的條件，
世襲君主政體下的統治是更穩定和更有效。那時，中國基本存在三
種繼承模式：禪讓、世襲，以及起義或革命（在前現代中國並不存在
普選民主制這個選擇）。在這三種選擇中，世襲制被認為是確保政治
穩定和有效的最可靠方法。

在禪讓制中，統治者若要將王位讓予賢德和聰慧之人，就要首
先尋找合適人選，然而這是一個很容易造成爭吵、競爭和不穩定的
過程。事實上，在傳統中國，禪讓經常被用來當作起義和奪權的藉
口。[19] 儒家也清楚知到聖人不常存在。革命或起義本質上是太不可
預見、破壞力太強、代價太大，以致不能作為繼承王位的有效標準

18　牟宗三在《政道與治道》中提及此轉變，第 132-33 頁。
19　對禪讓在理論和實踐上的問題的討論，參見孫廣德，《中國政治思想專題研究集》（台
　　北：桂冠圖書公司，1999 年），第 3-10 頁；以及楊永俊，《禪讓政治研究》（北京：學
　　苑出版社，2005 年）。

方法。而世襲制則最大程度保證了政治穩定，因為它的繼承規範沒有甚麼空間可作不同解讀：一個由皇帝長子自動繼承王位的規範，使其他皇室成員或自詡為聖人及其追隨者，不可以有效地挑戰繼承者的正當性。然而，世襲制如何能確保有效管治呢？先秦之後的儒家為了說明世襲制不一定是一種無效的方法去確保繼承人擁有統治能力，他們聲稱事實上很邪惡的人並不多，正如偉大聖人也不多一樣 [20]；絕大部分人在美德或能力方面都是平庸之輩，差異僅是在程度上而已。因此，很大機會皇帝的兒子在美德方面也是平庸之輩；但儒家相信，只要輔以適當條件，即使一個美德上平庸之輩也可以成為一位有效的統治者。

　　那些條件之一就是傳統。[21] 儒家相信，一位新統治者所繼承的不僅是王位，還有以前統治者的功勳。這暗示了新統治者必須仿效先王的行為，學習他們的經驗、法律、政策和制度，因為正是這些使王朝得到了統治的天命。[22] 此外，根據儒家觀念，美德和智慧是可以通過習慣和實踐來傳授和獲取的。王子從小就接受培養，學習統治者的責任，並受到嚴格的教育和訓練，學習管治理論和技巧。[23] 一旦登基，他們也會得到一羣經驗豐富、才能卓越的大臣的輔佐，那些大臣由宰相領導並按才能委任。當然，在中國漫長的帝制歷史中，君主和精英官僚之間的關係時好時壞。好的時候，雙方以一種良好

20　孫廣德，《中國政治思想專題研究集》，第 14 頁。

21　參見王夫之（船山先生），《四書訓義下》，《船山全書》第八卷，船山全書編輯委員會編（長沙：嶽麓書社，1996 年），第 593-600 頁。

22　有些學者認為，先王的禮儀起到了我們今天稱之為憲法傳統的作用，統治者應當遵循。參見 Hahm Chaihark, "Constitutionalism, Confucian Civic Virtue, and Ritual Propriety," chap. 1 in Bell and Chaibong, *Confucianism for the Modern World*。

23　對皇帝早期教育的討論，例如明朝萬曆皇帝（1563-1620 年），參見 "The Wan-Li Emperor," chap. 1 in Ray Huang, *1587: A Year of No Significance—The Ming Dynasty in Decline* (New Haven: Yale University Press, 1981), 9-12。

夥伴關係合作；壞的時候，一方控制另一方，或者雙方為了權力而狠狠較量。[24] 但總體來說，精英大臣和官員是幫助維持了世襲君主制的穩定，為精英管治作出了貢獻，並對皇帝作出了"制約與平衡"（checks and balances）；這種説法當不失公允。[25]

在制度層面，世襲制似乎暗示了世襲本身就足以授予繼承者統治正當性，以及王位和天下皆是皇帝的私有財產。但如果上文所描述的是可信的話，我們就可以看到儒家並不是以擁有權概念的權威觀來證成世襲制；世襲制的證成是在於它比禪讓和革命更為優勝，世襲制是一種保持有效統治和為民服務的更好方法。此外，儒家還相信在制度層面僅有世襲機制是不夠的，它必須被嵌入一個更大的制度架構，而該架構還包含對傳統和禮儀的強烈尊重、給王室良好的政治教育，以及以精英制任命官員（大臣和地方官）。而且，所有與天命相關的常見條件，例如實踐美德和促進民眾福祉，也適用於王位繼承者，如果他們沒有好好地履行職責，他們的統治會失去正當性。根據儒家的觀點，世襲君主制與其説是將統治者的榮耀和特權傳給下一代，倒不如説是將統治的沉重責任傳給下一代。王子是別無選擇地接受統治的職責，而人們也期望他恰如一個負責任的統治者。政治權威是一種責任，這是最根本和最重要的。

總括而言，筆者反對以擁有權概念來詮釋天命。天命是一種得到正當理由支持的管治權，而非一種擁有權：管治的權利並非是統治者所擁有，它也不可自由地轉讓給他人；該權利也不賦予統治者對領土和民眾的擁有權。正當的管治權僅是指在領土管轄區內制定和執行法律及政策的權力。用羅馬法的術語來説，儒家思想

24　同上，Huang, "A World without Chang Chu-cheng," chap. 3。
25　關於這種看法，參見 Yuri Pines, "The Literati," chap. 3 in *The Everlasting Empire*。

視政治權威是一種"統治權"（imperium），而非一種"完全所有權"（dominium）。

民眾是"完全所有權的持有者"（dominus）？

　　如果儒家思想反對政治權威是可被個人或家族所擁有的話，儒家思想會否接受政治權威是可被"民眾"擁有？如果最高層次的政治權威（如一些西方學者稱之為完全所有權或主權）並不屬於統治者或皇室家族，那它是屬於民眾麼？畢竟，完全所有權是需要有一位所有人來持有它。一些詮釋認為，儒家思想傾向視民眾為完全所有權的持有者，因為儒家思想也視"人民主權"或者"人民授權"這些孕育民主的觀點為政治正當性的必要條件。也許，此觀點最著名的表述就是 1950 年代由四位傑出的中國儒家學者張君勱、唐君毅、徐復觀和牟宗三合撰的《為中國文化敬告世界人士宣言》。[26] 他們認為，傳統中國思想體系，尤其儒家思想，其實包含了"民主種子"，它們可發展成為明確無誤的對民主制度的追求。這四位聲譽極隆的思想家影響了台灣和香港幾代學者。以下的分析，筆者挑選了他們的主要論據，分析中也有論及那些認同他們思路的後進學者的觀點。筆者將反對他們對傳統中國思想作的這種解讀。

　　在論證儒家思想包含了與基本民主權利相關的觀念時，包括上述四位學者在內的眾多學者，皆訴諸兩個流行於傳統中國政治論述中的觀念："天下為公"和"天下非一人之天下也，天下之天下也"。但是，這兩個觀念在何種意義上是民主的呢？有人說它們表達了主權

26　關於此宣言的更多書目以及對其觀點的詳細分析，參見 Albert H. Y. Chen, "Is Confucianism Compatible with Liberal Constitutional Democracy?", *Journal of Chinese Philosophy* 34, no. 2 (2007): 195-216。

在民的民主觀念。為了探討這說法是否成立，讓我們逐一看看這兩個觀念，以及他們其實是在甚麼語境中出現的。

"天下為公"

天下為公這觀念，是出現在《禮記》關於儒家理想社會秩序"大同"的著名篇章中。孔子說：

> 大道之行也，<u>天下為公</u>。選賢與能……故人不獨親其親，不獨子其子，使老有所終……矜寡孤獨廢疾者，皆有所養……男有分，女有歸。貨惡其棄於地也，不必藏於己……是故謀閉而不興，盜竊亂賊而不作，故外戶而不閉。是謂大同。（《禮記·禮運》；底線為筆者所加）

筆者相信，把《禮記》翻譯成英文的詹姆斯·理雅各（James Legge）已經很好地領悟了"天下為公"的含義，他把"天下為公"翻譯為"a public and common spirit ruled all under the sky"[27]（一種行於普天之下的為公為民的公共精神）。這段文字並無提及政治權威或主權在於何處，或者誰擁有它，而是將大同世界描繪為人們秉持着一種"為公為民的公共精神"，為着促進共善而行事。在大同世界中，人們不僅關心家人，也關心其他人；他們並不為滿足私利而追求權力和機會，而是為了每個人的利益公正地選出才德的人來掌管社羣事

---

27 James Legge, *The Li Ki*, part 3-4 of *The Texts of Confucianism*, vols. 3-4 of *The Sacred Books of China*, vols. 27-28 of *The Sacred Books of the East*, ed. Max Muller (Oxford: Clarendon Press, 1885), available at http://oll.libertyfund.org/index.php?option=com_staticxt&staticfile=show.php%3Ftitle=2014&Itemid=27.

務。這種對"公"(即"為了公眾利益")的解讀並不指涉大同世界中
主權歸誰擁有，而是表示了一種對共善和公正無私的理想。

　　然而有些學者卻認為，我們在理解"天下為公"時應當將它與
"天下為家"對立起來看；後者在上面所引用的《禮記》章節的隨後
一段中出現。"天下為家"的含義之一就是政治權威是沿着家族血統
來繼承的(即是説，政治權威屬於皇帝及其家族)。與"天下為家"
相比，"天下為公"則暗示了政治權威或天下是屬於天下每一個人或
民眾；也就是説，政治權威是公眾所共同擁有的，而這正是主權在
民的觀念。[28]

　　該段落如下：

　　　　今大道既隱，<u>天下為家</u>，各親其親，各子其子，貨力為
　　　　己，大人世及以為禮。(《禮記‧禮運》；底線為筆者所加)

　　筆者對此解讀有幾點回應。首先，這段文字並沒有斥責"天下
為家"為不正當。而且，斥責"天下為家"為不正當，亦與儒家對三
朝時代(夏、商、周)世襲君主制的極力贊同唱反調。當時儒家稱讚
世襲君主制為政治統治的典範，朱熹甚至稱之為"聖王之制，公天下
之法。"[29] 後來儒家所斥責的，其實是始自秦朝的對政治權威的濫用；
當時的皇帝開始用自己的權力來為自己及其家族、而非為民眾謀好
處。正是在此意義下，"公天下"和"私天下"之間形成了對立(即統
治者是為了民眾而公正無私地行事，還是為了自己及其家族而自私

28　參見鄧小軍，《儒家思想與民主思想的邏輯結合》(成都：四川人民出版社，1995 年)，
　　第 260-64 頁。
29　《朱子語類》，引自張分田，《民本思想與中國古代統治思想》，第 2 冊，第 525 頁。

地行事）。因此，儘管在上面段落中"天下為公"和"天下為家"代表了兩種截然不同的傳承政治權威的方法，也儘管前者毫無疑問比後者更加理想，但它們卻從未被理解為是對立的。在此，"天下為公"並沒有暗示政治權威屬於民眾，而是暗示社會和政治秩序（包括對統治者的選拔）應當以民眾福祉為重。基於此原則，選擇真正有才德的人所以是比世襲繼承更可取。可是，上面關於大同理想的段落卻並沒有暗示這種選擇應當由民眾來做出。事實上，《尚書》在描述這種選擇時，說才德的人是由即將卸任的統治者和大臣選出的。同樣地，"天下為家"則暗示社會和政治秩序主要是基於"等差原則"（principle of partiality），包括政治權威的世襲原則。但我們得注意，在"天下為家"這次一級的理想中，人們仍然遵循禮儀，社會關係仍然由禮來統轄，以至人與人之間的和諧仍然可能，尤其是當統治者"未有不謹於禮者也。以著其義，以考其信，著有過，刑仁講讓，示民有常"（《禮記・禮運》）。這即是說，只有當統治者的等差行為違返禮儀，以及只有當統治者將自己利益置於民眾利益之上、因此而沒有示民眾以仁時，這種墮落的情況才不可接受。

孟子對世襲和禪讓的支持進一步確認了以上的論證。他引用了孔子的觀點，說世襲和禪讓都有相同意義或基於相同原則："孔子曰：'唐虞禪，夏後殷周繼，其義一也。'"（《孟子・萬章上》第六章）這兩種繼承方法背後的原則都是天命；根據上面第一節中的詮釋，天命暗示了如果這兩種方法都有助政治統治、使它能有效地改善民眾生活的話，那麼世襲和禪讓皆可被證成。

筆者相信，"天下為公"和"天下為家"，以及世襲和禪讓這兩種政治繼承方法，並不是把終極的政治權威或主權分別歸於民眾和統治者及其家族。它們其實是在說明兩種管治方式：最理想的，是絕對公正無私的管治；另一種次一等的，是較少程度的公正無私的管治（即是説，受到禮和仁這些基本原則所限制的等差管治）。

"天下非一人之天下也，天下之天下也。"

讓我們現在看看第二個觀念，即"天下非一人之天下也，天下之天下也"。有人認為這句話是説一種共同擁有權或主權在民的觀念。這句話出現在《呂氏春秋・貴公》中，該章節經常被後來的中國學者所引用，其一部分如下：

> 天下非一人之天下也，天下之天下也。陰陽之和，不長一類；甘露時雨，不私一物；萬民之主，不阿一人。(《呂氏春秋・孟春紀・貴公》第二章；底線為筆者所加)

> 桓公行公去私惡，用管子而為五伯長；行私阿所愛，用豎刀而蟲出於戶。(《呂氏春秋・孟春紀・貴公》第三章)

這兩段話明確指出，世界之力量（陰與陽）並不偏好某個個體或羣體，而是賜福予世間所有生靈。同樣地，政治統治應當不偏不倚地促進每個人的善，來實踐公正無私和為公為民的精神。與此理想形成對比的是政治偏愛和等差，這正是《呂氏春秋》該書下一章"去私"的主題。與上文《禮記》的篇章相類似，這段話也沒有任何關於主權在民的意思，它只是提及了"公"在政治統治中的重要。"貴公"的第一段就清晰説明了公正無私就是統治天下的良好方法：

> 昔先聖王之治天下也，必先公，公則天下平矣。平得於
> 公……凡主之立也，生於公。故鴻範曰："無偏無黨，王道蕩
> 蕩；無偏無頗，遵王之義；無或作好，遵王之道；無或作惡，
> 遵王之路。"（《呂氏春秋·孟春紀·貴公》第一章）

像《禮記》一樣，"去私"一章盛讚禪讓，視其為"至公"之體現。

> 天無私覆也，地無私載也，日月無私燭也，四時無私行
> 也。行其德而萬物得遂長焉。（《呂氏春秋·孟春紀·去私》
> 第一章）

> 堯有子十人，不與其子而授舜；舜有子九人，不與其子
> 而授禹；至公也。（《呂氏春秋·孟春紀·去私》第三章）

然而，禪讓的原則並不等同於主權在民的原則。前者之所以是
一種理想價值，並非是因為它體現了民眾享有天下或政治主權的擁
有權，而是因為政治權威歸予了一個最適合的繼承者，他將運用政
治權威來為每一位民眾謀福利。筆者將進一步指出和論證，《呂氏春
秋》在擁有權問題上其實是採取了一個更激進的立場；它其實是從
根本上反對擁有權的觀點，認為統治者並不擁有天下或其王位，任
何人都不能擁有它，即使創造世間萬物的天和地也不能聲稱擁有它。
我們可以在以下段落中看到這麼一個觀點：人類在世間萬物的系統
中並不享有特權地位。

　　荊人有遺弓者，而不肯索，曰：“荊人遺之，荊人得之，又何索焉？”孔子聞之曰：“去其‘荊’而可矣。”老聃聞之曰：“去其‘人’而可矣。”故老聃則至公矣。（《呂氏春秋·孟春紀·貴公》第二章）

隨後的段落更說，即使創造眾生的天地，也沒有擁有萬物：

　　天地大矣，生而弗子，成而弗有，萬物皆被其澤、得其利，而莫知其所由始，此三皇、五帝之德也。（《呂氏春秋·孟春紀·貴公》第二章）

　　頗明顯的，《呂氏春秋》採納了筆者稱之為“非完全所有權的世界觀”（nondominium conception of the world）——世界及萬物並非任何人的財產，那管他是一個統治者、一個民族（像荊國之民）、全人類，乃至天地。世界的存在是為了使每一個人和每一件物有所益，使“萬物得遂長焉”（《呂氏春秋·去私》）。“天下非一人之天下也，天下之天下也”這句話並非是一種關於完全擁有權或產權的陳述；它是關於公正無私原則的陳述。這句話的第二部分“天下之天下也”的含義是：“天下是為了萬物而存在的。”我們將此理解運用到政治權威問題上，當可見政治權威並不是一種財產，不是可被任何人（個人或羣體）所擁有來為自己謀取利益，亦不是可被擁有者按自己的意願處置。政治權威不該被當為完全所有權，它只是一種統治權（管治的權利），其目的就是公正無私地裨益萬物。在《呂氏春秋》中，我們找不到作為完全所有權的主權在民的觀念，我們也不能從《禮記》或《呂氏春秋》中的“公”之觀念把它推演出來。

通過民眾之接受和同意來表達天命

儒家思想認為政治權威的根源是上天，正當的政治統治者是一位接受了天命來統治國民的人。孟子是明確地支持天命理論，可是他也認為天命是通過 "民眾之接受"（the people's acceptance）來彰顯的。在某些學者看來，這種對民眾之接受或同意的強調，展現了一種民主價值或原則。正如我們在上文所見，此種理論的最明確論述可見於《孟子・萬章上》第五章：

> "昔者，堯薦舜於天，而天受之；暴之於民，而民受之……"
>
> 曰："敢問薦之於天，而天受之；暴之於民，而民受之，如何？"
>
> 曰："使之主祭，而百神享之，是天受之；使之主事，而事治，百姓安之，是民受之也。"

在這段話中，孟子説上天通過百神（對宗教祭祀的接受）和民眾來彰顯自己的意圖。上天對一位統治者的接受可以在民眾和百神對他的接受中看到（如百神的祭祀中沒有發生意外事端）。然後孟子更進一步，説："天視自我民視，天聽自我民聽"（《孟子・萬章上》第五章）。有些學者認為，孟子這種強調以民眾之接受和意見作為天命和正當統治之基礎，恰恰反映了一種民主價值或原則。在另一段中，孟子還説民眾之接受是成功政治統治的基礎：

> 桀紂之失天下也，失其民也；失其民者，失其心也。得天下有道：得其民，斯得天下矣；得其民有道：得其心，斯得

民矣；得其心有道：所欲與之聚之，所惡勿施爾也。民之歸仁也，猶水之就下、獸之走壙也。(《孟子‧離婁上》第九章)

　　在孟子看來，上天通過民眾來彰顯自己的選擇，任何希望統治穩固的統治者都必須贏得民心，民眾之接受對統治者的政治正當性是必需的。在筆者所審視的所有儒家觀點中，這個觀點最接近民主觀念。但是，"民眾之接受"並不意味着民主(無論作為一種制度或根本原則)。政治體制得到民眾接受這事實，並不會使該體制成為民主體制。例如，只要一位君主的表現讓民眾滿意，民眾就可能接受君主制。民眾之接受也不意味着主權在民。主權在民——至少是現代版本中所說的民主理論的一部分——必須通過某些"制度"(institutions)或"程序"(procedures)來表達，例如修改憲法的法律權利及投票權。民眾對政治權威之接受，本身並不是一種對主權在民的制度性的表達。[30] 為了說明儒家的同意觀與民主之間的差距，讓我們再看看孟子。孟子認為，如果統治者是仁慈、正直公正，並能為民眾提供基本服務，那麼民眾就會接受他為正當的統治者(《孟子‧離婁上》第九章、《孟子‧萬章上》第五章)；至此，孟子就見到了道和民心的統一(《孟子‧離婁上》第九章)。如果統治者為政以道，那麼他就會贏得民心以及他們的自願服從。在孟子及其他古代儒家先哲看來，民眾之願望和慾望就像人之客觀主要需求一樣清晰和穩定，任何仁慈統治者都必須優先處理好它們。民眾所希望的，就是享有足夠的物質生活、私有土地和財產得到保護、低賦稅、有閒暇時間享受天倫，以及一位可以作為他們道德生活榜樣的賢德領

30　同樣地，政府定期諮詢民眾這事實也並不意味着民眾享有制度性的權利參與公共事務的決策過程。

袖。對儒家來說，問題並不是無法確定人們的慾望和需要，而是在現實中統治者通常不將人們的需要作為第一優先。然而，儒家相信，如果統治者可以分配物質並滿足民眾的需要，民眾對統治者的贊同就會自然而來：＂民之歸仁也，猶水之就下、獸之走壙也＂（《孟子・離婁上》第九章）。一位仁德的君主自會得到民眾的贊同，因此民眾之接受與民眾沒有任何政治參與權的君主制是相容的。事實上，正如有些學者也指出，民眾也許只是＂上天之贊同的指標＂，像＂統治者能力之氣壓計＂[31] 或＂測量統治品質、並顯示正當權威之存在或缺失的溫度計。＂[32]

因此我們可以如此總結，儒家上述的觀點並不必然是表達了基本民主觀念，或意味着像主權在民那樣的原則。

結論

總而言之，筆者已經論證，先秦儒家思想並不認為政治權威是一種可被統治者擁有的財產，政治權威也沒有賦予統治者任何權利，使他可以對待民眾和領土如自己的財物一樣。權威也不是可被統治者擁有的東西。從儒家的觀點看，政治權威的根源是上天，上天的意志和選擇是正當權威之基礎：上天選擇統治者，賦予他統治的命令，並當他沒能服務民眾或促進民眾福祉時免去他的職務（這即是天命觀）。然而，正如很多評論家提出，早期儒家關於天的觀點，從周朝之前的自然神論觀點，逐步演化為春秋和戰國時期和之後的一種

---

31   參見 Tiwald, "A Right of Rebellion," 第 272 頁。有一現代觀點說孟子認為民眾有起義權利。對此，Tiwald 也提出了在筆者看來是令人信服的反駁。

32   Angle, *Contemporary Confucian Political Philosophy*, 40.

或多或少道德先驗的觀點。[33] 因此，上天之意志愈來愈不類近一個人格化的神的意願和行為，而愈來愈似是一套客觀宇宙原則和道德價值，用作調節宇宙秩序和引導人類行為。如果上天被客體化，其意志不再有意向性，那麼上天作為至尊主權的觀點就失去了實用意義。上天成為統治者和普通人應當遵循的更高之法律，而非是一個難以預測其意志的絕對主宰。當這樣的一種上天觀運用至政治上時，它會支持的是限權政府的觀點，而不是絕對神聖的政治統治權的觀點。這在第二章有進一步的討論。

　　筆者的結論就是，儒家思想拒絕了完全所有權或擁有權之權威觀。對儒家而言，政治權威就是"統治權"（imperium），即在一個管轄區內進行統治的正當權利，它以保護和促進民眾之福祉的能力為條件。政治權威為此目的而存在，其證成取決於達至此目的的能力。

33　參見陳來，《古代宗教與倫理—儒家思想的根源》（北京：生活・讀書・新知三聯書店，1996 年），第五章，"天命"；以及 Yuri Pines, "Heaven and Man Part Ways: Changing Attitudes Toward Divine Authority," chap. 2 in *Foundations of Confucian Thought: Intellectual Life in the Chunqiu Period, 722-453 B.C.E* (Honolulu: University of Hawaii Press, 2002)。

參考書目

中文（按筆劃序）

《公羊傳》。

中華民國（台灣）總統辦公室：第十三任總統就職儀式（2012 年 5 月），"宣誓就職儀式"，http://www.president.gov.tw/Portals/0/president520/English/oath.html。

王夫之 [船山先生]，《四書訓義下》，《船山全書》第八卷，船山全書編輯委員會編（長沙：嶽麓書社，1996 年）。

王毅，〈中國皇權統治子民人身和財產的法權制度及其與憲政法理的悖逆〉，《中國皇權制度研究》（北京：北京大學出版社，2007 年），第 2 卷，第 12 章。

王鍔，《〈禮記〉成書考》（北京：中華書局，2007 年）。

石元康，〈天命與正當性——從韋伯的分類看儒家的政道〉，《政治理論在中國》，陳祖為、梁文韜（編）（香港：牛津大學出版社，2001 年）。

白魯恂，〈儒學與民主〉，陳引馳（譯），《儒家與自由主義》（北京：生活・讀書・新知三聯書店，2001 年），第 3 章。

牟宗三，《政道與治道》(台北：台灣學生書局，1980 年)。

匡亞明，《孔子評傳》(南京：南京大學出版社，1990 年)。

李民、王健 (編)，《尚書譯註》(上海：上海古籍出版社，2004 年)。

李晨陽，〈民主的形式和儒家的內容——再論儒家和民主的關係〉，《儒學：學術、信仰和修養》，劉笑敢 (編)，《中國哲學與文化》第十卷 (上海：灕江出版社，2012)，第 131-46 頁。

周繼旨，《論中國古代社會與傳統哲學》(北京：人民出版社，1994 年)。

孫希旦，《禮記集解》(北京：中華書局，1989 年)。

孫廣德，《中國政治思想專題研究集》(台北：桂冠圖書公司，1999 年)。

徐復觀，〈儒家政治思想的構造及其轉進〉，《學術與政治之間》(台北：台灣學生書局，1985 年)，第 47-60 頁。

唐君毅，〈民主理想之實踐與客觀價值意識〉，《中華人文與當今世界》(台北：東方人文學會，1975 年)。

陳來，《古代宗教與倫理——儒家思想的根源》(北京：生活·讀書·新知三聯書店，1996 年)，第五章，"天命"。

陳祖為，〈為溫和圓善主義辯護〉，《普遍與特殊的辯證：政治思想的探掘》，錢永祥編 (台北：中央研究院，2012 年)，第 1-24 頁。

陳獨秀，《德賽二先生與社會主義：陳獨秀文選》，吳曉明 (編)(上海：上海遠東，1994 年)。尤見〈東西民族根本思想之差異〉，第 27-29 頁；和〈孔子之道與現代生活〉，第 56-62 頁。

張分田，《民本思想與中國古代統治思想》，第二冊（天津：南開大學出版社，2009 年）。

陸贄，《請許台省長官舉薦屬吏狀》，*Wikisource*, http://zh.wikisource.org/zh-hant/ 請許台省長官舉薦屬吏狀。

黃慧英，〈儒家倫理各層面的實踐〉，《儒家倫理：體與用》，第 12 章（上海：三聯書店，2005 年）。

慈繼偉，〈從正當與善的區分看權利在現代西方和儒家思想中的差異〉，《國際儒學研究》，第六期（北京：中國社會科學出版社，1999 年）。

楊永俊，《禪讓政治研究》（北京：學苑出版社，2005 年）。

楊國榮，〈是非曲直：仁禮共成的價值觀〉，《顯魅與和樂──對生命意義的逆流探索》（香港：三聯書店，2010）。

鄧小軍，《儒家思想與民主思想的邏輯結合》（成都：四川人民出版社，1995 年）。

劉樹軍，〈傳統武德思想的基本內容〉，《傳統武德及其價值重建》（長沙：中南大學出版社，2007），第 87-96 頁。

劉澤華，〈王權主義與思想和社會〉，《中國政治思想史集》（北京：人民出版社，2008 年）。

聯合國，《世界人權宣言》，http://www.un.org/zh/documents/udhr/ 。

蕭公權，《中國政治思想史》（台北：中央研究院，1980 年）。

英文

Ames, Roger T. *Confucian Role Ethics: A Vocabulary.* Hong Kong: Chinese University Press, 2011.

———. "Rites as Rights: The Confucian Alternative." In *Human Rights and the World' s Religions,* edited by Leroy S. Rouner, 199-216. Notre Dame, IN: University of Notre Dame Press, 1988.

Anderson, Elizabeth S. "What Is the Point of Equality?" *Ethics* 109, no. 2 (1999): 287-337.

Angle, Stephen C. *Contemporary Confucian Political Philosophy.* Cambridge, UK: Polity Press, 2012.

———. *Sagehood: The Contemporary Significance of Neo-Confucian Philosophy.* New York: Oxford University Press, 2009.

Arendt, Hannah. *On Revolution.* London: Penguin Books, 2006.

Aristotle. *Nicomachean Ethics.*

Arneson, Richard J. "Joel Feinberg and the Justification of Hard Paternalism." *Legal Theory* 11, no. 3 (2005): 259-84.

———. "The Supposed Right to a Democracy Say." In *Contemporary Debates in Political Philosophy,* edited by Thomas Christiano and John Christman, 197-212. Oxford: Wiley-Blackwell, 2009.

Atwell, John E. "Kant's Notion of Respect for Persons." *Tulane Studies in Philosophy* 31 (1982): 17-30.

Barber, Benjamin R. "The Real Present: Institutionalizing Strong Democracy in the Modern World." Chap. 10 in *Strong Democracy: Participatory Politics for a New Age*. London: University of California Press, 1984.

Barry, Brian. *Democracy, Power and Justice: Essays in Political Theory*. Oxford: Clarendon Press, 1989.

Beetham, David. "Liberal Democracy and the Limits of Democratization." In *Prospects for Democracy: North, South, East, West*, edited by David Held, 55-73. Stanford, CA: Stanford University Press, 1993.

Bell, Daniel. "The Old War: After Ideology, Corruption." *The New Republic*. August 23 & 30, 1993, 20-21.

Bell, Daniel A. *Beyond Liberal Democracy: Political Thinking for an East Asian Context*. Princeton, NJ: Princeton University Press, 2006.

————. *China's New Confucianism: Politics and Everyday Life in a Changing Society*. Princeton, NJ: Princeton University Press, 2008.

————. "Confucian Constraints on Property Rights." Chap. 9 in *Confucianism for the Modern World*, edited by Daniel A. Bell and Hahm Chaibong. Cambridge: Cambridge University Press, 2003.

————. "Just War and Confucianism: Implications for the Contemporary World." In *Confucian Political Ethics*, edited by Daniel A. Bell, 226-56. Princeton, NJ: Princeton University Press, 2008.

————. "Toward Meritocratic Rule in China? A Response to Professors Dallmayr, Li, and Tan." *Philosophy East and West* 59, no. 4 (2009): 554-60.

Benbaji, Yitzhak. "The Doctrine of Sufficiency: A Defence." *Utilitas* 17, no. 3 (2005): 310-32.

Besley, Timothy. "Political Selection." *Journal of Economic Perspectives* 19, no. 3 (2005): 43-60.

Billante, Nicole, and Peter Saunders. "Six Questions about Civility." Occasional Paper 82 (July, 2002). The Centre for Independent Studies.

Blackburn, Simon. *Spreading the Word: Groundings in the Philosophy of Language.* New York: Oxford University Press, 1984.

Blustein, Jeffrey. *Parents and Children: The Ethics of the Family.* New York: Oxford University Press, 1982.

Brennan, Geoffrey, and James Buchanan. "Predictive Power and the Choice among Regimes." *The Economic Journal* 93, no. 369 (Mar, 1983): 89-105.

————, and Alan Hamlin. *Democratic Devices and Desires.* Cambridge: Cambridge University Press, 2000.

Brennan, Jason. *The Ethics of Voting.* Princeton, NJ: Princeton University Press, 2011.

Burnheim, John. *Is Democracy Possible? The Alternative to Electoral Politics.* Cambridge, UK: Polity Press, 1985.

Callan, Eamonn. *Creating Citizens: Political Education and Liberal Democracy.* Oxford: Clarendon Press, 1997.

Campbell, Tom D. *Justice.* 2nd edition. London: Macmillan, 2001.

Caney, Simon. "Sandel's Critique of the Primacy of Justice: A Liberal Rejoinder." *British Journal of Political Science* 21, no. 4 (1991): 511-21.

Caplan, Bryan. *The Myth of the Rational Voter: Why Democracies Choose Bad Policies*. Princeton, NJ: Princeton University Press, 2007.

Carter, Robert E. *Dimensions of Moral Education*. Toronto: University of Toronto Press, 1984.

Casal, Paula. "Why Sufficiency Is Not Enough." *Ethics* 117, no. 2 (2007): 296-326.

Chai, Ch'u and Winberg Chai, eds. and trans. *The Sacred Books of Confucius and Other Confucian Classics*. New Hyde Park, NY: University Books, 1965.

Chan, Joseph. "A Confucian Perspective on Human Rights for Contemporary China." Chap. 9 in *The East Asian Challenge for Human Rights*, edited by Joanne R. Bauer and Daniel A. Bell. Cambridge: Cambridge University Press, 1999.

———. "Democracy and Meritocracy: Toward a Confucian Perspective." *Journal of Chinese Philosophy* 34, no. 2 (2007): 179–93.

———. "Exploring the Nonfamilial in Confucian Political Philosophy." Chap. 3 in *The Politics of Affective Relations: East Asia and Beyond*, edited by Hahm Chaihark and Daniel A. Bell. Lanham, MD: Lexington Books, 2004.

———. "Hong Kong, Singapore and 'Asian Values': An Alternative View." *Journal of Democracy* 8, no. 2 (1997): 35-48.

————. "In Defense of Moderate Perfectionism." Unpublished, 2009.

————. "Legitimacy, Unanimity, and Perfectionism." *Philosophy and Public Affairs* 29, no. 1 (2000): 5-42.

————. "On the Legitimacy of Confucian Constitutionalism." Chap. 4 in Jiang Qing, *A Confucian Constitutional Order: How China's Ancient Past Can Shape Its Political Future*, translated by Edmund Ryden, edited by Daniel A. Bell and Ruiping Fan. Princeton, NJ: Princeton University Press, 2013.

————. "Notes on the Methods of Philosopical Reconstruction." Unpublished notes, 2012.

————. "Political Authority and Perfectionism: A Response to Quong." *Philosophy and Public Issues* 2, no. 1 (2012): 31-41.

————. "Raz on Liberal Rights and Common Goods," *Oxford Journal of Legal Studies* 15, no. 1 (1995): 15-31.

————. "Thick and Thin Accounts of Human Rights: Lessons from the Asian Values Debate." Chap. 3 in *Human Rights and Asian Values: Contesting National Identities and Cultural Representations in Asia*, edited by Michael Jacobsen and Ole Bruun. Surrey, UK: Curzon, 2000.

————, and Elton Chan. "Confucianism and Political Leadership." In *Oxford Handbook on Political Leadership*, edited by Paul't Hart and R. A. W. Rhodes. Oxford: Oxford University Press, 2014.

Chan, Wing-tsit, comp. and trans. "Legalism." Chap. 12 in *A Source Book in Chinese Philosophy*. Princeton, NJ: Princeton University Press, 1969.

Chang, Carsun [Zhang, Junmai]. *The Development of Neo-Confucian Thought.* Vol. 2. New York: Bookman Associates, 1962.

Chang, Yun-Shik. "Mutual Help and Democracy in Korea." Chap. 4 in *Confucianism for the Modern World*, edited by Daniel A. Bell and Hahm Chaibong. Cambridge: Cambridge University Press, 2003.

Charles, David. *Aristotle's Philosophy of Action.* London: Duckworth, 1984.

Chen, Albert H. Y. "Is Confucianism Compatible with Liberal Constitutional Democracy?" *Journal of Chinese Philosophy* 34, no. 2 (2007): 195-216.

―――. "Mediation, Litigation, and Justice: Confucian Reflections in a Modern Liberal Society." Chap. 11 in *Confucianism for the Modern World*, edited by Daniel A. Bell and Hahm Chaibong. Cambridge: Cambridge University Press, 2003.

Chen, Huan-Chang [Chen Huanzhang]. *The Economic Principles of Confucius and His School.* 2 vols. Studies in History, Economics, and Public Law. New York: Columbia University Press, 1911.

Cline, Erin M. "Two Senses of Justice: Confucianism, Rawls, and Comparative Political Philosophy." *Dao* 6, no. 4 (2007): 361-81.

CNSNews.com. "Basic Facts about United Way." July 7, 2008. Accessed January 27, 2013. http://cnsnews.com/node/5459.

Confucius, (Lau, D.C. trans.) *Confucius: The Analects.* Harmondsworth, UK: Penguin, 1979.

―――. (Leys, Simon, trans.) *The Analects of Confucius.* New York: W. W. Norton, 1997.

————. Ames, Roger T. and Henry Rosemont, Jr. *The Analects of Confucius: A Philosophical Translation.* New York: Ballantine Books, 1998.

Constitution of India. Article 60, "Oath or Affirmation by the President." http://lawmin.nic.in/olwing/coi/coi-English/coi-indexEnglish.htm.

Creel, Herrlee Glessner. *The Western Chou Empire.* Vol. 1 of *The Origins of Statecraft in China.* Chicago: The University of Chicago Press, 1970.

Crisp, Roger. "Equality, Priority, and Compassion." *Ethics* 113, no. 4 (2003): 745-63.

Cua, A. S. *Moral Vision and Tradition: Essays in Chinese Ethics.* Vol. 31 of Studies in Philosophy and the History of Philosophy. Washington, DC: Catholic University of America Press, 1998.

————. "The Status of Principles in Confucian Ethics." *Journal of Chinese Philosophy* 16, no. 3-4 (1989): 273-96.

Dan-Cohen, Meir. "Conceptions of Choice and Conceptions of Autonomy." *Ethics* 102, no. 2 (1992): 221-43.

de Bary, William Theodore. *Asian Values and Human Rights: A Confucian Communitarian Perspective.* Cambridge, MA: Harvard University Press, 1998.

————.*The Trouble with Confucianism.* Cambridge, MA: Harvard University Press, 1991.

DeVitis, Joseph L., and Tianlong Yu, eds. *Character and Moral Education: A Reader.* New York: Peter Lang, 2011.

Diamond, Larry. *Developing Democracy: Toward Consolidation*. Baltimore, MD: The Johns Hopkins University Press, 1999.

Dostoyevsky, Fyodor. *The Brothers Karamazov*. 1880.

Dworkin, Ronald. *Is Democracy Possible Here? Principles for a New Political Debate*. Princeton, NJ: Princeton University Press, 2006.

Eliasoph, Nina. "Civil Society and Civility." Chap.18 in *The Oxford Handbook of Civil Society*, edited by Michael Edwards. New York: Oxford University Press, 2011.

Estlund, David M. *Democratic Authority: A Philosophical Framework*. Princeton, NJ: Princeton University Press, 2008.

Fan, Ruiping. *Reconstructionist Confucianism: Rethinking Morality after the West*. Dordrecht, the Netherlands: Springer, 2010.

———. "Social Justice: Rawlsian or Confucian?" Chap. 7 in *Comparative Approaches to Chinese Philosophy*, edited by Bo Mou. Ashgate World Philosophies Series. Aldershot, UK: Ashgate, 2003.

Fearon, James D. "Electoral Accountability and the Control of Politicians: Selecting Good Types versus Sanctioning Poor Performance." Chap. 2 in *Democracy, Accountability, and Representation*, edited by Adam Przeworski, Susan C. Stokes and Bernard Manin. Cambridge: Cambridge University Press, 1999.

Feinberg, Joel, and Jan Narveson. *Harm to Self*. Vol. 3 of *The Moral Limits of the Criminal Laws*. New York: Oxford University Press, 1986.

————. "The Nature and Value of Rights." *The Journal of Value Inquiry* 4, no. 4 (1970): 243-60.

Fingarette, Herbert. *Confucius: The Secular as Sacred*. New York: Harper and Row, 1972.

Fleischacker, Samuel. Introduction to *A Short History of Distributive Justice*. Cambridge, MA: Harvard University Press, 2004.

Frankfurt, Harry. "Equality as a Moral Ideal." *Ethics* 98, no. 1 (1987): 21-43.

Frey, Bruno S. "A Constitution for Knaves Crowds Out Civic Virtues." *The Economic Journal* 107, no. 443 (July, 1997): 1043-53.

Galston, William. "Realism in Political Theory," *European Journal of Political Theory* 9, no. 4 (2010): 385-411.

Garvey, John H. *What Are Freedom For?* Cambridge, MA: Harvard University Press, 1996.

Geuss, Raymond. "Morality and Identity." Chap. 6 in *The Source of Normativity*, by Christine M. Korsgaard et al. edited by Onora O'Neill. Cambridge: Cambridge University Press, 1996.

Griffin, James. *On Human Rights*. Oxford: Oxford University Press, 2008.

Gutmann, Amy, and Dennis Thompson. *Democracy and Disagreement*. Cambridge, MA: Harvard University Press, 1996.

Hahm, Chaihark. "Constitutionalism, Confucian Civic Virtue, and Ritual Propriety." Chap. 1 in *Confucianism for the Modern World*, edited by Daniel A. Bell and Hahm Chaibong. Cambridge: Cambridge University Press, 2003.

Hamilton, Lee. "Why Political Virtue Matters." The Center on Congress at Indiana University. Accessed January 26, 2013. http://congress.indiana.edu/ why-political-virtue-matters.

Hampton, Jean. *Political Philosophy*. Boulder, CO: Westview Press, 1997.

Hansen, Chad, "Punishment and Dignity in China." In *Individualism and Holism: Studies in Confucian and Taoist Values*, edited by Donald J. Munro, 359-83. Vol. 52 of Michigan Monographs in Chinese Studies. Ann Arbor, MI: Center for Chinese Studies, University of Michigan, 1985.

He, Baogang. "Knavery and Virtue in Humean Institutional Design." *The Journal of Value Inquiry* 37, no. 4 (2003): 543-53.

Hinchman, Lewis. "Autonomy, Individuality, and Self Determination." In *What Is Enlightenment? Eighteenth-Century Answers and Twentieth-Century Questions*, edited by James Schmidt, 488-516. London: University of California Press, 1996.

Howard, Rhoda E. "Dignity, Community and Human Rights." Chap. 4 in *Human Rights in Cross-Cultural Perspective: A Quest for Consensus*, edited by Abdullahi Ahmed An-Na'im. Philadelphia: University of Pennsylvania Press, 1992.

Hsu, Cho-yun [Xu Zhuoyun]. *Ancient China in Transition: An Analysis of Social Mobility, 722-222 B.C.* Stanford, CA: Stanford University Press, 1965.

Huang, Chichung. *The Analects of Confucius*. New York: Oxford University Press, 1997.

Huang, Ray. *1587: A Year of No Significance—The Ming Dynasty in Decline*. New Haven, CT: Yale University Press, 1981.

Hume, David. "Of the Independency of Parliament." Essay 6 in pt. 1 of *Essays: Moral, Political and Literary*, edited by Eugene F. Miller. Revised edition. Indianapolis, IN: Liberty Fund, 1987. http://files.libertyfund.org/files/704/0059_Bk.pdf.

Ihara, Craig K. "Are Individual Rights Necessary? A Confucian Perspective." Chap. 1 in *Confucian Ethics: A Comparative Study of Self, Autonomy, and Community*, edited by Kwong-loi Shun and David B. Wong. Cambridge: Cambridge University Press, 2004.

Ivanhoe, Philip J. *Confucian Moral Cultivation*. 2nd edition. Indianapolis, IN: Hackett Publishing, 2000.

———. "Thinking and Learning in Early Confucianism." *Journal of Chinese Philosophy* 17, no. 4 (1990): 473-93.

Jackson, Robert. *Sovereignty: The Evolution of an Idea*. Cambridge, UK: Polity Press, 2007.

James Madison. "The Alleged Tendency of the New Plan to Elevate the Few at the Expense of the Many Considered in Connection with Representation." No. 57 in Alexander Hamilton, James Madison and John Jay, *The Federalist Papers*, edited by Clinton Rossiter. With introduction and notes by Charles R. Kesler. New York: Signet Classic, 2003.

Jiang, Qing. *A Confucian Constitutional Order: How China's Ancient Past Can Shape Its Political Future*, translated by Edmund Ryden, edited by Daniel A. Bell and Ruiping Fan. Princeton, NJ: Princeton University Press, 2013.

Kant, Immanuel. *Critique of Pure Reason*. Translated and edited by Paul Guyer and Allen Wood. Cambridge: Cambridge University Press, 1998.

Kline T. C., III, and Philip J. Ivanhoe, eds. *Virtue, Nature, and Moral Agency in the Xunzi.* Indianapolis, IN: Hackett Publishing, 2000.

Knoblock, John, and Jeffrey Riegel, trans. *The Annals of Lü Buwei.* Stanford, CA: Stanford University Press, 2000.

Korsgaard, Christine M., et al. *The Sources of Normativity*, edited by Onora O'Neill. Cambridge: Cambridge University Press, 1996.

Kratochwil, Friedrich. "Sovereignty as *Dominium*: Is There a Right of Humanitarian Intervention?" Chap. 2 in *Beyond Westphalia? State Sovereignty and International Intervention*, edited by Gene M. Lyons and Michael Mastanduno. Baltimore, MD: The Johns Hopkins University Press, 1995.

LaFollette, Hugh. *Personal Relationships: Love, Identity, and Morality.* Oxford, UK: Blackwell, 1996.

Lai, Karyn L. *An Introduction to Chinese Philosophy.* Cambridge: Cambridge University Press, 2008.

Lau, Kwok-keung. "An Interpretation of Confucian Virtues and Their Relevance to China's Modernization." In *Confucianism and the Modernization of China*, edited by Silke Krieger and Rolf Trauzettel, 210-28. Mainz, Germany: v. Hase & Koehler Verlag, 1991.

Lau, Siu-kai. *Society and Politics in Hong Kong.* Hong Kong Series. Hong Kong: The Chinese University Press, 1982.

Lee, Daniel. "Private Law Models for Public Law Concepts: The Roman Law Theory of Dominium in the Monarchomach Doctrine of Popular Sovereignty." *The Review of Politics* 70, no. 3 (2008): 370-99.

Lee, Seung-hwan. "Liberal Rights or/and Confucian Virtues?" *Philosophy East and West* 46, no. 3 (1996): 367-79.

Legge, James. *The Chinese Classics: With a Translation, Critical and Exegetical Notes, Prolegomena and Copious Indexes.* 5 vols. London: Trübner, 1861-1872.

————. *The Lî Kî.* Part 3-4 of *The Texts of Confucianism.* Vols. 3-4 of *The Sacred Books of China.* Vols. 27-28 of *The Sacred Books of the East,* edited by Max Müller. Oxford: Clarendon Press, 1885.

————. *The Shû King, The Religious Portions of the Shih King, The Hsiâo King.* Part 1 of *The Texts of Confucianism.* Vol. 1 of *The Sacred Books of China.* Vol. 3 of *The Sacred Books of the East,* edited by Max Müller. Oxford: Clarendon Press, 1879.

Li, Chenyang. "Confucian Value and Democratic Value." *The Journal of Value Inquiry* 31, no. 2 (1997): 183-93.

————. "Shifting Perspectives: Filial Morality Revisited." *Philosophy East and West* 47, no. 2 (1997): 211-32.

————. "Where Does Confucian Virtuous Leadership Stand?" *Philosophy East and West* 59, no. 4 (2009): 531-36.

Lin, Yü-sheng. *The Crisis of Chinese Consciousness: Radical Antitraditionalism in the May Fourth Era.* Madison: University of Wisconsin Press, 1979.

————. "The Evolution of the Pre-Confucian Meaning of Jen and the Confucian Concept of Moral Autonomy." *Monumenta Serica: Journal of Oriental Studies* 31 (1974-5): 172-204.

————. "Reflections on the 'Creative Transformation of Chinese Tradition'." In *Chinese Thought in a Global Context: A Dialogue between Chinese and Western Philosophical Approaches*, edited by Karl-Heinz Pohl, 73-114. Leiden, The Netherlands: Brill, 1999.

Liu, Shu-Hsien [Liu, Shu-xian]. *Understanding Confucian Philosophy: Classical and Sung-Ming*. Westport, CT: Praeger, 1998.

Locke, John. "Second Treatise of Government." In *Two Treatises of Government*, edited by Peter Laslett. 3rd edition. Cambridge: Cambridge University Press, 1988.

Lü Buwei. *The Annals of Lü Buwei*, translated by John Knoblock and Jeffrey Riegel. Stanford: Stanford University Press, 2000.

Lu, Zhaolu. "Fiduciary Society and Confucian Theory of Xin—On Tu Wei-ming's Fiduciary Proposal." *Asian Philosophy* 11, no. 2 (2011): 85-101.

Lucas, John R. *Democracy and Participation*. Harmondsworth, UK: Penguin, 1976.

MacIntyre, Alasdair. *After Virtue: A Study in Moral Theory*. London: Duckworth, 1981.

MacMillan, Ken. *Sovereignty and Possession in the English New World: The Legal Foundations of Empire, 1576-1640*. Cambridge: Cambridge University Press, 2006.

Madison, James. "The Alleged Tendency of the New Plan to Elevate the Few at the Expense of the Many Considered in Connection with Representation." No.57 in Alexander Hamilton , James Madison, and John Jay, *The Federalist Papers*, edited by Clitnton Rossiter. With introduction and notes by Charles R. Kesler. New York: Signet Classic, 2003.

————. "Virginia Ratifying Convention." Vol. 1, chap. 13, document 36 of *The Founders' Constitution*, edited by Philip B. Kurland and Ralph Lerner. Chicago: The University of Chicago Press, 2000. Accessed January 26, 2013, http://press-pubs.uchicago.edu/founders/documents/v1ch13s36.html/.

Mansbridge, Jane. "A 'Selection Model' of Political Representation." *The Journal of Political Philosophy* 17, no. 4 (2009): 369-98.

————. *Beyond Adversary Democracy*. Chicago: The University of Chicago Press, 1983.

————. "Clarifying the Concepts of Representation." *American Political Science Review* 105, no. 3 (August 2011): 621-30.

————, James Bohman, Simone Chambers, David Estlund, Andreas Føllesdal, Archon Fung, Cristina Lafont, Bernard Manin, and José luis Martí. "The Place of Self-interest and the Role of Power in Deliberative Democracy." *Journal of Political Philosophy* 18, no. 1 (2010): 64-100.

March, James G., and Johan P. Olsen. *Rediscovering Institutions: The Organizational Basis of Politics*. New York: The Free Press, 1989.

McCubbins, Matthew D., and Thomas Schwartz. "Congressional Oversight Overlooked: Police Patrols versus Fire Alarms." *American Journal of Political Science* 28, no. 1 (1984): 165-79.

Mencius, (Lau, D. C., trans.) Harmondsworth, UK: Penguin, 1970.

————. (Lau, D. C., trans.) Revised bilingual edition. Hong Kong: The Chinese University Press, 2003.

Meyer, Michael J. "When Not to Claim Your Rights: The Abuse and the Virtuous Use of Rights." *The Journal of Political Philosophy* 5, no. 2 (1997): 149-62.

Mill, John Stuart. *Considerations on Representative Government.* In *Utilitarianism, On Liberty, Considerations on Representative Government,* edited by H. B. Acton. London: J. M. Dent & Sons, 1972.

Miller, David. *Principles of Social Justice.* Cambridge, MA: Harvard University Press, 1999.

————. *Social Justice.* Oxford: Clarendon Press, 1976.

Miller, Fred D., Jr. *Nature, Justice, and Rights in Aristotle's Politics.* Oxford: Clarendon Press, 1995.

Montesquieu, Baron de. *The Spirit of the Laws.* New York: Hafner Publishing, 1949.

Munro, Donald J. "Introduction." *Individualism and Holism: Studies in Confucian and Taoist Values,* edited by Donald J. Munro. Vol. 52 of Michigan Monographs in Chinese Studies. Ann Arbor, MI: Center for Chinese Studies, University of Michigan, 1985.

Mutz, Diana C. *Hearing the Other Side: Deliberative versus Participatory Democracy.* New York: Cambridge University Press, 2006.

NDTV. "Pranab Mukherjee Sworn In as 13th President of India," edited by Surabhi Malik. *NDTV.* July 25, 2012. http://www.ndtv.com/article/india/pranab-mukherjee-sworn-in-as-13th-president-of-india-247372.

Nylan, Michael. *The Five "Confucian" Classics*. New Haven, CT: Yale University Press, 2001.

Obama, Barack. *The Audacity of Hope: Thoughts on Reclaiming the American Dream*. New York: Three Rivers Press, 2006.

Offe, Claus. "Designing Institutions in East European Transitions." In *The Theory of Institutional Design*, edited by Robert E. Goodin, 199-226. Cambridge: Cambridge University Press, 1996.

―――. "How Can We Trust Our Fellow Citizens?" In *Democracy and Trust*, edited by Mark E. Warren, 42-87. Cambridge: Cambridge University Press, 1999.

―――. "Institutional Design." In *Encyclopedia of Democratic Thought*, edited by Paul Barry Clarke and Joe Foweraker, 363-69. London: Routledge, 2001.

Passmore, J. A. "Civil Justice and Its Rivals." Chap. 2 in *Justice*, edited by Eugene Kamenka and Alice Erh-Soon Tay. London: Edward Arnold, 1979.

Peerenboom, Randall P. *China Modernizes: Threat to the West or Model for the Rest?* New York: Oxford University Press, 2007.

―――. "Confucian Harmony and Freedom of Thought: The Right to Think versus Right Thinking." Chap. 13 in *Confucianism and Human Rights*, edited by William Theodore de Bary and Tu Weiming. New York: Columbia University Press, 1998.

―――. "What's Wrong with Chinese Rights? Toward a Theory of Rights with Chinese Characteristics." *Harvard Human Rights Journal* 6 (1993): 29-57.

Pharr, Susan J. and Robert D. Putnam, eds. *Disaffected Democracies: What's Troubling the Trilateral Countries?* Princeton, NJ: Princeton University Press, 2000.

Philp, Mark. *Political Conduct.* Cambridge, MA: Harvard University Press, 2007.

Pines, Yuri. *Envisioning Eternal Empire: Chinese Political Thought of the Warring States Era.* Honolulu: University of Hawaii Press, 2009.

―――. *Foundations of Confucian Thought: Intellectual Life in the Chunqiu Period, 722-453 B.C.E.* Honolulu: University of Hawaii Press, 2002.

―――. "The Literati." Chap. 3 in *The Everlasting Empire: The Political Culture of Ancient China and Its Imperial Legacy.* Princeton, NJ: Princeton University Press, 2012.

Quinn, Frederick, ed. *The Federalist Papers Reader and Historical Documents of Our American Heritage.* Santa Ana, CA: Seven Locks, 1997.

Rawls, John. *A Theory of Justice.* Cambridge, MA: Harvard University Press, 1971.

―――. *Political Liberalism.* New York: Columbia University Press, 1993.

Raz, Joseph. *The Morality of Freedom.* Oxford: Clarendon Press, 1986.

Regan, Donald H. "Authority and Value: Reflections on Raz's Morality of Freedom." *Southern California Law Review* 62 (1989): 995-1095.

Rescher, Nicholas. *Ethical Idealism: An Inquiry into the Nature and Function of Ideals.* Berkeley: University of California Press, 1992,

Robeyns, Ingrid. "Ideal Theory in Theory and Practice." *Social Theory and Practice* 34, no. 3 (2008): 341-62.

Rosemont, Henry, Jr. "State and Society in the *Xunzi*: A Philosophical Commentary." Chap.1 in T. C. Kline III and Philip J. Ivanhoe, eds. *Virtue, Nature, and Moral Agency in the Xunzi*. Indianapolis, IN: Hackett Publishing, 2000.

————. "Why Take Rights Seriously? A Confucian Critique." In *Human Rights and the World's Religions*, edited by Leroy S. Rouner, 167-82. Notre Dame, IN: University of Notre Dame Press, 1988.

Ruskola, Teemu H. "Moral Choice in the *Analects*: A Way Without a Crossroads?" *Journal of Chinese Philosophy* 19, no. 3 (1992): 285-96.

Sachsenmaier, Dominic, Jens Riedel, and Shmuel N. Eisenstadt, eds. *Reflections on Multiple Modernities: European, Chinese, and Other Interpretations*. Leiden, The Netherlands: Brill, 2002.

Salls, Holly Shepard. *Character Education: Transforming Values into Virtues*. Lanham, MD: University Press of America, 2006.

Sandel, Michael J. *Democracy's Discontent: America in Search of a Public Philosophy*. Cambridge, MA: Harvard University Press, 1996.

Schmidtz, David. "Mutual Aid." Chap. 4 of pt. 1 in David Schmidtz and Robert E. Goodin, *Social Welfare and Individual Responsibility*. For and Against, edited by R. G. Frey. Cambridge: Cambridge University Press, 1998.

Sen, Amartya K. "Democracy as a Universal Value." *Journal of Democracy* 10, no. 3 (1999): 3-17.

Shils, Edward. *The Virtue of Civility: Selected Essays on Liberalism, Tradition, and Civil Society*, edited by Steven Grosby. Indianapolis, IN: Liberty Fund, 1997.

Shultziner, Doron. "Human Dignity: Functons and Meanings." Chap. 7 in *Perspectives on Human Dignity: A Conversation,* edited by Jeff Malpas and Norelle Lickiss. Dordrecht, The Netherlands: Spriner, 2007.

Shun, Kwong-loi. "Conception of the Person in Early Confucian Thought." Chap. 8 in *Confucian Ethics: A Comparative Study of Self, Autonomy, and Community*, edited by Kwong-loi Shun and David B. Wong. Cambridge: Cambridge University Press, 2004.

———. "Jen and Li in the *Analects.*" *Philosophy East and West* 43, no. 3 (1993): 457-79.

———. *Mencius and Early Chinese Thought.* Stanford, CA: Stanford University Press, 1997.

Simmons, A. John. "Ideal and Nonideal Theory." *Philosophy and Public Affairs* 38, no. 1 (2010): 5-36.

———. *On the Edge of Anarchy: Locke, Consent, and the Limits of Society.* Princeton, NJ: Princeton University Press, 1993.

Skinner, Quentin. "The Rediscovery of Republican Values." Chap. 2 in *Renaissance Virtues.* Vol. 2 of *Visions of Politics.* Cambridge: Cambridge University Press, 2002.

Stemplowska, Zofia. "What's Ideal About Ideal Theory?" *Social Theory and Practice* 34, no. 3 (2008): 319-340.

Su, Dongpo. "Memorial to His Majesty Emperor Shengtsung (excerpt)." In *Lin Yutang Chinese-English Bilingual Edition: Selected Poems and Prose of Su Tungpo*. Translated by Lin Yutang. Taipei: Cheng Chung Book, 2008.

Sunstein, Cass R. "Beyond the Republican Revival." *The Yale Law Journal* 97, no. 8 (1988): 1539-90.

Swift, Adam. "The Value of Philosophy in Nonideal Circumstances." *Social Theory and Practice* 34, no. 3 (2008): 363-87.

Tan, Sor-hoon. "Authoritative Master Kong (Confucius) in an Authoritarian Age." *Dao* 9, no. 2 (2010): 137-49.

———. "Beyond Elitism: A Community Ideal for a Modern East Asia." *Philosophy East and West* 59, no. 4 (2009): 537-53.

———. "The *Dao* of Politics: *Li* (Rituals/Rites) and Laws as Pragmatic Tools of Government." *Philosophy East and West* 61, no. 3 (2011): 468-91.

Teng, Ssu-yü, and John K. Fairbank. *China's Response to the West: A Documentary Survey, 1839-1923*. Cambridge, MA: Harvard University Press, 1954.

Tiwald, Justin. "A Right of Rebellion in the *Mengzi*?" *Dao* 7, no. 3 (2008): 269-82.

———. "Confucianism and Human Rights." Chap. 22 in *Handbook of Human Rights*, edited by Thomas Cushman. Basingstoke: Routledge, 2011.

Tomasi, John. "Individual Rights and Community Virtues." *Ethics* 101, no. 3 (1991): 521-36.

Tu, Wei-ming. "The Fiduciary Community." Chap. 3 in *Centrality and Commonality: An Essay on Confucian Religiousness*. SUNY Series in Chinese Philosophy and Culture. Albany, NY: State University of New York Press, 1989.

United Nations. "The Universal Declaration of Human Rights." http://www.un.org/en/documents/udhr/.

United Way. http://www.liveunited.org.

United Way Worldwide. Annual Report 2011. http://unway.3cdn.net/f58b3b8a9b4f33a573_tvm62lh6v.pdf.

Van Duffel, Siegfried, and Dennis Yap. "Distributive Justice Before the Eighteenth Century: The Right of Necessity." *History of Political Thought* 32, no. 3 (2011): 449-64.

Van Norden, Bryan W. "The Virtue of Righteousness in Mencius." Chap. 7 in *Confucian Ethics: A Comparative Study of Self, Autonomy, and Community*, edited by Kwong-loi Shun and David B. Wong. Cambridge: Cambridge University Press, 2004.

Vermeule, Adrian. "Hume's Second-Best Constitutionalism." *The University of Chicago Law Review* 70, no. 1 (2003): 421-37.

Waldron, Jeremy. *Liberal Rights: Collected Papers 1981-1991*. Cambridge: Cambridge University Press, 1993.

———. "The Primacy of Justice." *Legal Theory* 9, no. 4 (2003): 269-94.

———. ed. *Nonsense Upon Stilts: Bentham, Burke and Marx on the Rights of Man*. London: Methuen, 1987.

Wall, Steven. *Liberalism, Perfectionism and Restraint.* Cambridge: Cambridge University Press, 1998.

————. "Perfectionism in Moral and Political Philosophy." *The Stanford Encyclopedia of Philosophy.* Edited by Edward N. Zalta. Winter 2012 edition. Last accessed February 2, 2013.   http://plato.stanford.edu/archives/fall2008/entries/perfectionism-moral/.

Weithman, Paul. "Political Republicanism and Perfectionist Republicanism." *The Review of Politics* 66, no. 2 (2004): 285-312.Wong, David B. "Is There a Distinction between Reason and Emotion in *Mencius?*" *Philosophy East and West* 41, no. 1 (1991): 31-44.

————. "Universalism versus Love with Distinctions: An Ancient Debate Revived." *Journal of Chinese Philosophy* 16, no. 3-4 (1989): 251-72.

————. "Xunzi on Moral Motivation." Chap. 10 in *Chinese Language, Thought, and Culture: Nivison and His Critics*, edited by Philip J. Ivanhoe. Chicago: Open Court, 1996.

Woodruff, Paul. *Reverence: Renewing a Forgotten Virtue.* New York: Oxford University Press, 2001.

Xunzi. (Watson, Burton, trans.) *Hsün Tzu: Basic Writings.* New York, Columbia University Press, 1963.

————. (Knoblock, John trans.) *Xunzi: A Translation and Study of the Complete Works.* 3 vols. Stanford: Stanford University Press, 1988-94.

Yao, Xinzhong [Yao Hsin-chung]. *An Introduction to Confucianism.* Cambridge: Cambridge University Press, 2000.

Yearley, Lee H. *Mencius and Aquinas: Theories of Virtue and Conceptions of Courage*. Albany, NY: State University of New York Press, 1990.

Yu, Tianlong. *In the Name of Morality: Character Education and Political Control*. Vol. 26 of *Adolescent Cultures, School, and Society*. New York: Peter Lang, 2004.

Yü, Ying-shih. "The Idea of Democracy and the Twilight of the Elite Culture in Modern China." In *Justice and Democracy: Cross-cultural Perspectives*, edited by Ron Bontekoe and Marietta Stepaniants, 199–216. Honolulu: University of Hawaii Press, 1997.

Zakaria, Fareed. "The Debt Deal's Failure." *Time Magazine*. August 15, 2011, 22.

Zhang, Dainian. *Key Concepts in Chinese Philosophy*. Translated and edited by Edmund Ryden. New Haven, CT: Yale University; Beijing: Foreign Languages Press, 2002.